आधुनिक हिन्दी निबन्ध

आधुनिक हिन्दी निबन्ध

ओ०पी० मिश्र

VOHRA

VOHRA PUBLISHERS
ALLAHABAD (INDIA)

प्रकाशक :
वोहरा पब्लिशर्स
29सी/5सी, मटियारा रोड, अलोपी बाग
इलाहाबाद-211006
E-mail : tarun_sumit@yahoo.com
Ph. : 09532617120

संस्करण : **2013**

ISBN-81-7889-000-3

मूल्य : 125/- रुपये मात्र

लेजर टाइप सेटिंग
कम्पीटेन्ट बिजनेस सर्विसेज
इलाहाबाद-211001

मुद्रक : रामू प्रिंटिंग प्रेस
इलाहाबाद

दो शब्द

निबन्ध रचना स्वयं में एक जटिल कृत्य है किन्तु अभ्यास से यह कार्य सरल हो जाता है। विद्यार्थी की अभिव्यक्ति शक्ति का सही अनुमान निबन्ध लेखन से लगाया जा सकता है। प्रत्येक विद्यार्थी में अभिव्यक्ति शक्ति मौलिक होती है किन्तु वह अन्य माध्यमों से सम्पर्क स्थापित करके अपने मौलिक ज्ञान में विविध ज्ञान का समावेश करता है। निबन्ध रचना का ज्ञान विद्यार्थी की जागरुकता एवं लगन पर निर्भर करता है। आज के युग में हर प्रतियोगी परीक्षाओं में निबन्ध लेखन अनिवार्य बना दिया गया है इसका प्रमुख उद्देश्य विद्यार्थी के बौद्धिक स्तर का पता लगाना है।

निबन्ध में निम्न तीन बातों का होना परम आवश्यक है—

1. सुस्पष्टता
2. सरसता एवं
3. वैचारिक सामंजस्य।

लेखक ने उपरोक्त बातों पर भली प्रकार विचार करते हुए यह कृत्य पूर्ण किया है। आशा है कि यह पुस्तक पाठकों के लिए अत्यंत लाभप्रद सिद्ध होगी।

लेखक वोहरा पब्लिशर्स एण्ड डिस्ट्रीब्यूटर्स के प्रति हार्दिक रुप से आभारी है जिनके सराहनीय प्रयास से यह कृति पाठकों के सम्मुख प्रस्तुत की जा सकी है।

ओम प्रकाश मिश्र

साहित्यिक निबन्ध

शैक्षिक निबन्ध

साहित्यिक निबन्ध

क्या सहित्य समाज का दर्पण है ?
अथवा
साहित्य अपने समय को प्रतिबिम्बित करता है।

1. प्रस्तावना
2. साहित्य का महत्व
3. समाज एवं साहित्य
4. साहित्य का प्रभाव
5. उपसंहार

1. प्रस्तावना

साहित्य समाज का दर्पण है। साहित्य में समाज का एक स्पष्ट प्रतिबिम्ब देखा जा सकता है। समाज में साहित्य का अत्यन्त महत्वपूर्ण स्थान है। संसार के सभी बौद्धिक राष्ट्रों का अपना साहित्य होता है। यह समाज का एक धरोहर है। साहित्य का अभिप्राय हित चिन्तन की भावना से प्रेरित है। मानव एक जिज्ञासु प्राणी है। फलत: वह अपनी जिज्ञासाओं को सन्तुष्ट करने के लिए कुछ न कुछ करता रहता है और उसके कार्य प्रणाली का भी एक व्यवस्थित साहित्य होता है। जिस प्रकार मनुष्य बुद्धिमान होने के कारण अपना हित चिन्तन करता है ठीक उसी प्रकार साहित्य में भी हित चिन्तन की प्रवृत्ति होती है। साहित्य का हितचिन्तन विश्वकल्याण की भावना से अभिप्रेरित है। हित के भी दो स्वरूप होते हैं। एक तो व्यक्तिगत हित होता है जबकि दूसरे का सम्बन्ध समष्टिगत हित से होता है। साहित्य का सम्बन्ध समष्टिगत हित से है। अत: यह कहा जा सकता है कि जिस माध्यम में समष्टिगत हित चिन्तन समाहित होता है वह साहित्य है। विद्वानों का यह विचार है कि विविध स्त्रोतों से प्राप्त ज्ञान का संचय ही साहित्य है। हर युग का अपना साहित्य होता है जो मानव जीवन के श्रेष्ठ अनुभवों से प्रेरित होता है। प्रत्येक युग का साहित्य तत्वहीन समाज को दर्शाता है।

2. साहित्य का महत्व

साहित्य एवं समाज का अन्योन्याश्रित सम्बन्ध है। साहित्य का महत्व निम्न पंक्तियों से समझा जा सकता है:—

अंधकार है वहाँ-जहाँ आदित्य नहीं।
मुर्दा है वह देश जहाँ साहित्य नहीं।।

साहित्य अनुभूत विचारों का संग्रह है। मस्तिष्क में व्युत्पन्न होने वाले शब्द, भाव एवं विचार ही साहित्य का रूप प्राप्त करते हैं। साहित्य समाज की जिज्ञासा है इसका सम्बन्ध आश्चर्य (वंडर) से है। जिस प्रकार मनुष्य भूख लगने पर भोजन के लिए आकर्षित होता है उसी प्रकार मानव-मन अपने मस्तिष्क की जिज्ञासा शांत करने हेतु साहित्य का सृजन करता है। साहित्य का सम्बन्ध समाज के सभी अंगों से होता है। यह वैज्ञानिक प्रगति आर्थिक उन्नति एवं सांस्कृतिक धरोहरों का भी प्रतिनिधित्व करता है। साहित्य विश्वकल्याण की भावना से ओतप्रोत है। इसका सम्बन्ध निम्न पंक्तियों से है जिसमें साहित्य का महत्व भी प्रकट है—

सर्वे भवन्तु सुखिनः सर्वे सन्तु निरामया।
सर्वे भद्राणि पश्यन्तु, मा कश्चिद् दुःखभाग भवेत्।।

वर्षों पहले समाज की क्या स्थिति थी। इस बिन्दु पर साहित्य के द्वारा भली प्रकार अंदाज लगाया जा सकता है, इसके माध्यम से हम अपने सांस्कृतिक गौरव, वैज्ञानिक प्रगति एवं सभ्यता का बोध करते हैं। शताब्दियों पूर्व हमारी वेश-भूषा किस प्रकार की थी, हम किस संस्कृति में पले और विकसित हुए, हमारी विचारधारा किस प्रकार की थी, हम विचारों और अनुसन्धानों के प्रति कितना जागरूक थे, आदि जैसी बातों की जानकारी हमें साहित्य के द्वारा प्राप्त होती है। हम अपनी प्राचीन रीतिरिवाजों, परम्पराओं एवं रहन-सहन आदि का परिचय साहित्य से प्राप्त करते हैं। हमारा देश सांस्कृतिक रूप से अत्यन्त समृद्ध था। हमारी बौद्धिक धरोहर एवं सांस्कृतिक परम्पराओं का उल्लेख एवं वर्णन विलियम जोन्स एवं मैक्समूलर जैसे विदेशियों ने भी किया है। जिस समय यूरोप देश के लोग अन्धकार के गड्ढे में थे उस समय वैदिक युग में हमारे यहाँ एक अत्यन्त उच्च कोटि की संस्कृति का विकास हुआ था। इसका बोध हमें अपने साहित्यिक ग्रंथों से होता है। तुलसी दास जी का लोकप्रिय साहित्य एवं कालिदास तथा बाल्मीकि का चिन्तन तत्कालीन समाजिक स्थिति को पूर्णतः दर्शाता है।

वैदिककाल में हमारे यहाँ अन्य कोटि की संस्कृति विकसित थी तथा हम आर्थिक एवं वैज्ञानिक दृष्टि से भी उन्नत थे इसका बोध हमें वैदिक साहित्य एवं चिन्तन से होता है।

3. समाज एवं साहित्य

समाज एवं साहित्य का अन्योन्याश्रित सम्बन्ध है। अर्थात् यह कहा जा सकता है कि ये एक दूसरे से अविच्छिन्न सम्बन्ध रखते हैं। समाज यदि काया है तो यह निस्सन्देह कहा जा सकता है कि उसकी आत्मा साहित्य है। मानव मस्तिष्क की उपज साहित्य है। हम इस बात को भली प्रकार जानते हैं कि मानव एक जिज्ञासु एवं निरन्तर खोज करने वाला प्राणी है। वह अपनी जिज्ञासाओं को शांत करने हेतु कुछ न कुछ हमेशा करता रहता है। उसकी कार्यप्रणाली एवं खोज व सन्तुष्टि भी साहित्य का ही भाग है। साहित्य का सम्बन्ध सीधे मानव जिज्ञासा एवं उसके चिन्तन से है। मनुष्य एक सामाजिक प्राणी होने के नाते समाज में अपने क्रिया-कलाप दर्शाता है और रचनात्मक कार्यों को सम्पादित करता रहता है। उसे समाज से ही हर वस्तुएं प्राप्त होती हैं। वह क्षुधा-तृप्ति, शिक्षा-दीक्षा आदि सभी कुछ समाज से ही अभिप्राप्त करता है। वह समाज से अपृथक है क्योंकि समाज से वह पृथक नहीं रह सकेगा। उसके अन्तर्मन में सदैव नये-नये विचार उत्पन्न होते रहेंगे और वह अपनी भावनाओं को सन्तुष्ट करने हेतु निरन्तर प्रयत्नशील रहता है। उसकी भावनाओं और विचारों का सुसंगठित स्वरूप साहित्य को सृजित करता है। जिन विचारों को मनुष्य समाज में रहकर अभिप्राप्त करता है उन्हें वह संसार के सम्मुख दर्शाता है। यह कटु सत्य है कि समाज की जैसी भावना होगी तत्कालीन समाज भी वैसा ही होगा। यदि समाज में विलासिता की प्रधान्यता है तो साहित्य में श्रृंगारिकता की झलक मिलेगी। यदि समाज में धार्मिक भावना प्रबल होगी तो इसका छाप तत्कालीन साहित्य पर निश्चित रूप से पड़ेगा।

साहित्य समाज की हर गति-विधि को दर्शाता है। जो घटनाएं एवं परिस्थितियाँ समाज के में अस्तित्व में आती हैं साहित्यकार उनको साहित्य के माध्यम से प्रकट करता है। साहित्य स्वयमेव शक्ति सम्पन्न है। यह ज्ञान के विविध श्रोतों का संगम है। उसमें लोक मंगल की भावना निहित होती है।

4. साहित्य का प्रभाव

सामाजिक परिवेश में ही साहित्य का सृजन होता है। समाज से परे साहित्य का कोई अस्तित्व नहीं है। समाज साहित्य को और साहित्य समाज को प्रभावित किए बना नहीं रह सकते। इसका प्रमुख कारण यह है कि ये एक दूसरे से अन्योन्याश्रित रूप से सम्बन्धित हैं। अर्थात् साहित्य का समाज से गहरा सम्बन्ध है। साहित्य समाज के प्रत्येक पहलू पर प्रकाश डालता है। साहित्य से समाज का कोई कोना अछूता नहीं रहता है। गोस्वामी तुलसी दास जी ने अपने साहित्यिक कृति के माध्यम से "राम राज्य" का विशद् वर्णन किया है। उन्होंने राम राज्य की समृद्धि, सुख और वैभव पर भली प्रकार प्रकाश डाला है। यह कार्य साहित्य के ही माध्यम से सम्भव हुआ है। तात्पर्य यह है कि साहित्य के माध्यम से समाज का हर कोना देखा जा सकता है। समाज का कोई ऐसा कोना नहीं है जहाँ साहित्य का किरण प्रवेश न करे। कहा गया है कि:—

जहाँ न पहुँचे रवि।
वहाँ पहुँचे कवि।।

साहित्य निःस्सन्देह समाज का दर्पण है। साहित्यकार अपनी कृतियों से तत्कालीन समाज को भली प्रकार प्रतिबिम्बित करता है। तत्कालीन समाज की जैसी भी स्थिति व परिस्थिति होती है साहित्यकार ठीक उसी प्रकार का चित्र साहित्य के माध्यम से झलकाता है। साहित्यकार समाज की बुराइयों को भी साहित्य के माध्यम से प्रकट करता है। वह अपनी कृति के माध्यम से समाज में व्याप्त भोग-विलास को भी दर्शाता है। वह सांस्कृतिक व वैज्ञानिक प्रगति के साथ-साथ साहित्यिक एवं कलात्मक उन्नति व वैज्ञानिक कौतूहल को भी दर्शाता है। साहित्य में समाज के सुस्पष्ट प्रततिबिम्ब को भली प्रकार देखा जा सकता है।

साहित्य से ही हमें अपनी गौरवमयी संस्कृति का बोध होता है। गोस्वामी तुलसी दास जी ने अपने साहित्य के माध्यम से कहा है:—

परहित सरिस धर्म नहिं भाई।
पर पीड़ा सम नहिं अधभाई।।

अर्थात दूसरे व्यक्ति की सहायता करना सबसे बड़ा धर्म है। जबकि दूसरों को पीड़ा पहुँचाना पाप है। गोस्वामी साहित्य हमारी संस्कृति को प्रततिबिम्बित करता है। इसी प्रकार प्रत्येक देश का साहित्यकार अपने देश की संस्कृति को साहित्य के माध्यम से प्रकट करता है। समाज का जैसा स्वरूप होगा साहित्यकार की लेखनी उसी रूप में गतिमान होगी। यदि समाज में युद्ध का वातावरण है तो साहित्यकार वीर रस की प्रधान रचनाएं प्रस्तुत करेगा और साहित्य में युद्धमय वातावरण का उल्लेख होगा।

5. उपसंहार

उपरोक्त विवेचन से यह भली प्रकार स्पष्ट है कि समाज की प्रत्येक गतिविधियों का समुचित प्रतिबिम्बन साहित्य के माध्यम से होता है। साहित्य में घटनाओं का उल्लेख होता है। इसमें तत्कालीन विचारों, भावनाओं, प्रयासों एवं उपलब्धियों का उल्लेख होता है। समाज में जिन बातों की अधिकता होगी साहित्यकार उन्हें अपनी लेखनी से अछूता नहीं छोड़ेगा। उनका प्रतिबिम्बन किसी न किसी रूप में अवश्य होगा। जो परिस्थितियाँ समाज में विद्यमान रहती हैं साहित्य एवं साहित्यकार उससे अछूता न रहेगा। फलस्वरूप यह कहा जा सकता है कि आचार्य महावीर प्रसाद द्विवेदी का यह कथन कि "साहित्य समाज का दर्पण है" पूर्णतः सत्य है।

मेरा प्रिय कवि

1. प्रस्तावना
2. जीवनी
3. कृतित्व
4. प्रभाव
5. उपसंहार

1. प्रस्तावना

कोई कवि काव्य रचना क्यों करता है। यह अत्यन्त रहस्यात्मक है। यह सीधे-सीधे उसकी भावनाओं से जुड़ा हुआ है। जिस प्रकार के भाव उसके मन में आते हैं वे काव्यधारा के रूप में प्रस्फुटित हो जाते हैं। जब कवि का अन्तर्मन मंथित होने लगता है तो काव्यधारा का प्रवाह स्वाभाविक रूप से होने लगता है। इस बात का अनुमान निम्न पंक्तियों से लगाया जा सकता है:—

वियोगी होगा पहला कवि आह से उपजा होगा ज्ञान ।
निकल कर आँखों से चुपचाप बही होगी कविता अनजान ।।

तात्पर्य यह है कि कवि जब किसी घटना से प्रेरित होता है तब उक्त घटना विशेष से प्रेरणा लेकर वह काव्य सृजन करता है। काव्य कृति के माध्यम से कवि अपनी वेदनात्मक अभिव्यक्ति का प्रवाह करता है। "शैली" नामक अंग्रेज कवि के अनुसार:—

"Our sweatest songs are those that tell of sadest thought."

हिन्दी साहित्य के विशाल सागर में रत्नों की भांति कवियों का अस्तित्व है। हम अपने प्रिय कवि के रूप में जयशंकर प्रसाद को लेते हैं। जयशंकर प्रसाद बहुमुखी प्रतिभा के धनी कवि थे। उन्होंने अपने जीवन में परिस्थितियों से प्रेरणा लेकर उन्हें अपने काव्य कृति के माध्यम से अपनाया है।

2. जीवनी

हिन्दी के कवियों में जयशंकर प्रसाद का अत्यन्त महत्वपूर्ण योगदान है। प्रसाद जी का जन्म काशी नगरी के एक सुसम्पन्न परिवार में हुआ था। इनके पूर्वज कन्नौज से आकर वाराणसी में अपना

व्यवसाय करते थे। भविष्य में ये लोग वाराणसी के ही गोवर्धन सराय नामक मुहल्ले में रहने लगे और तम्बाकू का व्यापार शुरू किया। प्रसाद जी का पालन-पोषण विलासपूर्ण वातावरण में हुआ। बचपन अत्यन्त सुख-सुविधा में व्यतीत हुआ। बड़े भाई शम्भू रतन ने इनके अध्ययन के लिए भी उत्तम प्रबन्ध किया। हिन्दी, अंग्रेजी, फारसी, संस्कृत एवं उर्दू का इन्हें अच्छा ज्ञान प्राप्त था। किन्तु जब प्रसाद जी सत्रह वर्ष के हुए तो इनके बड़े भाई शम्भू रतन जी का स्वर्गवास हो गया। फलत: परिवार एवं गृहस्थी का सम्पूर्ण दायित्व प्रसाद जी पर आया। प्रसाद जी अत्यन्त परिश्रमी व्यक्ति थे। इनका दाम्पत्य जीवन सुखमय न था क्योंकि उनकी दूसरी पत्नी भी आकस्मिक मृत्यु का शिकार हो चुकी थी। इस प्रकार उनका जीवन बहुत अव्यवस्थित हो गया था।

प्रसाद जी आसाधरण प्रतिभा के धनी व्यक्ति थे। उनका व्यक्तित्व अत्यन्त आकर्षक था। उनके व्यक्तित्व की विलक्षणता का अनुमान उनकी काव्य कृतियों से लगाया जा सकता है। शास्त्रीय संगीत में भी उनकी अभिरुचि थी। धार्मिक यात्राओं में उनकी विशेष अभिरुचि थी क्योंकि उन्होंनें विन्ध्याचल, चित्रकूट, मथुरा, पुष्कर तीर्थ व अन्य स्थानों का भ्रमण किया है। जीवन का अंतिम दौर कष्ट में व्यतीत हुआ। उनकी मृत्यु क्षय रोग के कारण हुई।

3. कृतित्व

प्रसाद जी हमारे बीच अपनी कृतियों के माध्यम से अमर हैं। उन्होंने हिन्दी के हर विधा पर प्रकाश डाला है। काव्य, कहानी, नाटक एवं उपन्यास आदि को उन्होंने अपनी लेखनी से सम्पन्न किया है।

प्रसाद जी की प्रमुख काव्य कृतियां निम्नवत् हैं:—

चित्राधार

प्रेम पथिक

आँसू

लहर

कामायनी

कानन-कुसुम

झरना एवं महाराणा का महत्व आदि।

ऐसा कहा जाता है कि प्रसाद जी नौ वर्ष की उम्र से ही काव्य रचना करने लगे थे। प्रसाद जी की प्रमुख कृति आँसू है जिसमें उन्होंने अपने जीवन की व्यक्तिगत संवेदनाओं को अभिव्यक्त किया है। उदाहरणार्थ—

"जो धनीभूत पीड़ा थी मस्तक में स्मृति सी छाई।
दुर्दिन में आँसू बनकर वह आज बरसने आई।।

आँसू के पश्चात् उनकी प्रमुख काव्य कृति लहर, प्रकाशित हुई। बाद में कामायनी का भी प्रकाशन हुआ। कामायनी में प्रसाद जी की गम्भीर सांस्कृतिक चेतना की झलक मिलती है। सम्भवतः जितनी ख्याति आपको "कामायनी" से प्राप्त हुई उतनी किसी अन्य काव्य कृति से नहीं। कामायनी में प्रसाद जी ने वर्तमान जीवन की समस्याओं पर भी प्रकाश डाला है। उनका सुन्दर चिन्तन इस प्रमुख काव्य कृति के माध्यम से व्यक्त होता है।

उनकी खड़ी बोली कविता. कानन-कुसुम में भी दर्शनीय है। किन्तु उनके काव्य प्रतिभा की परिपक्वता का अंदाजा झरना से ही लगाया जा सकता है। उन्होंने कहानी व उपन्यास के क्षेत्र में भी कार्य किया है। कहानी के क्षेत्र में भी उन्होंने महत्वपूर्ण योगदान दिया है क्योंकि, छाया प्रतिध्वनि, आकाशदीप, आँधी और इंद्रजाल उनके प्रमुख कहानी संग्रह हैं।

4. प्रभाव

प्रसाद जी ने अपने काव्य कृतियों के माध्यम से जनमानस को झकझोरा है। भारतीय समाज पर उनकी काव्य कृतियों का अमिट छाप हैं। उन्होंने लोकमंगल की कामना की है। जीवन की समस्याओं पर यथार्थवत् प्रकाश डाला है। कामायनी में लोकमंगल की भावना स्पष्टतः परिलक्षित है। उन्होंने जीवन की समस्याओं का सूक्ष्म विश्लेषण किया है। प्रत्येक बातों को जीवन की समस्याओं से जोड़ा है। व्यक्ति और समाज के स्तर पर उनका कार्य, कृति के माध्यम से परिलक्षित होता है। इनके द्वारा रचित प्रमुख काव्य कृति कामायनी हिन्दी साहित्य की एक महत्वपूर्ण उपलब्धि है। नाटक एवं रंगमंच की परम्परा में भी प्रसाद जी ने अपनी अभिरुचि दर्शायी है। किन्तु वे मुख्यतः ऐतिहासिक नाटककार थे, अपने नाटकों में उन्होंने घटनाओं का सम्यक विवरण प्रस्तुत किया है। युगीन समस्याओं पर भी उन्होंने दृष्टिगत किया है।

उनकी कृतियों में काल्पनिकता की उड़ानों को भी देखा जा सकता है।

6. उपसहांर

निष्कर्ष रूप में यह कहा जा सकता है कि हिन्दी साहित्य को समृद्धि प्रदान करने में प्रसाद जी का अत्यन्त महत्वपूर्ण योगदान है। वे आधुनिक युग के निःसंदेह एक श्रेष्ठ कवि हैं। उन्होंने अपने जीवन के श्रेष्ठ अनुभवों से काव्य को पुष्ट किया है। साहित्य के सभी क्षेत्रों में उन्होंने सराहनीय कार्य किया है। काव्य एवं नाटक के क्षेत्र में तो वे अद्वितीय है। माधुर्य एवं कलात्मकता का प्रवाह उनके काव्य की प्रमुख विशेषता हैं। इसे उन्होंने अपनी तूलिका से अलंकरण प्रदान किया है। किन्तु काव्य के अलावा उपन्यास के क्षेत्र में उन्हें अच्छी सफलता मिली फिर भी वे एक कवि के रूप में ज्यादा सफल रहे। किसी भी कवि की सफलता उसकी काव्य कृति का समाज पर पड़ने वाले प्रभाव से है। प्रसाद जी एक सफल कवि थे। उनकी काव्य कृतियाँ समाज के लिए प्रेरणा की स्रोत हैं। उन्होंने अपनी काव्यधारा में जिस चिन्तन को प्रवाहित किया है समाज एवं राष्ट्र के लिए उपयोगी है।

मेरा प्रिय लेखक

1. प्रस्तावना
2. जीवन परिचय
3. लेखक का कृतित्व
4. लेखन शैली
5. उपसंहार

1. प्रस्तावना

मेरे सर्वाधिक प्रिय लेखक, आचार्य डॉ0 रामचन्द्र शुक्ल जी हैं। शुक्ल जी अत्यन्त विलक्षण प्रतिभा के व्यक्ति थे1 वे लेखक, कहानीकार, आलोचक एवं चिन्तक के रूप में जाने जाते थे। वे उद्‌भट विद्वान एवं प्रख्यात समालोचक थे। सहृदयता एवं भावुकता तो उनका स्वाभाविक लक्षण था। हिन्दी गद्य साहित्य में आचार्य रामचन्द्र शुक्ल का अत्यन्त महत्वपूर्ण योगदान है। उनकी विवेचनात्मक शक्ति मौलिक थी। उनमें वैज्ञानिकता का भाव था अतः उन्हें वैज्ञानिक समालोचक कहना अनुचित न होगा। मनोभावों का सूक्ष्म निरीक्षण करना एवं गुण-दोष आदि का यथोचित मूल्यांकन करना एक समालोचक के लिए अत्यन्त आवश्यक है। ये बातें शुक्ल जी में भली प्रकार निहित थीं। एक समालोचक के लिए वे अत्यन्त आवश्यक हैं। हिंन्दीके क्षेत्र में आचार्य शुक्ल जी का अत्यन्त महत्वपूर्ण योगदान है। वे उच्च कोटि के समालोचक होने के साथ-साथ सहृदय भी थे। उनके विचार वैज्ञानिकता से युक्त थे।

2. जीवन परिचय

आचार्य शुक्लजी का जन्म बस्ती जिले के अगोना नामक ग्राम में संवत् 1941 में हुआ। इनके पिता चन्द्रबली जी कानूनगों थे। इनका अध्ययन घर पर शुरू हुआ। ये बौद्धिक प्रतिभा के धनी विद्यार्थी थे। स्थानीय मिडिल स्कूल में उर्दू एवं अंग्रेजी की शिक्षा प्राप्त किए। लन्दन मिशन स्कूल में भी इन्होंने शिक्षा प्राप्त की कयोंकि यहाँ से इन्होंने हाईस्कूल की शिक्षा प्राप्त की। भविष्य में इनकी नियुक्ति मिर्जापुर में किसी विद्यालय में ड्राइंग शिक्षक के पद पर हुई। उन्होंने ”सरस्वती“ नामक मासिक साहित्यिक निबन्ध का प्रकाशन किया जो इनकी ख्याति में वृद्धि का कारण बनी। भविष्य में इन्होंने वाराणसी आकर काशी

नागरी प्रचारिणी सभा में "हिन्दी शब्द सागर" का सम्पादन कार्य आरम्भ किया धीरे-धीरे इनकी ख्याति फैलती गयी। जो भी व्यक्ति इनके सम्पर्क में आता वह इनकी विलक्षण प्रतिभा से आकर्षित हो जाता था। बाद में इनकी नियुक्ति बनारस हिन्दू विश्वविद्यालय में हिन्दी विभाग में हुई। यहाँ उन्होंने अध्यापन कार्य में विशेष अभिरुचि दर्शायी और लोगों में इन्हें विशेष सम्मान प्राप्त हुआ।

आचार्य शुक्ल जी अपनी प्रबुद्धता, सजगता एवं संवेदनशीलता के लिए प्रसिद्ध थे। ये स्वभाव में विनम्र थे। सहनशीलता एवं विनम्रता इनमें कूट-कूट कर भरी थी। गद्य साहित्य को समृद्ध बनाने में शुक्ल जी का अत्यन्त महत्वपूर्ण योगदान रहा है। इन्होंने अपनी कृतियों के माध्यम से न केवल गद्य साहित्य को ही सन्तुष्ट किया है बल्कि तत्कालीन जनमानस के मन पर गहरी छाप छोड़ा है। इनके विचारों को इनकी कृतियों के माध्यम से जाना जा सकता है। इनके विचार राष्ट्रीयता की भावना से ओत-प्रोत थे। इनकी प्रत्येक कृति में हमें पूर्ण बौद्धिकता की झलक मिलती है। इनमें गम्भीर अध्यावसाय था। इनकी रचनाओं में इनकी मनोवृत्ति की झलक मिलती है। इनकी कृत्तियाँ बुद्धिजीवी वर्ग को ज्यादा प्रभावित करती हैं। मानव जीवन में साहित्य का अद्वितीय स्थान है। साहित्य के बिना समाज एवं मानव जीवन अधूरा सा लगता है। ज्ञातव्य है कि साहित्य की कई विधायें हैं जैसे—गद्य, पद्य, नाटक निबन्ध संस्मरण आदि। आचार्य शुक्ल का सर्वाधिक महत्वपूर्ण योगदान गद्य साहित्य में है।

3. कृतित्व

इनके निबन्ध संग्रह हैं—चिन्तामणि, विचारवीथी, काव्य में रहस्यवाद आदि। हिन्दी साहित्य का इतिहास आपकी महत्वपूर्ण कृति है। आपने काव्य ग्रंथों का भी प्रणयन किया है। "बुद्धचरित" एवं "अभिमन्यु बध" आपके ही द्वारा प्रणयित काव्य ग्रंथ है। आप उच्च कोटि के समालोचक थे। आपने तुलसी, सूर एवं जायसी जैसे कवियों की कृतियों के सन्दर्भ में अपनी समालोचना प्रस्तुत किया है। आप एक प्रख्यात लेखक एवं प्रखर समालोचक थे। आप में आलोचना की यह शक्ति अपने चिन्तनशील मस्तिष्क के कारण है।

आचार्य शुक्ल जी का व्यक्तित्व विलक्षण था। यद्यपि वे ऊपर से देखने में कठोर व नीरस लगते थे किन्तु सरल थे। उनमें प्रबुद्धता एवं संवेदनशीलता का अच्छा मिश्रण था। उन्होंने अपनी कृतियों से न

केवल हिन्दी साहित्य को ही लाभान्वित किया अपितु इन्होंने तत्कालीन समाज को भी प्रभावित किया। इनके विचारों में ओज था। इनका व्यक्तित्व बहुमुखी था। जीवन की विविधताओं का इन्हें भली प्रकार अनुभव था। इनका व्यक्तित्व विविध प्रकार की समस्याओं का संगम था। इनके द्वारा प्रस्तुत कृतियों में बीच-बीच में हास्य एवं व्यंग्य का भी पुट मिलता है।

4. लेखन शैली

शुक्ल जी की भाषा उनके भावों का प्रतिनिधित्व करती है। उनकी भाषा का जो प्रवाह निबन्धों एवं समालोचनात्मक ग्रंथों में जिस रूप में प्रयुक्त हुई है उससे यह निष्कर्ष निकाला जा सकता है कि उन्होंने भाषागत प्रवाह देने में संयम एवं धैर्य का परिचय दिया है। इनकी रचनाओं में सभी प्रकार के भावों को देखा जा सकता है। ये विलक्षण प्रतिभा के धनी व्यक्ति थे। अपनी कृतियों में इन्होंने जीवन की जटिलताओं को पर्याप्त महत्व दिया हैं। ये सुन्दर एवं प्रभावशाली अभिव्यक्ति के लिए प्रसिद्ध हैं। इन्होंने वाह्यडम्बरों पर बल न देकर भाव को महत्व दिया है। एक कुशल लेखक की विशेषता भी यही है। इन्होंने अपनी कृतियों में जिन भावों को दर्शाया है वे पूरी तरह यथोचित हैं। इनकी अभिव्यक्ति पूर्णतः सन्तुलित है। भावों में किसी प्रकार की विसंगति नहीं है। वाक्यों को व्यवस्थित एवं यथोचित रूप में प्रस्तुत करना इनकी सर्वाधिक महत्वपूर्ण विशेषता है। किन्तु यह घ्यान देने की बात है कि इन्होंने संस्कृतनिष्ठ शब्दों की बाहुल्यता पर बल दिया है जिससे कही-कहीं भाषा ज्यादा क्लिष्ट हो गई है। फिर भी भाषा को गम्भीर एवं बोधगंम्य बनाने का इन्होंने पर्याप्त प्रयास किया है। इन्होंने बोलचाल की भाषा में प्रयुक्त उर्दू तथा अंग्रेजी के शब्दों को भी यदा-कदा प्रयुक्त किया है। इसके अलावा मुहावरों एवं लोकोक्तियों का प्रयोग करना तो इनके लिए सामान्य बात है। इनकी भाषा में कोई विरोधाभास नहीं है। विचार प्रवाह सुस्पष्ट है। कोई संदिग्धता अथवा जटिलता भाषा को भ्रमित नहीं कर सकता है। किन्तु इन्होंने वैज्ञानिक विश्लेषण शैली को अपनाया है।

5. उपसंहार

उपरोक्त विवरण से हम इस निष्कर्ष तक पहुँच सकते हैं कि एक जन प्रिय लेखक के रूप में आचार्य राम चन्द्र शुक्ल का स्थान आदरणीय है और रहेगा। शुक्ल जी एक गम्भीर समालोचक एवं

विचारक थे। इनकी कृतियों में इनकी सफलता का रहस्य निहित है। भाषा को भावों से ओत-प्रोत कर देना और अहंकारिता का पर्याप्त रूप में प्रयोग करना इनके एक कुशल लेखक का परिचय देता है। इनकी भाषा काल्पनिक भावों से परे है। इन्होंने वास्तविक मार्ग का अनुसरण किया है। इनकी शैली तथा भाव प्रदर्शन अद्वितीय हैं। अलोचनात्मक शैली में भावों का प्रवाह है। भाषा संस्कृतनिष्ठ है। इन्होने गवेषणात्मक शैली का भी प्रयोग किया है जिसमें दार्शनिक चिन्तन का समावेश मिलता है। कहीं-कहीं इन्होंने भावात्मक शैली को भी अपनाया है जिसमें करुणा, घृणा उत्साह एवं अन्य मनोभावों को पर्याप्त महत्व दिया है।

इस प्रकार स्पष्ट है कि आचार्य रामचन्द्र शुक्ल का स्थान हिन्दी लेखन के क्षेत्र में अद्वितीय है। वे वही स्थान प्राप्त करने के अधिकारी हैं जो स्थान हिन्दी को समृद्ध करने में भारतेन्दु बाबू हरिशचन्द्र एवं आचार्य महावीर प्रसाद द्विवेदी का है।

बिहारी का काव्य "गागर में सागर" है
अथवा
लोकप्रिय कवि के रूप में बिहारी का स्थान

1. प्रस्तावना
2. जीवन परिचय
3. हिन्दी साहित्य में योगदान
4. बिहारी का विरह वर्णन
5. उपसंहार

1. प्रस्तावना

हिन्दी साहित्य रूपी सागर में अनेक कवि हैं। इन कवियों में बिहारी का भी नाम प्रमुख है। बिहारी ने अपनी उच्च कोटि की विद्वता एवं गहन अध्ययन से तत्कालीन समाज को प्रभावित किया है। उनके प्रति श्रद्वा भाव जागृत होना स्वाभाविक है। उनकी कृतियों में उनकी विद्वता का पूर्ण झलक मिलता है, बिहारी की कविता हृदय को झंकृत कर देती है। उन्होंने मानवीय संवेदना को बल दिया है। ऐसा कहा जाता है कि ये सत्रहवीं शताब्दी के सुविख्यात कवि थे। बिहारी ने जिस समय काव्य रचना किया, वह काल मुस्लिम आधिपत्य का काल था। देश वैभव एवं विलासिता से परिपूर्ण था। देश सुखी एवं समृद्ध था। देश में शाँति व व्यवस्था की स्थिति सुदृढ़ थी। आपके समकालीन कवियों में भूषण एवं देव प्रमुख थे। इन कवियों ने भी विलासमय वातारण का उल्लेख किया है। जहाँगीर एवं शाहजहाँ जैसे सम्राट विलासी जीवन जी रहे थे। फलतः इन्होंने विलासिता प्रधान काव्य ग्रंथों का प्रणयन किया। वैसे इन कवियों द्वारा विलासिता प्रधान काव्य रचना का कारण यह हो सकता है कि इनके आश्रयदाता विलासितापूर्ण जीवन जीते थे जिनको इन्हें सन्तुष्ट करना पड़ता था। इस सन्दर्भ में लगभग वही स्थिति थी जैसी स्थिति शासक वर्ग चाहता था अर्थात "जैसा राजा, वैसी प्रजा।

2. जीवन परिचय

बिहारी का जन्म सन् 1652 में ग्वालियर (एम0 पी0) में हुआ था। इनके बारे में यह कहा जाता है कि यह ब्राह्मण थे और इनकी उप-जाति माथुर चौबे की थी। इनके पिता केशवराय थे। बिहारी का

स्थान श्रृंगारिक कवियों में महत्वपूर्ण है। बिहारी का व्यक्तित्व पूर्णतः रसमय था। इन्होंने श्रृंगार के समस्त अनुभवों को अपनी कृति के माध्यम से प्रस्तुत किया है। इसका भरपूर उदाहरण सतसई में मिलता है। बिहारी ने सचमुच गागर में सागर भरने का प्रयत्न किया है। बिहारी के रसमय व्यक्तित्व की झलक इनकी कृतियों में मिलती है। बिहारी में उच्चकोटि का आचार्यत्व था क्योंकि इसकी पुष्टि इनकी कृतियों से होता है। इन्हें राजकवि का दर्जा प्राप्त था। इनका प्रत्येक दोहा स्वयं में एक लक्षण ग्रंथ था।

सतसई इनकी प्रमुख काव्य कृति है। इस सद्ग्रंथ में उनके काव्य दर्शन की झलक मिलती है। इन्होंने अपने काव्य दर्शन में लक्षणा एवं व्यंजना का प्रयोग किया है। कतिपय विद्वानों का यह कहना है कि इनके दोहे नाविक के तीर की भाँति हैं।

उदाहरणार्थ—

सतसैया के दोहरे, ज्यों नाविक की तीर।
देखत में छोटे लगें, घाव करें गम्भीर।।

बिहारी का काव्य विविध प्रकार के भावों एवं अनुभूतियों का संगम है। उदाहरण के लिए—

कहत, नटत, रीझत, खीझत, हिजत मिलत, लजियात।
भरे मौन में करत हैं, नैननु ही सौं बात।।
बत रस लालच लाल की मुरली धरी लुकाइ।
सौहं करैं भौंहनु हंसैं, देन करे नटि जाहे।।

बिहारी का व्यक्ति बहुममुखी प्रतिभा से युक्त होने के साथ-साथ प्रकाण्ड पांडित्य से भी परिपूर्ण था। विलक्षणता की उनकी कृतियों में भली प्रकार मिलती है।

3. हिन्दी साहित्य में योगदान

बिहारी ने अपनी कृतियों के माध्यम से हिन्दी साहित्य को समृद्ध किया है। इन्होंने अपनी कृति के माध्यम से दार्शनिक रहस्यों पर भी प्रकाश डाला है। इसे निम्न पक्तियों में देखा जा सकता है—

मैं समुझयो निराधार, यह जगु काँचो काँच सौ।
एकै रूप अपार, प्रतिबिम्बित लखियतु जगत।।

जगत जनायो जिहिं सकल सो हरि जान्यो नांहि।
ज्यों आँखियनु सबु देखिये आँखि न देखी जाहि॥

बिहारी ने भक्ति रचनाओं के माध्यम से भी हिन्दी साहित्य की सेवा की है। उन्होंने सगुण एवं निर्गुण दोनों प्रकारों को मान्यता दिया है। उनका विचार इस सन्दर्भ में निम्नवत् है—

अपने-अपने मत लगे वादि मचावत शोर।
ज्यो त्यों सबकों सेइबे एकै नन्द किशोर॥

कतिपय विद्वानों का यह विचार हैं कि बिहारी अमृत की उस वर्षा की भांति हैं जिसके आगमन मात्र से सर्वत्र प्रकाशमय वातावरण विद्यमान हो जाता है। उन्होंने ईश्वर से निम्न प्रकार की याचना की है—

मोहूं दीजै मोषु, ज्यों अनेक पतितनु दियो।
जो बांधे ही तोषू, तौं बांधो अपने गुननि॥

बिहारी ने अपने कृति के माध्यम से राजनीति को भी प्रभावित किया है—

दुसह दुराज प्रजानु कौ, क्यों न बढ़ैं दुख द्वन्द्व।
अधिक अंधेरो जगत करत, मिलि मावसि रवि चन्द्र॥

अपने काव्य कृति में बिहारी ने नायक, नायिकाओं के परस्पर प्रेम का भली प्रकार उल्लेख किया है। बिहारी ने परम्परागत मूल्यों पर भी प्रकाश डाला है।

बिहारी ने संयोग प्रधान बातों का भी उल्लेख किया है—

इहि काँटे मोहि पाइ गढ़ि, लीनी मरति जिवाइ।
प्रीति जनावत नीति सौ, मीत गु काढ्यौ आइ॥

4. बिहारी का बिरह वर्णन

बिहारी ने विरह का विशद् वर्णन किया है। नायक एवं नायिका के विरहावस्था में पत्रों द्वारा संदेश के सन्दर्भ में बिहारी ने निम्न बातों से प्रस्तुत किया है—

कागद पर लिखत न बनत, कहत संदेशु लजात।

करिहै सबु तेरौ हियौ, मेरे हिय की बात ॥

बिरहावस्था में अत्यन्त दुःखद स्थिति सामने आती है तथा सुख प्रदान करने वाली वस्ततुएं भी दुःखदाई बन जाती हैं—

हो ही बौरी, बिरह बस, कै बौरो सब गाँउ।
कहा जानिए कहत है, ससिहिं सीतकर नाँउ ॥

5. उपसंहार

उपरोक्त विवरण से यह भली प्रकार स्पष्ट है कि बिहारी ने अपने काव्य कृति के माध्यम से न केवल हिन्दी साहित्य को समृद्ध किया अपितु तत्कालीन समाज को अपने जीवन के श्रेष्ठ अनुभवों से लाभान्वित किया है।

हिन्दी साहित्य एवं राष्ट्र निर्माण

1. प्रस्तावना
2. राष्ट्र भक्ति की भावना
3. विद्वानों एवं लेखकों का योगदान
4. आँग्ल शासन में हिन्दी की स्थिति
5. उपसंहार

1. प्रस्तावना

हर राष्ट्र का अपना साहित्य होता है। राष्ट्र को साहित्य से पृथक नहीं किया जा सकता है। राष्ट्र की उन्नति में साहित्य का सराहनीय योगदान होता है। यदि ऐसा न होता तो निम्न उक्ति मिथ्या होती—

"मुर्दा है वह देश जहाँ साहित्य नहीं"

साहित्य राष्ट्र का प्राण है। यह धरोहर है। इसका राष्ट्रीय मूल्यों से गहरा सम्बन्ध है। साहित्य के अभाव में राष्ट्र की वही स्थिति होगी जो गुण के अभाव में शरीर की होती है। इसका तात्पर्य यह हुआ कि निर्जीव राष्ट्र का साहित्य के अभाव में कोई अस्तित्व नहीं है। साहित्य का अभाव आज नहीं तो कल संस्कृति एवं सभ्यता को विलुप्त कर देगी। अतः यह कहा जा सकता है कि निर्जीव राष्ट्र साहित्य के अभाव में चिरस्थायी नहीं रहेगा।

सभ्यता, संस्कृति, आचार, विचार, व्यवहार आदि में साहित्य समाया हुआ है। साहित्य प्राण है और राष्ट्र उसकी आत्मा। साहित्य समस्त ज्ञान-विज्ञान का स्रोत है। जब हम अपने प्राचीन ग्रंथों का अनुशीलन करते हैं तो हमें प्राचीन काल के गौरवमयी संस्कृति का बोध होता है। हम प्राचीन काल में अत्यन्त सुसंस्कृत जीवन-यापन करते थे। हमारे देश की संस्कृति प्रेरणा की स्त्रोत है। अन्य किसी साहित्य की अपेक्षा हमारा साहित्य समृद्ध रहा है। प्राचीनकाल के ग्रंथों और वैदिक मंचों एवं ऋचाओं का अध्ययन करने से हमें अपने राष्ट्र के गौरव का बोध होता है, ऋग्वेद, सामवेद, यजुर्वेद एवं अथर्ववेद जैसे सद्ग्रंथ हमारे राष्ट्र की धरोहर हैं जिनमें विविध प्रकार की बातों का सुसम्यक् विवरण निहित है। हमारे देश का साहित्य प्राचीन काल से ही समृद्ध रहा है। हमारे यहाँ प्राचीनकाल में भी शिक्षा का स्तर सन्तोषजनक रहा है। प्राचीनकाल में भी दूर-दूर के लोग हमारे देश की संस्कृति से प्रभावित

होकर यहाँ अध्ययन करने आते थे।

हमारे प्राचीनकाल के साहित्यिक वैभव से प्रभावित होकर विदेशी विद्वानों ने भी हमारे साहित्य की सराहना की है। हमारे यहाँ के ऋषि, महर्षि एवं विचारकों ने सहित्य को समृद्ध किया है। हमारे यहाँ प्राचीनकाल में नालन्दा एवं तक्षशिला जैसे प्रमुख विश्वविद्यालय थे जहाँ प्रवेश परीक्षा का आयोजन होता था और प्रवेशार्थी को प्रवेश परीक्षा उत्तीर्ण करना पड़ता था। विश्व के साहित्य में हमारा साहित्य अनुपम था। हमारे यहाँ के साहित्यकार युगद्रष्टा थे। उन्होंने जिन बातों का उल्लेख किया है वे अक्षरशः सत्य हैं।

हमारे साहित्य एवं संस्कृति से प्रेरणा लेकर इंग्लैण्ड, अमेरिका, जर्मनी एवं अन्य राष्ट्रों के लोग यहाँ अध्ययन करने आते थे। हमारे यहाँ वैदिककाल में एक उच्चकोटि की संस्कृति जब पूर्ण विकसित अवस्था में थी तो योरोपीय देश के लोग अज्ञानता के वशीभूत उनकी कोई संस्कृति न थी। आध्यात्मिक जगत में तो हमारा साहित्य सर्वोपरि था। हमारे महर्षियों का चिन्तन अद्वितीय था। उनका विचार प्रवाह देश की साहित्य को नवीन दिशाएं प्रदान करता चला आ रहा है। संस्कृति संहिता का अक्षुण्ण स्रोत हमारे देश की महान धरोहर है।

2. राष्ट्र भक्ति की भावना

राष्ट्र भक्ति की भावना देश देश के साहित्यकारों में भली प्रकार थी। उन्होंने अपनी रचनाओं में राष्ट्र भक्ति भावना को प्रस्तुत किया है। उनमें स्वदेश प्रेम था—

जो भरा नहीं है भावों से, बहती जिसमें रसधार नहीं।
वह हृदय नहीं है, पत्थर है, जिसमें स्वदेश का प्यार नहीं॥

हमारे यहाँ के कवियों, लेखकों, ऋषियों एवं मनीषियों में राष्ट्र के प्रति भक्ति की भावना प्रबल थी। भारतेन्दु बाबू हरिश्चन्द्र के अनुसार—

निज भाषा उन्नति अहै, सब भाषा को मूल।
बिनु निज भाषा ज्ञान के, निरै न हिय का सूल॥

राष्ट्रीय भाषा के रूप में हिन्द्री की प्रतिष्ठा करने हेतु समय-समय पर विद्वानों द्वारा विशेष बल दिया गया है। हिन्दी साहित्य सम्पर्क भाषा के रूप में भी महत्वपूर्ण है। राष्ट्र भक्ति की भावना से प्रेरित रचनायें हमारे साहित्य में प्रमुख स्थान रखती हैं। विश्व के समस्त अंचलों के

लोग हमारे साहित्य की गाथा का गान करते हैं। विलियम जाँन्स और मैक्समूलर जैसे पाश्चात्य विद्वानों ने हमारे साहित्य को भूरि-भूरि सराहा है।

3. विद्वानों एवं लेखकों का योगदान

आंग्ल शासन में हिन्दी की स्थिति नाजुक हो गई किन्तु इसका कारण यह था कि अंग्रेज हमारे साहित्य, विचार हाव-भाव एवं भाषा आदि को समूल नष्ट करना चाहते थे। यदि किसी देश को बर्बाद करना है तो सर्व प्रथम उसका साहित्य नष्ट किया जाता है। यही षड्यंत्र अंग्रेजों का था किन्तु वे अपने षडयंत्र में सफल न हो सके क्योंकि आजादी की प्राप्ति के पश्चात् हिन्दी की पुनः प्रतिष्ठा हुई। अंग्रेज हमें आश्रयहीन, निरालम्ब एवं असहाय बनाकर शोषण करना चाहते थे। हमारी इस पवित्र धरती पर वे अनेक प्रकार के अत्याचार करते थे। वे हमारी गौरवशाली संस्कृति को पूर्णतः विनष्ट करना चाहते थे, किन्तु समय ने पलटा खाया और भारतीयों में चेतना और स्फूर्ति का संचार हुआ। विदेशी आक्रान्ताओं के आक्रमण को चुनौती दी गई। आत्मसंगठन का भाव प्रबल हुआ और देश को आजादी प्राप्त हुई।

आंग्ल शासन में देश के सभी कार्यालयों का कामकाज अंग्रेजी में होता था। कार्य-प्रणाली में अंग्रेजी रीति-रिवाज को महत्व दिया जाता था। हम अंग्रेजी में सीखने, पढ़ने बोलने आदि के लिए विवश किए जाते थे। राज्य के सभी विभागों के कार्य अंग्रेजी में हुआ करते थे। उच्च-शिक्षा का भी माध्यम अंग्रेजी ही था। शासकीय आदेश और फरमान भी अंग्रेजी में जारी होते थे। हिन्दी को सरकारी कामकाज के सन्दर्भ में तनिक भी महत्व नहीं दिया जाता था यहाँ तक कि हिन्दी में लिखे गये प्रार्थना-पत्रों आदि को कूड़ाखाने में फेंक दिया जाता था। हम अंग्रेजी का अध्ययन करने के लिए विवश कर दिये जाते थे। इसके अलावा लोग अच्छी नौकरी की लालच एवं अंग्रेजी हुकूमत में सम्मान पाने हेतु भी अंग्रेजी का अध्ययन करने के लिए विवश थे। परन्तु सन् 1947 में देश स्वतंत्र होने के इस स्थिति में स्वाभाविक रूप से परिवर्तन आया।

4. आंग्ल शासन में हिन्दी की स्थिति

हिन्दी साहित्य को समृद्धशाली बनाने में हमारे देश के ऋषियों, मनीषियों एवं महर्षियों ने अपना महान योगदान किया है। राष्ट्र के निर्माण में साहित्य का सराहनीय योगदान होता है। मुस्लिम शासकों के

शासन काल में हिन्दी साहित्य समृद्ध हुआ। सूर, तुलसी, बिहारी जैसे कवियों ने हिन्दी साहित्य को समृद्ध करने में अपना महत्वपूर्ण योगदान प्रदान किया है। हिन्दी साहित्य को समृद्ध करने में न केवल हिन्दू कवियों एवं विद्वानों का ही योगदान रहा अपितु इस दिशा में मुस्लिम कवियों एवं सूफी सन्तों का भी योगदान सराहनीय रहा है। रहीम तथा महाकवि जायसी को कौन नहीं जानता है। ये मुसलमान होते हुए भी हिन्दी में रचनाएं करते थे। मलिक मुहम्मद जायसी ने तो "पद्मावत" जैसा महाकाव्य हिन्दी में तैयार किया था।

आधुनिक काल के विद्वानों ने भी हिन्दी साहित्य को समृद्ध बनाने में कम योगदान नहीं दिया है। इस दिशा में भला भारतेन्दु बाबू हरिश्चन्द्र का नाम कैसे भुलाया जा सकता है जिन्होंने कृतियों के माध्यम से न केवल विदेशी हुकूमत का पर्दाफाश किया अपितु अंग्रेजी शासन का घोर विरोध किया। भारतेन्दु बाबू हरिश्चन्द्र जी असाधारण प्रतिभा के धनी व्यक्ति थे। उन्होंने हिन्दी साहित्य को समृद्ध करने में महत्वपूर्ण योगदान दिया। इन्होंने हिन्दी साहित्य को समृद्ध करने हेतु, अनेक ग्रंथों की रचना की है। चन्दावली, भारत दुर्दशा, नील देव, "सत्य हरिश्चन्द्र" आदि उनकी प्रमुख कृतियाँ हैं।

बाबू हरिश्चन्द्र के हिन्दी साहित्य ने अंग्रेजी कुठाराघात से बचाया है। राष्ट्रीयता की रक्षा करने में उन्होंने महान योगदान दिया। उनका काल हिन्दी का संमृद्धि काल था। आगे कुशल नेतृत्व से उन्होंने साहित्य की सराहनीय सेवा की।

हिन्दी के उत्थान के लिए उन्होंने समर्थित होकर कार्य किया है। राष्टभाषा के लिए भी निम्न पक्तियाँ सराहनीय हैं—

अंग्रेजी पढ़ के जदपि, सब गुन होत प्रवीन।
परनिजु भाषा ज्ञान बिन, रहत हीन के हीन॥

उनहोंने सामाजिक समस्याओं का भी चित्रण किया है। भारत में भिन्नता पर भी उन्होंने प्रकाश डाला है—

भारत में सब भिन्न अति, ताहि सो उत्पात।
विविध हुए, मतहूँ विविध, भाषा विविध लखात॥

5. उपसंहार

निष्कर्ष रूप में यह कहा जा सकता है कि वर्तमान समय में हमारे साहित्यकारों का यह पुनीत कर्तव्य है कि वे ऐसे साहित्य का सृजन करें जो राष्ट्र के निर्माण में सहायक सिद्ध हो सके तथा जो आत्मगौरव का वर्धन कर सके सत्साहित्य के ही प्रसाद पर राष्ट्र के विकास की नींव आधारित होता है। हमारी जैसी सोंच, मनोवृत्ति और साहित्यिक उपललब्धि राष्ट्र के निर्माण से सीधे जुड़ी हुई है। हमारे राष्ट्र की उन्नति, उसकी गरिमा हमारे साहित्य पर आधारित है। साहित्य की उन्नति निस्सन्देह राष्ट्र की उन्नति में सहायक होगी। देश का सर्वांगीण विकास हमारे मनोवृत्ति से प्रेरित होता है। राष्ट्र निर्माण में हिन्दी साहित्य न केवल अपना योगदान प्रदान कर रहा है अपितु सम्पूर्ण देश को एकता के सूत्र में बांधे हुए है।

मुस्लिम कवियों का हिन्दी के क्षेत्र में योगदान

1. प्रस्तावना
2. कवियों की सेवा एवं उनकी प्रमुख काव्य कृतियाँ
3. मुस्लिम कवियों के काव्य कृति का प्रभाव
4. उपसंहार

1. प्रस्तावना

हिन्दी साहित्य के क्षेत्र में मुस्लिम कवियों एवं सूफी सन्तों का अत्यन्त महत्वपूर्ण योगदान रहा है। उन्होंने हिन्दी साहित्य को समृद्ध बनाने में अपनी अमूल्य सेवायें अर्पित की हैं। मुसलमान कवियों ने अपने काव्य कृतियों के माध्यम से हिन्दू-मुस्लिम एकता में भी महत्वपूर्ण योगदान प्रदान किया है। यद्यपि वे मूल रूप से एकेश्वरवादी हैं क्योंकि उनका कहना है कि अल्लाह के सिवाय कोई दूसरा ईश्वर नहीं है। किन्तु इसके बावजूद भी वे भारतीय संस्कृति से प्रभावित हुए और हिन्दू संस्कृति की महत्ता को स्वीकारते हुए हिन्दी में काव्य रचनाएं की। राजनीति के क्षेत्र में हिन्दू मुस्लिम भले ही मतैक्य न रहे हों हिन्दी साहित्य के क्षेत्र में उनमें गहरी एकता थी। यद्यपि शासन सूत्र तो मुसलमान शासकों के हाथ में था किन्तु मुस्लिम सम्प्रदाय में भी ऐसे विद्वान कवि हुए जिन्होंने हिन्दी में काव्य रचना करके हिन्दी साहित्य को समृद्वि प्रदान किया।

2. कवियों की सेवा एवं उनकी काव्य कृतियां

हिन्दी साहित्य के आदिकाल से ही मुस्लिम कवियों ने हिन्दी साहित्य के क्षेत्र में कार्य किया है। अमीर खुसरो नामक विद्वान कवि ने हिन्दी में रचित पहेलियों से जनमानस को अपनी ओर आकर्षित किया। उसने अपने आश्रयदाता का खूब मनोरंजन कराया है। वह बलबन के पुत्र का दरबारी कवि था तथा उसे हिन्दी के अलावा फारसी एवं संस्कृत का भी ज्ञान था। उसने अपनी रचनाएं जन सामान्य की भाषा में प्रस्तुत किया। खुसरो अत्यंत लोकप्रिय कवि था। उसे हास्य एवं व्यंग्य का भी पर्याप्त बोध था।

उसकी कतिपय पहेली एवं हास्य निम्नवत् हैं—

एक थाल मोती से भरा।
सब के सिर पर औंध धरा॥ (पहेली)

खीर पकाई जतन से, चरखा दिया चलाय,

आया कुत्ता खा गया, तू बैठी ढोल बजाय,

और फिर ला पानी पिला।

भक्तिकाल में भी मुस्लिम कवियों एवं सूफियों ने हिन्दी के क्षेत्र में कार्य किया। कबीर का नाम अत्यन्त गर्व के साथ लिया जा सकता है। कबीर निर्गुण-निराकार ब्रह्म के उपासक थे, कबीर का पालन-पोषण पूरी तरह से इस्लामी परिवेश में हुआ था अतः उन पर इस्लामी संस्कार परिलक्षित होता था। उन्होंने हिन्दी साहित्य की जो सेवा की वह अत्यन्त सराहनीय है।

कबीर को निम्न तीन रूपों में ख्याति प्राप्त था—

(क) एक कवि के रूप में,

(ख) एक ज्ञानी के रूप में,

(ग) एक समाज सुधारक के रूप में

सन्त कबीर ने अपने समय की जनता को जो बातें बतायीं वे वस्तुतः उनके व्यावहारिक जीवन से जुड़ी हुई थीं क्योंकि उनकी वाणी में ओज था। उन्होंने ज्ञान की गुत्थियों को सुलझाने का पूर्ण प्रयास किया है। उन्होंने आत्मा और माया की अवधारणा पर भी प्रकाश डाला है।

कबीरदास जी माया और आत्मा के सम्बन्ध को निम्न प्रकार अभिव्यक्त किया है—

जल में कुम्भ, कुम्भ में जल है, बाहर भीतर पानी।

फूटा कुम्भ जल जलहि समाना।

यह तत् कथ्यों गियानी॥

कबीर की भाषा सधुक्कड़ थी। उन्होंने तत्कालीन समाज को अपने इस भाषा के माध्यम से सजग किया है। उनकी रचनाओं में अध्यात्मिक प्रवाह देखने को मिलता है। उन्होंने ब्रह्म के अस्तित्व को स्वीकार किया है। सर्वत्र ब्रह्म को देखा है। अर्थात सम्पूर्ण संसार को ब्रह्म स्वरूप माना है। इनके अनुसार—

लाली मेरे लाल की, जित देखूं तित लाल।

लाली देखन मैं चली, मैं भी हो गई लाल॥

कबीर के अलावा अन्य मुस्लिम कवियों ने भी हिन्दी साहित्य को संवारा है। इस क्रम में भला मलिक मुहम्मद जायसी को कैसे भुलाया जा सकता है जिन्होंने पद्मावत जैसे काव्य की रचना की है, जायसी के पद्मावत: में गोस्वामी तुलसी दास जी की भाँति वेदों और चौपाइयों का वर्णन मिलता है।

नागमती-विरह वर्णन का अत्यन्त सुन्दर चित्रण पद्मावत में मिलता है। जायसी ने लौकिक एवं अलौकिक प्रेम का भली प्रकार सामंजस्य किया है—

नागमती यह दुनिया धन्धा।
बचा सोई न एहि चित बन्धा॥
राघव दूत कोई सैतानू।
माया अलाउद्दीन सुल्तानू॥

इन्हीं कवियों की परम्परा में कुतुबन का भी नाम आता है। कुतुबन ने मृगवती की रचना की। यह काव्य अत्यन्त प्रसिद्ध है, इस सद्ग्रंथ में भाव एवं रहस्य की प्रधानता है।

उपरोक्त के अलावा अब्दुर्रहीम खानखाना का नाम भी सम्मान के साथ लिया जा सकता है। रहीम अपने नीति परक दोहों के लिए प्रसिद्ध थे। इनके कतिपय दोहों पर दृष्टिपात करना आवश्यक प्रतीत होता है—

रहिमन निज मन की व्यथा, मनाहि रखो गोय।
सुनि अठिलैहैं लोग सब, बांट न लेइहैं कोय॥

x x x x x x

रहिमन अंसुवा नयन उरि, जिय दुख प्रकट करेइ।
जाहि निकारों गेह से, कस न भेद कहि देइ॥

x x x x x x

रहिमन विपदा ही भली, जो थोड़े दिन होय।
हित अनहित इह जगत में, जान पड़त सब कोय॥

आलम ने भी हिन्दी साहित्य को समृद्ध करने में अत्यन्त महत्वपूर्ण योगदान प्रदान किया है। ये शेख नामक रंगरेजिन के प्रेम के वशीभूत थे। आलम का निम्न दोहा अत्यन्त प्रसिद्ध है—

कनक छरी सी कामिनी, काहे को कटि दीन।

शेख ने उसे यूं पूर्ण किया—

कटि को कंचन काटि, विधि कुचन मध्य धरि दीन॥

रसखान कवि ने भी हिन्दी साहित्य को समृद्धि प्रदान करने में अत्यन्त महत्वपूर्ण योगदान किया है। वे भक्तिकाल के अत्यन्त प्रतिभा सम्पन्न कवि थे। रसखान के सवैये प्रसिद्ध थे। वृज-गोकुल गाँव की महत्ता पर प्रकाश डालते हुए रसखान कवि ने कहा है—

मानुस हों तो वही रसखानि बसों ब्रज गोकुल गाँव के ग्वारन।

रसखान कवि ने भाव सौंदर्य को विशेष महत्व दिया है। उनमें भक्ति भावना प्रबल थी। उनके सवैये एवं कवित्त बड़े प्रेम से पढ़े जाते हैं। इनके माध्यम से हिन्दी साहित्य को उन्होंने सम्पन्न किया है।

हिन्दी साहित्य के रीतिकाल में भी मुस्लिम कवियों ने अपना योगदान प्रदान किया है। रीतिकाल में सैय्यद रसलीन भी रचनायें करते थे। आगे चलकर नजीर अकबराबादी का भी अवतरण हुआ किन्तु इन्होंने अपने काव्य कृति में हिन्दी के साथ-साथ उर्दू के शब्दों का प्रयोग किया है।

उपरोक्त के अतिरिक्त निम्न मुस्लिम कवियों की भी रचानायें हिन्दी साहित्य को समृद्ध बनाने में महत्वपूर्ण रहीं—

शेख नवी

कासिम शाह

नूर मोहम्मद

फाजिल शाह आदि।

पद्य साहित्य के अलावा गद्य साहित्य में भी मुस्लिम विद्वानों एवं लेखकों ने कार्य किया है। खड़ी बोली के आरम्भ में खुसरों ने महत्वपूर्ण योगदान रहा। इस दिशा में इंशा अल्लाह खाँ की प्रमुख कृति "रानी केतकी की कहानी" प्रमुख है।

3. मुस्लिम कवियों के काव्य कृति का प्रभाव

मुस्लिम कवियों द्वारा हिन्दी में काव्य की रचना का सर्व प्रथम प्रभाव यह हुआ कि इससे हिन्दू एवं मुस्लिम दो सम्प्रदायों में एकता की भावना अभिपुष्ट हुई। दोनों सम्प्रदायों में सामंजस्य स्थापित हुआ। कबीर ने दोनों सम्प्रदायों की आलोचना करके एकेश्वरवाद का समर्थन किया। एकेश्वरवाद वस्तुतः हिन्दू दर्शन की ही उपज है क्योंकि हमारे वैदिक गंथों में एकेश्वरवाद का ही उल्लेख मिलता है। ऋग्वेद केवल एक ही ब्रह्म की सत्ता को स्वीकार करता है। केवल ब्रह्म को सत्य मानते हुए सम्पूर्ण जगत को मिथ्या बताया गया है, अंग्रेजी शासन काल में हिन्दी को हतोत्साहित करने का प्रयास किया गया किन्तं अंग्रेज अपनी योजना में सफल न हो सके। यद्यपि वे हमारे बीच विषवमन करते रहे किन्तु मुस्लिम भाइयों एवं उनके नेताओं ने सूझ-बूझ और एकता के भाव का परिचय दिया। हिन्दी में जिन मुस्लिम कवियों ने काम किया है उनका नाम सदा के लिए अमर रहेगा और वे उसी प्रकार अदरणीय और स्मरणीय रहेंगे जिस प्रकार हिन्दू कवियों का आदर और सम्मान रहेगा। अपने कृतियों के माध्यम से मुस्लिम कवियों एवं सूफी सन्तों ने जो कार्य किया वह आज के भारतीय परिवेश में पूर्णतः प्रासंगिक हैं। हिन्दी में उन्होंने काव्य की रचना करके न केवल हिन्दी साहित्य को समृद्धि एवं वैभव प्रदान किया है अपितु उन्होंने हिन्दू मुस्लिम एकता में भी महान योगदान दिया है।

4. उपसंहार

निष्कर्ष रूप में यह कहा जा सकता है कि हिन्दी के क्षेत्र में मुस्लिम कवियों ने जो सेवायें अर्पित की हैं वे अविस्मरणीय हैं। उनकी महत्ता उसी प्रकार बनी रहेगी जिस प्रकार हिन्दी में रचना करने वाले कवियों की है। ये कवि जिन भावों को अपने कृति के माध्यम से प्रस्तुत किए हैं उनसे जनमानस लाभान्वित होगा।

गोस्वामी तुलसीदास जी एवं उनका योगदान

1. प्रस्तावना
2. जीवन परिचय
3. प्रमुख कृतियाँ
4. उपसंहार

1. प्रस्तावना

गोस्वामी तुलसी दास जी ने हिन्दी साहित्य की जो सेवा की है वह अविस्मरणीय है। गोस्वामी जी का अविर्भाव मुगलों का आधिपत्य काल था। देश घोर विलासिता की ओर जा रहा था। सामाज में शिक्षा का अभाव था। लोगों में अकर्मण्यता थी संस्कृतिक चेतना का अभाव था। ऐसी परिस्थिति में किसी विद्वान कवि का आगमन परम सौभाग्य का विषय था। तुलसी का साहित्य गंगा के पवित्र जल की भांति सबका कल्याण करने वाला है। इसे निम्न रूप में देखा जा सकता है—

कीरति भनिति भूति भल सोई।
सुरसरि सम सब कर हित होई॥

जिस समय गोस्वामी तुलसी दास जी ने रामचरित मानस की रचना की उस समय हिन्दी में श्रेष्ठ ग्रंथों का अभाव था किन्तु सूरदास की रचनायें समाज को जागृत कर रहा था। सूर और तुलसी श्रेष्ठ कवि थे। किसी विद्वान ने उनके विषय में लिखा है—

सूर सूर तुलसी शशी, उड्गण केशव दास।
अब के कवि खद्योत सम, जहं तहं करें प्रकाश॥

उपर्युक्त का तात्पर्य है कि सूरदास सूर्य की भांति प्रकाशवान कवि थे, जबकि तुलसीदास की विद्वता में चन्द्रमा की चमक थी। कहीं-कहीं पर तुलसी को तो सूर से भी श्रेष्ठता प्रदान कर दी गई है यथा—

सूर शशी, तुलसी रवी।

2. जीवन परिचय

तुलसी दास का जन्म कहाँ हुआ था, यह अज्ञात है क्योंकि यह विवाद का विषय बन चुका है। इस सन्दर्भ में विद्वानों में मतैक्य नहीं है। अतः यह विषय आज भी संदिग्ध है। वैसे इन्हें बांदा के राजापुर ग्राम में पैदा होना बताया जाता है। फिर भी यह आज भी अनुसंधान का विषय बना हुआ है। विद्वानों के अनुसार तुलसीदास जी के पिता आत्माराम दूबे थे जबकि माता का नाम हुलसी था। तुलसी दास जी मूल नक्षत्र में पैदा हुए थे। इनका बचपन साधु-सन्तों के बीच बीता। इसका गम्भीर प्रभाव इनके व्यक्तित्व पर पड़ा। भविष्य में इनका सम्पर्क स्वामी नर-हरिदास से हुआ जिनके साथ इन्होंने शिक्षा प्राप्त की है। इनका विवाह रत्नावली नामक कन्या से हुआ। जिसके प्रति इनकी विशेष आसक्ति थी किन्तु जब पत्नी के प्रति इनका मोह भंग हुआ तो इनके जीवन को नया आयाम मिला और तुलसीदास महान लोकनायक बने। तुलसी दास जी का जीवन भ्रमण में व्यतीत हुआ। ये प्रयाग, काशी एवं अन्य तीर्थों का भ्रमण किए। काशी में इन्होंने पवित्र ग्रंथ श्री राम चरित मानस की रचना पूर्ण की।

गोस्वामी तुलसीदास जी 1680 ई० में मृत हुए क्योंकि इसकी पुष्टि निम्नलिखित प्रचलित दोहे से होता है—

संवत् सोलह सौ असी, असी गंग के तीर।
श्रावण शुक्ला सप्तमी, तुलसी तज्यो शरीर।

3. प्रमुख कृतियाँ

गोस्वामी तुलसी दास जी में उच्च कोटि की विद्वता थी। उन्होंने काशीनगर में वेद-वेदांग, इतिहास, पुराण एवं दर्शन का गम्भीर अध्ययन किया। इनकी प्रमुख कृति "रामचरित मानस" है जिसमें उन्होंने भगवान की गाथा को गाया है। यह सद्ग्रंथ भारत के लोगों के लिए ही नहीं विश्व के लोगों के लिए प्रेरणास्पद है, नीति, व्यवहार, कुशलता, चतुराई आदि सभी बातें इस सद्ग्रंथ में भली प्रकार दृष्टया हैं।

रामचरित मानस के अलावा गोस्वामी तुलसी दास ने निम्न ग्रंथों की रचना की है—

दोहावली

कवितावली

गीतावली

विनय पत्रिका

रामलला नहछू

बरबे रामायण एवं जानकी मंगल आदि।

काशी नागरी प्रचारिणी सभा के अनुसार गोस्वामी तुलसी दास जी ने कुल बारह ग्रंथों की रचना की है।

गोस्वामी जी के ग्रंथों में उनके पूर्ण पांडित्य का दिग्दर्शन होता है। उन्होंने मानव जीवन की गुत्थियों को भली प्रकार सुलझाने का प्रयास किया है। वे लोक मंगल की कामना से प्रेरित थे। उन्होंने धर्म राजनीति, समाज, साधारण नीति, विदेश नीति आदि सभी बातों पर प्रकाश डाला है। गोस्वामी जी का दृष्टिकोण समन्वयवादी था। भक्ति-भावना इनमें प्रबल थी। वैसे धर्म, राजनीति, समाज, साधारण नीति, विदेशनीति आदि सभी बातों पर प्रकाश डाला है। गोस्वामी जी का दृष्टिकोण समन्वयवादी था। भक्ति भावना इनमें प्रबल थी। वैसे धर्म, कला, नीति एवं दर्शन पर भी इनका चिन्तन प्रबल रहा।

रामचरित मानस गोस्वामी जी का वह सद्ग्रंथ है जिसमें उन्होंने जीवन के हर क्षेत्र पर प्रकाश डाला है। रामकथा से भला कौन ऐसा हो सकता है जो अवगत न हो। रामकथा से विघ्न-बाधाएं स्वतः दूर हो जाती हैं। समस्त संशय नष्ट हो जाता है। गोस्वामी जी के अनुसार—

राम कथा सुन्दर करतारी।
संशय विहंग उड़ावन हारी।।

राम कथा मानव जीवन के प्रत्येक पहलू एवं परिस्थितियों से सम्बन्धित है। पिता के प्रति पुत्र का कैसा बर्ताव होना चाहिए, भाई का भाई के प्रति कैसा व्यवहार हो अथवा माता के प्रति पुत्र का क्या व्यवहार हो या गुरु का शिक्षा के प्रति कैसा भाव होना चाहिए इन सब बातों का विशद वर्णन तुलसीकृत रामचरित मानस में मिलता है। मानस साहित्य रामकथा से ओतप्रोत है। सामाजिक कर्तव्यों का इसमें विशद् वर्णन मिलता है। तुलसी दास जी समन्वयवादी कवि थे। उन्होंने आचार व विचार में समन्वय की भावना पर बल दिया है। तुलसी रचनात्मक दृष्टिकोण से प्रेरित थे। उनके काव्य में आदर्श एवं यथार्थ का संगम है।

तुलसी दास जी ने भक्ति एवं ज्ञान में कोई भेद नहीं स्वीकार किया है। उके अनुसार—

भक्तिहिं, ज्ञानहिं, नहिं कछु भेदा।
उभय हरहिं भव सम्भव खेदा।।

अपनी कृतियों के माध्यम से गोस्वामी तुलसी दास जी अमर हैं। उनका विचार उनकी प्रमुख कृतियों के माध्यम से अमर है। वे सामंजस्य के कवि थे। उनका विचार विश्वकल्याण की भावना से प्रेरित था।

गोस्वामी जी का विविध भाषाओं पर पूर्णाधिकार था। वे संस्कृत के उद्भट विद्वान थे। बृज और अवधी भाषाओं पर तो उनका असाधारण अधिकार था। तुलसीदास जी इतने बड़े विद्वान होने के बावजूद भी रामचरित मानस जैसे सद्ग्रंथ की रचना बोल-चाल की सामान्य भाषा में किया है। तुलसी साहित्य रसयुक्त है। कहीं भी निरसता नहीं दृष्टिगोचर होता है। रामचरित मानस और विनय पत्रिका में जिन आध्यात्मिक विचारों पर प्रकाश डाला है वे आज भी प्रासंगिक हैं। विनय-पत्रिका भी कम महत्वपूर्ण नहीं है क्योंकि यह भी गोस्वामी जी की श्रेष्ठ रचना हैं और उनकी ख्याति का आधार है। तुलसी के काव्य की सर्वप्रमुख विशेषता यह है कि उनमें भक्ति रस की प्रधानता है। तुलसी का श्रृंगार वर्णन मनमोहक है।

तुलसी ने निम्न अलंकारों का प्रयोग खूब किया है—

1. उपमा
2. रूपक एवं
3. उत्प्रेक्षा

यह कहना अतिश्योक्तिपूर्ण नहीं है कि तुलसी का स्थान साहित्य में सर्वोच्च है। "राम चरित मानस" जैसा सद्ग्रंथ उनकी ख्याति का प्रमुख कारण है। यह उनका प्रबन्ध काव्य है जो विशाल ज्ञान राशि का संगम है। तुलसीदास जी ने मानस के माध्यम से विश्व धर्म की बात की है। उन्होंने विश्व कलयाण की भावना को मुखरित किया है। यह निस्सन्देह कहा जा सकता है कि रामचरित मानस हिन्दी साहित्य का श्रेष्ठ महा काव्य है। यह महाकाव्य भारतीय संस्कृति एवं मर्यादा के अनुरूप उन्होंने रचा है जिसमें अलंकरण योजना सुसंगत है। तुलसी दास जी ने अपने उस कृति के माध्यम से ज्ञान का स्रोत प्रवाहित किया

है। "रामचरित मानस" में पात्रों का चयन उन्होंने बड़ी सूझ-बूझ के साथ किया है। रामचरित मानस मे जो चरित्र चित्रण किया गया है वह स्वयं में प्रेरणास्पद है।

उपसंहार—

उपरोक्त विचारण से यह भली प्रकार स्पष्ट है कि हिन्दी साहित्य को समृद्ध करने में गोस्वामी तुलसीदास जी ने अपना महान योगदान किया है। उनका स्थान साहित्य रूपी आकाश में सूरज की भांति है। भारतीय समाज गोस्वामी जी की कृतियों से सदा के लिए ऋणी रहेगा। इनका सामंजस्यपूर्ण विचार एवं समन्वयवादी दृष्टिकोण सदा के लिए प्रेरणा स्रोत का काम करेगा। तुलसी दास जी में लोकनायकत्व है। वे लोक के सुप्रसिद्ध कवि थे। वे आज हमारे बीच अपनी कृतियों के माध्यम से अमर हैं। इनके व्यक्तित्व में एक उच्च कोटि की भली एवं लोकनायकत्व विद्यमान है। वे सुसंगठन एवं सामंजस्य के कवि थे।

तुलसी के काव्य के विषय में किसी विद्वान का निम्न विचार अत्यन्त प्रासंगिक है—

कविता करने तुलसी न लसै, कविता लसी पा तुलसी की कला।

हिन्दी साहित्य में उपन्यासों का स्थान

1. प्रस्तावना
2. उपन्यास के क्षेत्र में कार्य का आरम्भ
3. प्रेमचन्द्र का योगदान एवं उनका युग
4. उपसंहार

1. प्रस्तावना

हिन्दी साहित्य की श्री वृद्धि में उपन्यासों का अत्यन्त महत्वपूर्ण योगदान है। 19वीं शताब्दी का काल उपन्यासों का उद्‌भव काल माना जा सकता है क्योंकि इसी काल में विद्वानों का ध्यान उपन्यासों की ओर आकृष्ट हुआ। विविध भाषाओं में लिखे गये उपन्यासों का हिन्दी में अनुवाद कार्य भी आरम्भ हुआ। सामाजिक उपन्यासों की ओर भी लोगों का ध्यान आकर्षित हुआ जिनमें से कुछ निम्नवत् है—

परीक्षा गुरु—श्रीनिवास

निःसहाय हिन्दू—राधाकृष्ण दास

सौ अजान एक सुजान—बाल कृष्ण भट्ट

उपरोक्त के अलावा निम्न उपन्यासों की भी महत्ता कम नहीं—

दुर्गेश नन्दिनी

सरोजिनी

दीप निर्माण

उपन्यास के क्षेत्र में किशोरी लाल गोस्वामी का महत्वपूर्ण योगदान है। इन्होंने "रजिया बेगम" नामक उपन्यास लिखा। किन्तु इस युग तक स्थिति यह थी कि उपन्यास के क्षेत्र में उच्च कोटि के साहित्य का अभाव था। किन्तु लेखन कार्य जारी रहने के कारण उपन्यास का क्षेत्र समृद्धि की ओर अग्रसर था।

2. उपन्यास के क्षेत्र में कार्यारम्भ

यद्यपि उपन्यास के क्षेत्र में कार्य का आरम्भ 19वीं शताब्दी से आरम्भ हो गया था किन्तु इस दिशा में कोई क्रांतिकारी परिवर्तन नहीं परिलक्षित हुआ क्योंकि विद्वानों ने उपन्यास को ज्यादा महत्व नहीं दिया। किन्तु मिश्र बन्धुओं के "वीरमणि" एवं किशोरी लाल गोस्वामी

का रजिया बेगम स्व्यं में एक उच्च कोटि का उपन्यास था जिसको विशेष महत्व प्राप्त था। थोड़ा बहुत कार्य होना तो स्वाभाविक था किन्तु लेखन कार्य की गति बहुत धीमी होने के कारण उपन्यास के क्षेत्र में कोई सराहनीय कार्य 19वीं शताब्दी तक नहीं हो सका। यही स्थिति लगभग बीसवीं शताब्दी के प्रथम दशक तक बनी रही। फिर भी यह कहा जा सकता है कि 19वीं शताब्दी का उत्तरार्ध एवं बीसवीं शताब्दी का आरम्भिक दशक उपन्यास के क्षेत्र में होने वाले कार्य का काल था।

प्रेमचन्द्र से पूर्व की स्थिति पर जब हम प्रकाश डालते हैं तो यह प्रतीत होता है कि विविध प्रकार के उपन्यास अस्तित्व में आ चुके थे जैसें; सामाजिक उपान्यास, जासूसी उपन्यास, प्रेमाख्यान सम्बन्धी उपन्यास आदि। इस समय के प्रमुख औपचारिक सद्ग्रंथ निम्नवत् है—

नूतन ब्रह्मचारी

हृदय हारिणी

परतंत्र लक्ष्मी

दीनानाथ

चन्द्रकान्ता

निःसहाय हिन्दू आदि।

किशोरी लाल गोस्वामी इस समय के सुप्रसिद्ध उपन्यासकार थे। इन्होंने "स्वर्गीय कुसुम' नामक उपन्यास लिखा। यह उल्लेखनीय है कि 19वीं शताब्दी के उत्तरार्ध में देवकी नन्दन खत्री ने "चन्द्रकांता"नामक उपन्यास लिखी। यह अत्यन्त महत्वपूर्ण ग्रंथ था। यह स्वयं में एक लोकप्रिय रचना थी। देवकीनन्दन खत्री से प्रेरणा लेकर अन्य विद्वानों ने इस दिशा में कार्य करना आरम्भ किया। उदाहरण के लिए देवी प्रसाद शर्मा ने "सुन्दर सरोजिनी", हरे कृष्ण जौहर ने "भयानक भ्रम" जगन्नाथ ने बसन्त मालती जैसे उपन्यासों की रचना की। इस प्रकार हिन्दी साहित्य के क्षेत्र में उपन्यासों का ढेर लगने लगा।

हिन्दी में जासूसी उपन्यासों की भी रचनाएं होने लगी। उदाहरण के लिए गोपाल राम गहमरी ने निम्न औपन्यासिक ग्रंथ लिखे—

जासूस की चोरी

जासूसों पर जासूस

किले में खून

खून का भेद और खूनी खोज।

किशोरी लाल गोस्वामी ने इस क्षेत्र में काफी महत्वपूर्ण कार्य किया। गोस्वामी जी के निम्न लिखित महत्वूपर्ण औपन्यासिक ग्रंथ है—

लीलावती

चन्द्रावती

तरुण तपस्विनी

जिन्दे की लाश आदि।

ब्रजनन्दन सहाय ने "लाल चीन"- और चन्द्रशेखर ने "शशिबाला" नामक उपन्यास लिखा।

3. प्रेमचन्द्र का योगदान एवं उनका युग

उपन्यास के क्षेत्र में जितना महत्वपूर्ण योगदान मुंशी प्रेमचन्द्र ने दिया है उतना सम्भवतः किसी ने नहीं। इन्होंने कथा साहित्य को एक नवीन मार्ग प्रदान किया। प्रेमचन्द्र का काल राष्ट्रीय आन्दोलन का काल था क्योंकि इस समय राष्ट्रवाद की भावना जन-जन में व्याप्त हो चुकी थी और राष्ट्रीय आन्दोलन गति पकड़ चुका था। प्रेमचन्द्र जी ने मानव जीवन में घटने वाली वास्तविक घटनाओं को अनुभूत किया है और उनका चित्रण अपने प्रमुख औपचारिक ग्रंथों में किया है। मुंशी प्रेमचन्द्र ने यथार्थवादी चिन्तन को अपनाया क्योंकि उनका कोरे आदर्शवाद में कोई अभिरुचि न थी। इस प्रकार यह कहा जा सकता है कि प्रेमचन्द्र का उपन्यास आदर्शोन्मुख यथार्थवाद पर आधारित था। उनके औपचारिक ग्रंथों का अनुशीलन करने पर ऐसा प्रतीत होता है कि उन्होंने सामाजिक बुराइयों का घोर विरोध करके एक उपदेशक का कार्य सम्पादित किया है। उन्होंने महल में रहने वाले लोगों से लेकर झोपड़ी में रहने वाले लोगों की जीवन चर्या पर प्रकाश डाला और उनके विविध कार्य-कलापों पर प्रकाश डाला है मुंशी प्रेमचन्द्र जी ने सामाजिक कुरीतियों का प्रबल विरोध किया है, उनका कहना है कि जब तक सामाजिक कुरीतियाँ समाज में व्याप्त रहेंगी हम विकास के पथ पर अग्रसर नहीं हो सकेंगे। यदि हमें विकास के पथ पर अग्रसर होना है तो समाज में व्याप्त बुराइयों एवं रुढ़िवादी विचारों का परित्याग करना पड़ेगा। इनके उपन्यासों का अध्ययन करने पर प्रतीत होता है कि वे साहित्यकार कम, सुधारक ज्यादा हैं।

मुंशी प्रेमचन्द्र के प्रमुख औपन्यासिक ग्रंथ निम्नवत् हैं—

प्रेमाश्रम

गबन

गोदान

रंगभूमि

काया कल्प

सेवा सदन एवं निर्मला आदि।

प्रेमचन्द्र के अलावा उमाशंकर प्रसाद, वेचनशर्मा उग्र; ऋषभचरण जैन, चतुरसेन शास्त्री आदि प्रेमचन्द्र युगीन उपन्यासकार हैं। इनके अलावा विश्वम्भर नाथ कौशिक, बाबू वृन्दावनलाल वर्मा का भी नाम सम्मान के साथ लिया जा सकता है। जयशंकर प्रसाद ने कंकाल, तितली एवं इरावती जैसे श्रेष्ठ औपन्यासिक ग्रंथों की रचना की। बाबू वृंदावन लाल वर्मा ने गढ़कुण्डार एवं विराट की पदमिनी जैसे औपन्यासिक ग्रंथों की रचना की। भगवती चरण वर्मा ने (चित्रलेखा नामक उपन्यास लिखा।

प्रेमचन्द्र युग के उपरान्त भी इस क्षेत्र में अनवरत कार्य होता रहा क्योंकि श्री जैनेन्द्र जी इस दिशा में नवीन विचारधारा के प्रवर्तक बने। जैनेन्द्र जी की प्रमुख रचनाएं निम्नवत् हैं—

परख, तपोभूमि, सुनीता, कल्याणी, त्यागपत्र आदि।

उपन्यास लेखन के क्षेत्र में इलाचन्द जोशी का भी नाम अत्यन्त महत्वपूर्ण है। "सन्यासी" आपका सर्वोत्तम उपन्यास है। यशपाल भी आधुनिक उपन्यासकारों में श्रेष्ठ स्थान रखते हैं क्योंकि इनके औपन्यासिक ग्रंथ भारतीय जनमानस के लिए प्रेरणा के स्रोत हैं।

यशपाल के प्रमुख औपन्यासिक ग्रंथ निम्नवत् है—

दादा कामरेड, देश द्रोह, पार्टी कामरेड एवं मनुष्य के रूप।

बाबू वृन्दावन लाल वर्मा ने "झांसी की रानी" एवं "मृगनयनी" नामक औपन्यासिक ग्रंथ लिखे। उनकें अलावा रामेश्वर शुक्ल का भी योगदान कम न करें क्योंकि उन्होंने "चढ़ती धूप, उल्का, नई इमारत और "मरुप्रदी" जैसे प्रमुख औपन्यासिक ग्रंथ लिखे।

उपेन्द्र नाथ "अश्क" चतुरसेन शास्त्री, प्रताप नारायण श्रीवास्तव, सिया राम शरण आदि इस समय के महत्वपूर्ण उपन्यासकार हुए।

4. उपसंहार

संक्षेप में कहा जा सकता है कि हिन्दी साहित्य को श्री वृद्धि प्रदान करने में उपन्यास का भी महत्वपूर्ण योगदान है। उपन्यास के माध्यम से उपन्यासकार जिन बातों को समाज के सम्मुख प्रस्तुत करता है वे समाज की मनोदशा से जुड़े होते हैं और उनका सामाजिक मूल्य होता है। उपन्यासकार अथवा कथाकार का प्रयत्न यह होता है कि वह अपने उपन्यास में वर्णित विषयों के माध्यम से तत्कालीन समाज को नवीन दिशा प्रदान करे। मुंशी प्रेमचन्द्र एवं जयशंकर प्रसाद, भगवती चरण वर्मा जैसे उपन्यासकारों ने यह कार्य पूर्ण करने के साथ हिन्दी साहित्य को समृद्ध करने में महान योगदान दिया है।

एक कवि के रूप में कबीर का स्थान

1. प्रस्तावना
2. जीवन परिचय
3. कबीर की सेवाएं
4. उपसंहार

1. प्रस्तावना

कबीर न केवल कवि के रूप में अपितु एक सुधारक के रूप में भी जाने जाते हैं। कबीर ने अपने उपदेशों द्वारा तत्कालीन समाज को प्रभावित किया है। कबीर गम्भीर विचारक थे। उनका चिन्तन प्रबल था। वे समाज की कुरीतियों एवं बुराइयों को उन्मूलित करने हेतु भारतीय समाज में अवतरित हुए। यह हमारे देश का सौभाग्य है कि ऐसे सन्त एवं महापुरुष इस देश की मिट्टी में पैदा हुए हैं और अपने व्यक्तित्व एवं कृतित्व से विशाल जन समुदाय को सत्मार्ग का अनुसरण करने हेतु अभिप्रेरित किया है। कबीर दास जी अपने सीधी व सधुक्कड़ी बातों से जनता का मन मोह कर उन्हें ईश्वर की अनुभूति कराते थे। वे हिन्दू-मुस्लिम एकता पर बल देते थे। कबीर एक सफल साधक थे। उनका कहना था कि ईश्वर की प्राप्ति तो केवल सद्कर्मों से ही सम्भव है। वे वैचारिक संकीर्णता से मुक्त थे। सामाजिक कटुता एवं विद्वेष के स्थान पर वे सामाजिक समरसता का प्रवाह करते थे। वह हठयोग और कर्मकाण्ड के विरोधी थे। अपने समय की जनता को उन्होंने किंकर्तव्य विमूढ़ता से विलग किया और उनका पथ प्रदर्शन किया।

2. जीवन परिचय

सन्त कबीर के बारे में यह कहा जाता है कि ये संवत् 1456 में पैदा हुए थे। इस सन्दर्भ नें निम्नलिखित दोहा प्रचलित है—

चौदह सौ छप्पन साल गये, चन्द्र वार एक ठार गये।

जेठ सुदी बरसाइत की, पुरनमासी प्रकट भए॥

सम्भवत: कबीर का जन्म किसी विधवा ब्राह्मणी के गर्भ से हुआ जिसने लोक-लाज की भावना से प्रेरित होकर बच्चे को लहरतारा नामक तालाब के किनारे छोड़ दिया। जिस स्थान पर इन्हें छोड़ा गया था वहाँ से इन्हें नीरू एवं नीमा नामक जुलाहे ने अपने संरक्षण में ले लिया।

चूँकि जुलाहे के घर पर शिक्षा के वातावरण का अभाव था अत: कबीर के लिए शिक्षा का यथोचित प्रबन्ध न हो सका। कबीर घर गृहस्थी का काम देखने में कुशल थे और जब इन्हें कुछ समय मिलता तो सत्संग भी करते थे। कबीर को रामानन्द स्वामी जी का आर्शीवाद प्राप्त था अत: वे प्रारम्भ से ही हिन्दू वेदांत से प्रभावित हो चुके थे।

कबीर पढ़े-लिखे व्यक्ति न थे क्योंकि उन्होनें इस बात को भली प्रकार निम्नवत् स्वीकार किया है—

मसि कागद छुयो नहीं कलम गह्यों नहीं हाथ।

कबीर ने समाज की कुरीतियों के प्रति जनता को आगाह किया है। उन्होंने मूर्खता से भरे पाखण्डों का विरोध किया है। उन्होंने निर्गुण राम को आजीवन देखा—

निर्गुन राम जपहुँ रे भाई।

ज्यौं तिल माँही तेल है, ज्यों चकमक में अगि। तेरा साई तुज्झ में, जागि सके तो जागि।

कबीर खरी व चोंखी बातें पसन्द करते थे। उन्होंने समाज को मानवीय मूल्यों एवं सवेदनाओं के प्रति सचेष्ट किया है। वे मूर्ति की पूजा के विरोधी थे—

पाहन पूजे हरि मिलैं, तो पूजूं पहार।
चाकी कोई न पूजै, पीस खाय संसार॥

कबीर दास जी मुसलमानों के मस्जिद और नमाज की भी निन्दा करते हैं—

कॉकरि पाथरि जोरि कै, मस्जिद लई चुनाइ।
ता चढ़ि मुल्ला बांग दे, क्या बहिरा हुआ खुदाय॥

कबीर दस जी हिंसा के विरोधी थे जिसे रोजा के सन्दर्भ में निम्न प्रकार व्यक्त करते हैं—

दिन को रोजा रखत हैं, रात हनत हैं गाय।
यह तो खून, वह बन्दगी कैसी खुशी खुदाय॥

कबीर की स्त्री "लोई" थी। कबीर की दो सन्तानें थी। पुत्र का नाम कमाल था और पुत्री कमाली थी। कबीर ने वैसे अपना सम्पूर्ण जीवन सत्संग में बिताया किन्तु वे अपनी गृहस्थी के कार्य मे भी रुचि लेते थे क्योंकि वे अपने पैतृक व्यवसाय से पृथक न थे। उनके आवास पर सन्तों का समागम होता था। वे सन्त प्रेमी थे।

ऐसा कहा जाता है कि कबीर अपनी मृत्यु के पूर्व काशी छोड़कर मगहर नामक स्थान पर चले गये थे। लोक विश्वास के अनुसार काशी में मृत्यु होने पर मोक्ष की प्राप्ति होती है। कबीर इस मान्यता को नहीं माने और मगहर में गये जहाँ उनकी मृत्यु हुई। उन्होंने स्वयं कहा है—

सकल जन्म शिवपुरी गवांया।
मरति बार मगहरि उठि धाया॥

3. कबीर की सेवायें

कबीर ने अपनी रचनाओं के माध्यम से जनमानस को झकझोर दिया। उन्होंने अन्धविश्वासों और कुरीतियों का खण्डन किया। वे सामंजस्यवादी विचार के थे। इन्होंने पंडितों, मौलवियों, पीरों, सूफियों और सिद्धों को फटकारा है। कबीर का यह विचार था कि ईश्वर मस्जिद या मंदिर में निवास नही करता है अपितु वह भक्तों के हृदय में बसा है।

कबीर दास पाखण्ड और कर्मकांडों व अनुष्ठानों आदि के प्रबल विरोधी थे। उन्होंने न केवल हिन्दुओं के तीर्थ, ब्रत, उपवास व कर्मकांड आदि की आलोचना की है अपितु मुसलमानों के मस्जिद, रोजा व नमाज आदि पर भी तीखा प्रहार किया है। कबीरदास ने हिन्दू व मुसलमानों दोनों की बुराइयों पर समान रूप से प्रकाश डाला है। उन्होनें कहा है—

इन दोउन राह न पाई, हिन्दुन की हिन्दुआइन देखी तुरकन की तुरकाई।

सिद्धों और फकीरों के ऊपर भी कबीर ने तीखा प्रहार किया है—

जन्त्र मंत्र सब झूठ हैं, मत भरमा जग कोय।
सार शबद जाने बिना, कागा हंस न होय॥

कबीर दास जी ने किसी पीर, मौलवी, सन्त, मुल्ला या फकीर को महत्व नहीं दिया। उन्होंने कर्म को महत्व दिया है। उन्होंने ढोंग और पाखण्ड का विरोध किया है। माला फेरने वाले पण्डितों की भी उन्होंने निन्दा किया है—

माला फेरत जुग गया, फिरा न मन का फेर।
करका मनका डारि दे, मन का मनका फेर॥

कबीर निर्गुण निराकार ब्रह्म के उपासक थे। उनकी साधना प्रबल थी। वे सच्चा साधक होने के नाते तत्कालीन समाज को अन्धकार से प्रकाश की ओर प्रवृत्त किया। वे एक पथ-प्रदर्शक के रूप में अवतरित हुए थे। उन्होंने लोगों के विश्वास को जीता। उन्होंने हिन्दू के राम और मुस्लिमों के रहीम को एक ही ईश्वर के रूप में देखा—

अल्ला राम की मति नाहीं, तहं कबीर ल्यो लाई।

कबीर समन्वयवादी कवि थे। वे द्वैत और अद्वैत के प्रपंच में नहीं पड़ें। उन्होनें मानवता का समर्थन किया है। उनके विचार मानवतावादी दृष्टिकोण से प्रेरित थे। उनका भाव सरस था किन्तु भाषा सधुक्कड़ी थी। कबीर का उद्देश्य महाकवि बनना था। कबीर दास वैभव एवं प्रतिष्ठा से दूर रहना चाहते थे1 कबीर के ह्दय में सत्यता थी। उनका ह्दय निर्मल था, व्राणी में ओज था। विचारों में प्रवाह था। कबीर ने नीतिपरक रचनायें भी प्रस्तुत किया है। कबीर का मुख्य उद्देश्य निम्नवत् था—

(1) समाज की बुराई दूर करना;

(2) समाज को रूढ़ि से पृथक करके नवीन दिशा प्रदान करना;

(3) पाखण्ड से समाज को अलग करना

(4) एकेश्वर का बोध कराना

(5) सत्य की अनुमति एकेश्वरवाद से कराना

(6) सत्य का अनुसरण कराना

(7) मानव मन की दुर्बलताओं को दूर कराना।

कबीर एक सच्चे साधक थे। उनकी भाषा में ओज था। उन्होंने अपनी कृतियों के माध्यम से हिन्दी जगत की जो सेवा की है वह निस्संदेह सराहनीय है। कबीर ने जिन विचारों को जनता के सम्मुख

अपनी कृतियों के माध्यम से प्रस्तुत किया है वे मानव जीवन के सामान्य व्यवहार से सीधे जुड़े हुए हैं।

कबीर की प्रमुख रचनायें निम्न है।—

1. साखी
2. शबद एवं
3. रमैनी।

4. उपसंहार

कबीर कोई पढ़े लिखे विद्वान और ओजस्वी वक्ता न थे। कबीर का सम्पूर्ण ज्ञान उनके द्वारा अनुभूत किए गये विचारों एवं भावों का संग्रह है। वे एक सफल साधक एवं समाज सुधारक थे। अर्थात् वे कवि, सुधारक, समाज सेवी एवं ज्ञानी थे। इनकी भाषा तो तीखी थी किन्तु सराहनीय है। उनकी बातों का अनुशीलन करने पर ऐसा प्रतीत होता है कि कबीर समाज को एक ऐसी दिशा प्रदान करना चाहते हैं जो मानव जीवन की सार्थकता सुनिश्चित करता है। कबीर की भावाभिव्यक्ति सहज थी। उनकी भाषा पूर्णत: सधुक्कड़ी थी किन्तु शब्दों के अर्थ भली प्रकार स्पष्ट थे किन्तु उन्होंने अपनी बात को प्रस्तुत करने में किसी हिचकिचाहट की अनुभूति नहीं किया। अत: उनहोंने अपने काव्य कृति के माध्यम से सच्चे अर्थों में हिन्दी साहित्य की सेवा की है।

हिन्दी साहित्य का इतिहास

1. प्रस्तावना
2. काल विभाजन

(क) वीरगाथा काल

(ख) भक्ति काल

(ग) रीति काल

(घ) आधुनिक काल

3. उपसंहार

5. प्रस्तावना

इतिहास का तात्पर्य बीती बातों अथवा घटनाओं से है। हर व्यक्ति, वस्तु अथवा समय का इतिहास होता है। हिन्दी साहित्य का भी अपना इतिहास है। इतिहास एक संचित कोष की भाँति होता है। हिन्दी साहित्य विभिन्न परम्पराओं एवं भावनाओं से युक्त है।

2. काल विभाजन

आचार्य रामचन्द्र शुक्ल ने हिन्दी साहित्य के इतिहास को निम्नलिखित चार भागों में बांटा है—

(1) संवत् 1050 से 1375 तक का काल वीरगाथा काल है।

(2) संवत् 1375 से 1700 तक का काल भक्तिकाल है।

(3) संवत् 1900 से 1990 तक का काल रीतिकाल है।

(4) संवत 1990 से अब तक का काल वर्तमान काल है।

(क) आदिकाल (वीरगाथा काल)

आदिकाल अथवा वीरगाथा काल में राजश्रित कवियों ने अपने आश्रय दाताओं के पराक्रम का गुणगान किया है। यह राजपूत राजाओं में आपसी ईर्ष्या का काल था। राजपूत राजा विलासितापूर्ण जीवन जीते थे। वे व्यक्तिगत गौरव हेतु विभिन्न लड़ाइयाँ लड़ते थे। उनका शौर्य प्रदर्शन एवं उनकी बड़ाई करना कवियों का मुख्य उद्देश्य था। वीरगाथा काल एक प्रकार से युद्ध का काल था। इस युग की प्रमुख कृतियाँ निम्नवत् हैं—

खुमान रासों, बीसल देव रासो, पृथ्वी राज रासो, जय चन्द्रं प्रकाश, जय मयंक जसचन्द्रिका, परमाल रासों एवं खुसरों की पहेलियाँ आदि।

चन्द्र वरदाई नामक कवि ने पृथ्वीराज रासों नामक साहित्य का सृजन किया। सम्भवतः यह हिन्दी का प्रथम महाकाव्य था। इस काल के काव्य में वीररस की प्रधानता थी एवं काल्पनिक उड़ाने प्रबल थी।

इस काल की कुछ विशेषताएं निम्नवत् हैं—

1. युद्ध का सजीव वर्णन एवं काल्पनिक बातों का प्रकटीकरण
2. राष्ट्रीयता का अभाव
3. आश्रयदाताओं के गाथा का गान
4. वीररस का प्राधान्य
5. साहित्य का बहुमुखी विकास न होकर एकांगी विकास
6. साहित्य में श्रृंगारिकता का पुट होना
7. युद्ध कौशल का वर्णन
8. युद्ध सामग्री एवं व्यवस्थाओं का उल्लेख आदि।

(ख) भक्तिकाल

इस काल में राजपूत राजाओं की शक्ति में धीरे-धीरे कमी होने लगी और देश में सर्वत्र मुस्लिम आधिपत्य स्थापित हो चुका था। धीरे-धीरे हिन्दू-मुस्लिम एकता को बल मिलने लगा। यह एकता साहित्य के क्षेत्र में प्रकट हुई। धीरे-धीरे भक्ति काव्य की रचनाएं होने लगी और जन जीवन में शक्ति का संचार हुआ। भक्ति काव्य की दो धारायें विकसित हुईं निर्गुण एवं सगुण। निर्गुण धारा दो शाखाओ में विभाजित हुई जिन्हें क्रमशः ज्ञानाश्रयी और प्रेममार्गी शाखा के नाम से जाना जाता है। ज्ञानाश्रयी शाखा के प्रख्यात् कवि कबीर थे तथा प्रेममार्गी शाखा के कवि मलिक मुहम्मद जायसी थे।

निर्गुण धारा की ज्ञानाश्रयी शाखा के संत एकेश्वरवाद को मानते थे और वे निराकार ईश्वर को मानते थे। वे जात-पात छुआ-छूत आदि में विश्वास नही रखते थे। वे मूर्तिपूजा के विरोधी थे और ब्राहमणों के कर्मकांडों का विरोध करते थे। इस शाखा के अनुगामी ज्यादा तर अशिक्षित थे। इनकी भाषा परिष्कृत न थी तथा इनमे मौलिकता का अभाव था।

प्रेमाश्रयी शाखा में सूफियों का बोल बाला था। सूफी लोग सरल एवं सादा जीवन व्यतीत करते थे। सूफियों में प्रेमाख्यानों से सम्बन्धित कल्पनाओं का प्रवाह था। इसमें विरह का विशद् वर्णन दृष्टिगोचर होता है। दोहा, चौपाई तथा छन्दों आदि की रचना इस काल में पर्याप्त रूप में हुई। इस युग में काल्पनिकता के साथ-साथ ऐतिहासिकता भी दृष्टव्य है।

सगुण धारा को भी पर्याप्त महत्व मिला है। सगुण धारा में रामभक्ति शाखा का महत्वपूर्ण स्थान है जिसे निम्नवत् दर्शाया जा सकता है—

(1) इनके अन्तर्गत रचनाएं अवधी तथा ब्रज में हुई हैं।

(2) गोस्वामी तुलसी दास जी ने सगुण उपासना के द्वारा तत्कालीन समाज को प्रभावित किया।

(3) लोक मंगल की कामना प्रबल हुई

(4) आर्थिक समृद्धि की कामना की गई

(5) सामाजिक आदर्शों एवं मूल्यों की रक्षा पर बल दिया गया। प्रेमाश्रयी शाखा में कृष्ण भक्ति शाखा कम महत्वपूर्ण नहीं है। कृष्ण भक्ति शाखा की कुछ विशेषताएं निम्न है—

1. भगवान कृष्ण के बाल स्वरूप का वर्णन
2. वात्सल्य और श्रृंगार रस की प्रधानता
3. ब्रजभाषा में रचनाओं का होना।
4. भक्ति मार्ग की महानता का प्रदर्शन आदि

(ग) रीतिकाल

इस काल में रीतिग्रंथों की रचनायें हुईं। रस, अलंकार, छन्द आदि को महत्व प्रदान किया गया किन्तु विचारों में मौलिकता का अभाव था। इस काल की रचनाओं में श्रृंगारिकता का पुट है। भावना पक्ष प्रबल था और कला पक्ष में रस था। इस काल में ब्रज और अवधी में रचनायें होती थी। कवियों ने नीति, रीति, भक्ति श्रृंगार आदि विषयों पर लेखनी उठायी।

इस काल के प्रमुख कवि हैं—

चिन्तामणि, बेनी, बिहारी, मतिराम, देव, भूषण आदि।

(घ) आधुनिक काल

आधुनिक काल हिन्दी साहित्य का जागरण काल है। इस काल में सामाजिक, आर्थिक एवं राजनितिक परिर्वतन हुए। लल्लू लाल, सदल मिश्र, मुंशी सदासुख लाल और इंशा अल्ला खाँ ने खड़ी बोली अपनाया और आरम्भिक गद्य लिखना आरम्भ किया।

बाबू हरिश्चन्द्र ने इस युग को सबसे ज्यादा प्रभावित किया है। इन्होंने अकेले 14 नाटकों की रचना की है। इनमें से प्रमुख निम्नवत् हैं—

सत्य हरिश्चन्द्र, मुद्रा राक्षस, नील देवी, भारत दुर्दशा, मन की लहर, मानस विनोद एवं चन्द्रवती आदि।

बाबू हरीश्चन्द्र के अलावा प्रताप नारायण मिश्र, पं0 बालकृष्ण भट्ट एवं नारायण चौधरी जैसे लोगों ने साहित्य को समृद्ध किया।

आचार्य महावीर प्रसाद द्विवेदी का योगदान कम न था। इन्होंने अपने प्रयासों से हिन्दी भाषा को परिमार्जित करने का प्रयास किया है। इन्होंनें भाषा को शुद्ध, परिमार्जित एवं सुसंस्कृत बनाया।

द्विवेदी जी के अलावा जयशंकर प्रसाद जी ने भी इस दिशा में अत्यन्त महत्वपूर्ण कार्य किया है। प्रसाद जी के अलावा माखन लाल चतुर्वेदी, जगन्नाथ प्रसाद एवं हरिकृष्ण प्रेमी जैसे विद्वानों ने भी अपनी कृतियों से हिन्दी साहित्य को समृद्ध किया।

इस युग में मुंशी प्रेमचन्द्र का भी योगदान महत्वपूर्ण रहा क्योंकि उनके समय में उपन्यास का युग आ चुका था। मुंशी प्रेम चन्द्र के प्रसिद्ध उपन्यास है—

प्रतिज्ञा, गबन, गोदान, कर्मभूमि, रंगभूमि, सेवा सदन, निर्मला, प्रेमान्द्रम आदि।

प्रेमचन्द्र युगीन अन्य विद्वानों में बाबू वृन्दावन लाल वर्मा का नाम प्रमुख है जिन्होंने झांसी की रानी नामक उपन्यास लिखा है। इनके अलावा बेचन शर्मा (उग्र) पं0 विश्वम्भर नाथ कौशिक, सुदर्शन आदि का नाम प्रमुख है। मुंशी प्रेमचन्द्र एक उच्च कोटि के कहानीकार एवं उपन्यास लेखक थे। उन्हें उपन्यास सम्राट कहा जाता है। इन्होंने चरित्र प्रधान उपन्यास लिखने में जो सफलता प्राप्त की है सम्भवत: वह सफलता किसी उपन्यासकार को नहीं प्राप्त हुई है।

5. उपसंहार

निष्कर्ष रूप में यह कहा जा सकता है कि हिन्दी साहित्य काल का इतिहास अत्यन्त गौरवमयी है और काल विभाजन की दृष्टि से भी साहित्य का महत्व हैं। प्रत्येक काल के कवियों ने देश, कला एवं परिस्थिति से प्रभावित होकर रचनाएं प्रस्तुत की हैं।

————

महाकवि सूर एवं उनकी भक्ति भावना

(1) प्रस्तावना

(2) जीवन परिचय

(3) भगवान कृष्ण के बाल रूप का वर्णन

(4) वियोग—वर्णन

(5) कृतियाँ

(6) उपसंहार

(1) प्रस्तावना

हिन्दी साहित्य के आकाश में महाकवि सूर का वही स्थान है जो स्थान सूर्य का है। सूर दास के विषय में कहा जाता है कि—

सूर-सूर तुलसी शशी, आकाश में केशव दास।
अबके कवि खद्योतु सम जहँ तहँ करें प्रकाश॥

कहने का तात्पर्य यह है कि सूरदास साहित्य रूपी क्षितिज में सूर्य भगवान की तरह प्रकाश मान हैं। अपने काव्य कृतियों के माध्यम से वे आज भी हमारे बीच अमर हैं। भगवान श्री कृष्ण के लोक रंजक स्वरूप का जो वर्णन उन्होंने प्रस्तुत किया है वह अद्वितीय है। गोस्वामी तुलसी दास का नाम भी हिन्दी साहित्य-क्षेत्र में सम्मान के साथ लिया जाता है किन्तु जब दोनों कवियों की तुलना की जाती है तो सूर को सूर्य का स्थान दिया जाता है और तुलसी को शशि का।

महाकवि सूर की भगवान कृष्ण के प्रति अटूट श्रद्धा थी। उनके विविधि क्रियाकलापों का सहज एवं सुन्दर वर्णन सूरदास जो ने किया है। यथा:

(1) व्रज में बालाओं के साथ प्रेमलीला;

(2) चंचलता

(3) ग्वाल बालों के साथ विविधि प्रकार की क्रीड़ाएं

(4) भगवान कृष्ण का मथुरा जाना

(5) गोपिकाओं का विरह वर्णन आदि।

महात्मा सूर के काव्य में भक्ति का भाव था। वे वस्तुतः भक्त कवि थे। भगवान कृष्ण के वशीभूत थे और उन्होंने कृष्ण को ही अपना आदर्श मानते हुए अपनी रचनाएं पूर्ण की हैं। ब्रज की बालाओं के साथ कृष्ण के कार्य-कलापों एवं सद्व्यवहारों का उन्होंने सम्यक् वर्णन किया है। भाव विह्लता प्रबल था। श्रृंगारिकता की झलक प्रबल थी। सूरदास जी की रचनाओं में मुख्यतः निम्न दो रसों की प्रधानता है—

1. वात्सल्य एवं
2. श्रृंगार

सूर का वात्सल्य वर्णन अद्भुत है। कृष्ण के मथुरा जाने पर विरह का वर्णन सूर साहित्य में द्रष्टव्य है। वात्सल्य को विशद् वर्णन सूर साहित्य की सर्वोत्कृष्ट विशेषता है—

चलत देखि जसुमति सुख पावै।
ढुमकि-ढुमकि धरती पर रेंगत जननी देखि दिखावै।
देहरि लोचलि जात बहुरि, फिर फिर इतही को आवै।
गिरि-गिरि परत बनत नहीं लांघत, सुर मुनि लोच करावै॥

भगवान कृष्ण पालने में सोये हैं, सूर का भाव है—

यशोदा हरि पालने सुलावे।
हलरावै, दुलरावे मल्हावै, जोई, सोई कुछ गावै।
मेरे लाल को आउ निदरिया, काहे न आनि सुआवै॥

महाकवि सूर ने घटनाओं का सुस्पष्ट वर्णन किया है। उनका विचार था कि भगवान कृष्ण का वात्सल्य उनके व्यक्तित्व में समाया हुआ है जिससे प्रेरणा प्राप्त करके सूर कोई भी विचार मुखरित करते थे।

2. जीवन परिचय

सूरदास जी आचार्य वल्लभ के शिष्य थे। वल्लभ से ही प्रेरित होकर उन्होंने अपनी रचनायें प्रस्तुत की। सूरदास जी जन्म-जात अन्धे थे अथवा बाद में अन्धे हुए यह विषय विवादस्पद है। इनका जन्म स्म्वत् 1535 माना जाता है, आगरा के ब्राह्मण कुल में पैदा हुए थे। भगवद् इच्छा से प्रेरित होकर यमुना तट पर ये गऊघाट में रहने लगे। वहाँ

सूर नित्य प्रति नये पद्य की रचना करते थे। यह कहा जाता है कि इन्होंने सवा लाख पदों की रचना की है किन्तु उनमें से केवल दस हजार पद ही वर्तमान में उपलब्ध हैं। सम्वत् 1640 में ये स्वर्गवासी हो गये।

3. भगवान कृष्ण के बाल रूप का वर्णन

सूरदास ने बाल लीलाओं का विशद् वर्णन किया है, इनका बाल वर्णन भगवान कृष्ण के बाल्यावस्था की सुन्दर एवं मनोहारी झांकी प्रस्तुत करता है। इनके पदों में उल्लास उत्कंठा, चिन्ता ईर्ष्या आदि का भाव परिलक्षित होता है।

सूर के वात्सल्य वर्णन की सुन्दर छटा निम्नवत् दर्शनीय है—

हरिजू की बाल छवि कहौं बरनि।
सकल सुख की सींव, कोटि मनोज सोभा हरनि।
भुज भुजंग, सरोज नैननि, बदन विधु नित लरनि।
रहे विवरिन सुलिल नभ, उपमा अपर दुरि उरनि।
मंजु मेचक मृदुल तनु, अनुहरत भूषन भरनि।
चलत पद प्रतिबिम्ब, मनि आंगन घुटुखनि करनि।
मनहु सुभग सिंगार सिसु तरु
करेयों अद्‌भुत तरनि।
जलज सम्पुट सुभग छवि, भवि लेति डर जनु धरनि।
पुण्य कल अनुभवति, सुतहिं विलोकि के नन्द दारनि।
सूर प्रभू की उखसी किलकनि ललित लरखरनि।

बालक श्री कृष्ण अपनी परछाई से किस प्रकार खेलते हैं इसका निम्नवत् वर्णन है—

मणिमय कणक नन्द के ऑगन, बिम्ब पकिरबे आवत।
कबहुं निरखि हरि आपु छॉह को, कर सौं पकरन चाहत॥

4. वियोग वर्णन

सूर का विरह वर्णन अद्वितीय है। पुत्र के वियोग में यशोदा देवकी को निम्नलिखित संदेश देती हैं—

सन्देसों देवकी सौ कहियौ।
हौं तो धाय तिहारे सुत की, कृपा करति रहियो।
जदपि टेब तुम जानत ही तो, तऊ मोही कटि आवै।
प्रातः होत मेरे लाल लड़ैते, माखन रोटी भावै।

वियोग का अत्यन्त सुन्दर चित्र सूरदास जी ने खींचा है—

बिनु गुपाल बैरनि भई कुंजै। तब लता लगति तन शीतल,
अब भई विषय ज्वाल की पुंजै।

वृथा बहति जमुनना, खग बोलत, वृथा कमल-फूलैं अलि
गुंजै।

पवन, पानी, घनसार, सजीवन,
दधि। सुत किरन भानु भई भुंजै॥

यह अधौ कहियौं माधव सौं, मदन विरह कर भारत वुजै।
सूर दास प्रभु तुम्हरे दरस को,
मग जोवत अखियाँ मई गुंजैं॥

5. कृतियाँ

सूरदास की प्रमुख कृतियाँ निम्नवत् हैं—

सूर सागर

साहित्य लहरी

गोवर्धन लीला

नाम लीला

पद संग्रह एवं

सूर पचीसी।

सूर सागर सर्वाधिक विख्यात है।

6. उपसंहार

निष्कर्ष रूप में यह कहा जा सकता है कि सूर भक्ति के भाव से ओत-पोत कवि थे। उन्होंने भगवान कृष्ण को अपना आराध्य देव माना और सूरसागर में उनकी विशद् लीलाओं का उल्लेख किया। वे विराट प्रतिभा के कवि थे। बाल वर्णन का कोई कोना उनसे अछूता न रहा। उन्होंने भक्ति और अध्यात्म का सुन्दर समन्वय किया है। सूरदास की गणना संसार के श्रेष्ठ कवियों में होती है। वह हमारे बीच अपनी कृतियों के माध्यम से अमर हैं और हम उनके जीवन्त व्यक्तित्व का दर्शन करते रहेंगे।

रीति कालीन काव्य एवं इसकी प्रमुख प्रवृत्तियाँ

1. प्रस्तावना

2. साहित्य एवं कलात्मक स्थिति

3. रीतिकाल की प्रमुख प्रवृत्तियाँ

(क) रीति निरूपण

(ख) श्रृंगार वैभव

(ग) भक्तिभाव

(घ) नीतिगत विशेषताएं

4. उपसंहार।

1. प्रस्तावना

हिन्दी साहित्य का उत्तर मध्यकाल श्रृंगार प्रधान लक्षण ग्रंथों की रचना से परिपूर्ण था। यही कारण है कि यह काल रीति काल कहा जाता है। "रीति" शब्द विद्वानों के अभिमत में काव्यशास्त्रीय परम्परा का अर्थवाहक है। इस युग में कवियों की प्रवृत्ति रीति सम्बन्धी ग्रंथों का प्रणयन था। कवियों ने जिन छन्दों की रचना की उसमें पूर्ण श्रृंगारिकता की झलक मिलती है। अर्थात इस काल के काव्य में श्रृंगारिकता की पूर्ण झलक मिलती है। आचार्य रामचन्द्र शुक्ल के अनुसार इसका समय 1643 ई० से 1843 तक का है। किन्तु इसका प्रभाव अनेक शताब्दियों के आगे-पीछे तक भी विद्यमान है।

इस समय की राजनैतिक, सामाजिक एवं सांस्कृतिक स्थिति पर भी दृष्टिपात करना समीचीन प्रतीत होता है। राजनैतिक दृष्टि से यह काल मुगलों का आधिपत्य काल था। मुगलों का शासन वैभव चरमोत्कर्ष पर था किन्तु वह धीरे-धीरे विनाश की ओर अग्रसर हुआ। औरंगजेब ने जब शासन की बागडोर सभाली तो उसने शासन का विस्तार इतना लम्बा-चौड़ा कर दिया कि मुगल शासन प्रणाली जर्जर हो गई। धीरे-धीरे अंग्रेजों का आगमन हुआ और भारतीय राजा अंग्रेजों के अधीन हो गये।

सामाजिक दृष्टि से यह काल पतन का काल कहा जा सकता है क्योंकि इस काल में सामन्तवाद का बोलबाला था। सामाजिक व्यवस्था चरमरा गई थी क्योंकि समाज में विलासिता बहुत बढ़ गई थी। लोग विलासी जीवन जी रहे थे। स्वयं मुस्लिम बादशाह घोर विलासी हो

गये थे फलतः प्रान्तीय सूबेदारों की स्थिति तो और शोंचनीय हो जाना स्वाभाविक था। बादशाह सामाजिक व्यवस्था का सर्वोच्च शिखर था। समस्त मनसबदार उसके अधीन थे। समाज में मुख्यतः दो वर्ग थे शासक और शासित। जनसामान्य की दशा तो अत्यन्त सोंचनीय थी। साहूकारों की दशा सन्तोषजनक थी। समाज के बड़े लोगों का आकर्षण सुरा और सुन्दरी के प्रति अधिक था।

सांस्कृतिक दशा तो और भी शोचनीय थी क्योंकि विलासिता इस प्रकार बढ़ती जा रही थी कि सांस्कृतिक पतन की स्थिति सामने आ गई। कहा जाता है कि विलास एवं वैभव का खुला प्रदर्शन होता था। मदिरा की महक में लोग मस्त रहना पसंद करते थे।

इस काल में कवियों ने नारी के वाह्य सौंदर्य का विशद्व वर्णन किया है। मंदिरों और अन्य धार्मिक स्थानों पर भी विलास एवं वैभव का खुला प्रदर्शन होने लगा था।

2. साहित्य एवं कला की स्थिति

साहित्य एवं कला की दृष्टि से यह काल परिपूर्ण था। कवियों का समाज में अत्यन्त महत्वपूर्ण स्थान था। उनको सम्मान तथा वैभव दोनों प्राप्त था। कवियों को राज्याश्रय प्राप्त था। वे मुगल सम्राटों से सीधे जुड़े होते थे। कवियों एवं रचनाकारों को स्वाभविक रूप से अपने आश्रयदाता की इच्छा की भांति काव्य रचना करनी पड़ती थी। इस युग के कवि एवं कलाकार आश्रयदाताओं की भूरी-भूरि प्रशंसा की है। इस समय लोग विलास की भावना लोगों में प्रबल थी। इस बात की झलक तत्कालीन काव्य में भली प्रकार मिलती है। वाह्य सौंदर्य की प्रधानता की किन्तु भाव पक्ष प्रबल था। काव्य काल की भांति चित्रकला भी उन्नति पर था। साहित्य संगीत एवं नृत्य सभी का समान रूप से विकास इस युग में हुआ था। इस काल में श्रृंगार प्रधान रचनाएँ हुई हैं।

इस युग में दोहा, सवैया, घनाक्षरी एवं कवित्त प्रसिद्ध थे। इस काल में "रस मंजिरी" नामक काव्य को काफी महत्ता प्राप्त हुआ था। केशव दास की निम्न रचनाएं काफी लोक प्रिय थीं—

कवि प्रिया

रसिक प्रिया।

आचार्य चिन्तामणि का नाम इस क्षेत्र में महत्वपूर्ण है। इनकी प्रमुख रचनाएं निम्नवत. हैं:—

रस विलास

छन्द विचार

पिंगल

श्रृंगार मंजरी

कविकुल काव्य

आचार्य दुलपति मिश्र का भी इस दिशा में महत्वपूर्ण योगदान है उनकी कृतियां महत्वपूर्ण हैं।

रीतिकाल के सर्वश्रेष्ठ कवि बिहारी है। "सतसई" इनकी सर्वाधिक महत्वपूर्ण रचना है।

3. रीतिकाल की प्रमुख प्रवृत्तियाँ

(क) रीति निरूपण

इस काल में उन ग्रंथों की रचना हुई है जिनसे रीति विषयक बातों पर प्रकाश पड़ता है। जसवंत सिंह का भाषा भूषण, याकूब खाँ का "रस भूषण" दलपति राम वंशीधर का अलंकार रत्नाकर आदि रचनाएं रीति निरूपण से ही सम्बन्धित हैं।

इस काल में रीति कर्म एवं कवि कर्म का समन्वय हुआ है। इस समय के प्रमुख कवियों में है—

चिन्तामणि

मतिराम

भूषण

देव

पद्माकर

ग्वाल

बिहारी मतिराम

आदि।

(ख) श्रृंगार सैभव

रीतिकालीन काव्यों की विशेषता इनके श्रृंगारिकता पर ही आधारित है। संयोग का विशद् वर्णन है। नायक-नायिका भेद, उद्दीपक सामग्री की सुस्पष्ट तस्वीर खींची गई है।

(ग) भक्ति भाव

रीति ग्रंथों में भक्ति भाव का सुमधुर चित्रण मिलता है। भक्ति एवं शांत रसों का उदाहरण भली प्रकार प्रस्तुत किया गया है, राम और कृष्ण को विष्णु के अवतार के रूप में महत्व दिया जाता है।

(घ) नीतिगत विशेषताएं

इस काल में नीति परक रचनाएं हुई हैं। बिहारी का नीतिपूर्ण दोहा सबका मन मोहता था—

बढ़त-बढ़त सम्पत्ति सलिल, मन सरोज बढ़ जाय।

घटत-घटत पुनि ना घटैं, बरुसमूल कुम्हलाय॥

रीतिकालीन साहित्य नीति और उपदेश से परिपूर्ण है।

4. उपसंहार

निष्कर्ष रूप में यह कहा जा सकता है कि हिन्दी साहित्य के इतिहास में रीतिकाल का अपना अत्यन्त महत्वूपर्ण स्थान है। यह काल भारतीय काव्य शास्त्र के अवतरण का काल है। इस काल के कविता का सामाजिक मूल्य है। कवियों ने अपनी नीतिगत बातों से समाज को नवीन दिशाएं दी हैं। समरसता का संचार करने में इन कवियों ने अपने सराहनीय योगदान दिए। कविता का सामाजिक मूल्य रहा है। यद्यपि इस काल की रचनाओं में श्रृंगारिकता एवं वैभव का वर्णन हुआ किन्तु हास्य, व्यंग्य, नीति जैसी बातों का भी समावेश हुआ है। श्रृंगार के साथ भक्ति भाव भी प्रबल रहा है। रचनाओं में भाव पक्ष सबल रहा है।

कवयित्री के रूप में महादेवी वर्मा

1. प्रस्तावना
2. जीवन परिचय
3. साहित्य साधना
4. उपसंहार।

1. प्रस्तावना

जिस प्रकार विभिन्न कवियों ने हिन्दी साहित्य को समृद्ध करने में अपना अमूल्य योगदान प्रदान किया उसी प्रकार कवयित्रियों ने भी हिन्दी साहित्य की सेवा। महादेवी वर्मा हमारे बीच अपनी कृतियों के माध्यम से अमर हैं। विज्ञान, कला, इतिहास व अनुसन्धान सभी क्षेत्रों में जिस प्रकार स्त्रियों ने पुरुषों की भांति अपना योगदान प्रदान किया है उसी प्रकार साहित्य के क्षेत्रों में भी महादेवी वर्मा एवं मीरा जैसी कवयित्रियों ने अपने कृतियों के माध्यम से साहित्य को सम्पन्न किया है। महादेवी वर्मा का नाम छाया वादी कवियों में आता है। इनका सम्पूर्ण व्यक्तित्व एवं कृतित्व मानवीय संवेदनाओं से गहरा सम्बन्ध रखता है। इन्होंने साहित्य सेवा में सुखद अनुभूति प्राप्त किया है। प्राकृतिक सुन्दरता आदि पर भी इन्होंने अपना विचा केन्द्रित किया है। हिन्दी साहित्य के क्षितिज में इनका स्थान एक देदीप्यमान नक्षत्र की भांति कांतिमान है।

2. जीवन परिचय

महादेवी वर्मा का जन्म सन् 1907 में हुआ था और इनका जन्म स्थान फर्रूखाबाद है। इनकी प्रारम्भिक शिक्षा इन्दौर में सम्पन्न हुई जबकि इन्होंने अपनी उच्च शिक्षा इलाहाबाद विश्वविद्यालय से ग्रहण किया। आप की विद्वता एवं साहित्य साधना को देखते हुए आपको प्रयाग महिला विद्यापीठ का वाइसचांसलर बनाया गया। आप में काव्य के प्रति विशेष अनुराग था और आप दार्शनिक चेतना से सम्पन्न थीं। आप में उच्च कोटि का विद्या व्यसन था। आप के दार्शनिक विचारों की झलक आप के कृतियों में पूर्णतः मिलती है। मैट्रिक पास करते ही आपने कविताओं की रचना आरम्भ कर दिया। आपने जो रचनाएँ कीं उनमें दर्शनशास्त्र की स्पष्ट छाया दृष्टिगोचर होती है। आप बहुमुखी प्रतिभा से सम्पन्न कवयित्री थीं क्योंकि आप के बहुमुखी व्यक्तित्व का अंदाजा आप की कृतियों से भली प्रकार लगाया जा सकता है। आपने मानवीय संवेदनाओं से ओत-प्रोत रचनाएं की हैं। आप के सम्पर्क में

जो भी व्यक्ति आता था वह आप से सहानुभूति प्राप्त करता था।

महादेवी वर्मा ग्रामीण जीवन के स्तर को भी सुधारने में सराहनीय कार्य किया है क्योंकि वे प्रयाग के समीपवर्ती गांवों में स्वयं जाती थीं। अपना समय देती थीं और ग्रामीण लोगों के रहन-सहन एवं जीवन स्तर, आचार-विचार तथा तौर-तरीके आदि में सुधार की बातें करती थीं। इनके सम्पर्क में रहने वाले जन-सामान्य एवं नौकर आदि सभी इनके सहानुभूति के पात्र हो जाते थे और इनकी वाणी एवं संव्द्वहार से प्रभावित हो जाते थे।

महादेवी वर्मा का नाम छायावादी काव्य धारा के उन कवियों में आता है, जिन्होंने द्विवेदी युग की इतिवृत्तात्मकता, नैतिकता, पौराणिकता और उपदेशात्मकता को छोड़कर भावुक मन की सूक्ष्यातिसूक्ष्म अनुरतियों, उसके स्पन्दनों को मधुर गीतों और संगीतात्मक लय के माध्यम से अभिव्यक्ति प्रदान की है। आपको मीठे स्वरों की साम्राज्ञी माना गया है। आप के काव्य में मधुरता है। अनुभूतियों और सामंजस्य का संगम है। आप में भावुकता प्रबल थी। आप की प्रतिभा अन्तर्मुखी थी। 1987 में इनका देहावसान हुआ।

3. साहित्य साधना

हिन्दी साहित्य के क्षेत्र में आप का योगदान अत्यन्त महत्वपूर्ण है। आपने हिन्दी साहित्य को समृद्ध करने हेतु जिन काव्य कृतियों की रचना की हैं वे अत्यन्त महत्वपूर्ण हैं। आप की कृतियों में वेदना की अभिव्यक्ति है। वियोगकालीन अवसाद और निराशा में भी आप ने जीवन की सार्थकता पर प्रकाश डाला है। आपने जिन गीतों की रचना की है, उनमें माधुर्य है—

चिर सजग आंखें उनींदी आज,
कैसा व्यस्त बाना
जाना तुझकों दूर जाना।
अचल हिमगिरी के हृदय में आज चाहे कम्प हो ले,
या प्रलय के आंसुओं में मौन अलसित व्योम रो ले,
आज की आलोक को डोल तिमिर की क्षोर छाया
जग या विद्युत-शिखाओं में निठुर तूफान बोले!
पर तुझे है नाश पथ पर चिन्ह अपने छोड़ आना!

जाग तुझको दूर जाना!

संयोग कालीन क्षणें की मादक स्मृति में ये भाव विभोर हो जाती हैं।

विविध मात्राओं के माध्यम से इन्होंने प्रकृति की सुन्दरता का जो दृश्य देखा था उनका सटीक वर्णन इनकी कृतियों में मिलता है। राष्ट्रीय संकट के दिनों इन्होंने व्यापक मानवीय संवेदना से ओत-प्रोत साहित्य का सृजन किया। आप अपने सूक्ष्मातिसूक्ष्म अनुभूतियों एवं मानवीय संवेदनाओं के लिए सुप्रसिद्ध हैं। वेदनात्मक अभिव्यक्ति के कारण हीं आप मीठे स्वरों की साम्राज्ञी हुई। आप को रहस्यवादी भावनाओं की आधुनिक युग की सर्वाधिक मधुर गायिक होने का गौरव प्राप्त हुआ है।

महादेवी जी का काव्य क्षेत्र सम्भवत: छायावादी कवियों में सर्वाधिक सीमित है किन्तु यह सबसे अधिक गहराई से युक्त है। प्रणयी मानस को भाव विभोर करने वाली जिन अनुभूतियों को कवयित्री ने गीतों में ढाला है, वे अभूतपूर्व है। हृदय को दवा देने वाली जितनी हृदय विदारक पीड़ा की लघु विराट छवियां कवयित्री द्वारा चित्रित की गई हैं, वे अद्वितीय ही मानी जाएंगी। आप की कृतियों में नैतिकता, पौराणिकता एवं आध्यात्मिकता की झलक मिलती है।

सूक्ष्म संवेदनशीलता, परिस्कृत सौंदर्य रुचि, समृद्ध कल्पना शक्ति और अभूर्तपूर्व चित्रात्मकता के माध्यम से प्रणयी मान की जो स्वर लहरियाँ गीतों में व्यक्त हुई हैं आधुनिक तथा सम्पूर्ण हिन्दी काव्य में उनकी तुलना शायद किसी से की जा सके। शिक्षित और सुसंस्कृत पाठक के मर्म को छू लेने की जितनी सामर्थ्य महादेवी वर्मा के गीतों में है उतनी शायद ही किसी छायावादी कवि के गीतों में नहीं है।

महादेवी जी के सुकोमल भावुक और कल्पनाशील व्यक्तित्व का दर्शन उनकी कृतियों में भली प्रकार होता है—

बांध लेंगे क्या तुझे यह मोम के बन्धन सजीलें?
पन्थ की बांधा बनेगा, तितलियों के पर रंगीले?
विश्व का क्रन्दन भुला देगी मधुप की मधुर गुनगुनाना
क्या हुआ देंगे तुझे यह फूल के दल ओस गीले?
तू न अपनी छांह को अपने लिए कारा बनाना।

जाग तुझको दूर जाना?

महादेवी जी ने वेदनापूर्ण काव्य का भी सृजन किया है—

मैं नीर भरी दुख की बदली!
स्पंदन में चिर निस्पंन्द बसा,
क्रन्दन में आहत विश्व हंसा
नयनों में दीपक से जलते
पलकों में निर्झरिणी मचली!
मेरा पग-पग संगीत भरा
श्वासों से स्वप्न पराग झरा
नभ के नवरंग बुनते दुकूल
छाया में मलय-बयार पली!

4. उपसंहार

निष्कर्ष रूप में यह कहा जा सकता है कि महादेवी वर्मा ने हिन्दी साहित्य को समृद्ध बनाने में महत्वपूर्ण योगदान प्रदान किया है। कवयित्री ने अपने व्यक्तित्व की सहज करुणा, संदेवनशीलता और संगीत बोध के द्वारा उसमें अभूतपूर्ण माधुर्य तथा मानव और प्रकृति जगत के सूक्ष्म से सूक्ष्म स्पंदनों को अभिव्यक्त करने की क्षमता भर दी। अलंकार और लक्षणा तथा व्यंजना की चमत्कार आप के काव्य में प्राप्त होता है। सामयिक जीवन के हर पहलू पर महादेवी ने अपनी लेखनी का प्रभाव दर्शाया है। उन्होंने दुख, सुख पीड़ा जैसी अनुभूतियों का विशद् वर्णन किया है। महादेवी जी ने समाज में समरसता की भावना का संचार करना चाहा है क्योंकि उनकी रचनाएं किसी रूढ़ि अथवा विषमता को समाप्त करने के पक्ष में थीं। अत: हम यह कह सकते हैं कि हिन्दी जगत के एक स्तम्भ के रूप में आप की सेवा सराहनीय है।

हिन्दी काव्य में प्रकृति चित्रण का निरूपण

1. प्रस्तावना
2. मानव एवं प्रकृति का पारस्परिक सम्बन्ध
3. प्रकृति चित्रण की महत्ता एवं
4. उपसंहार।

1. प्रस्तावना

प्रकृति एवं मानव को अपृथक सम्बन्ध में व्यवस्थित किया गया है। मनुष्य कोई प्रेरणा या तो अपने सामाजिक परिवेश से प्राप्त करता है या फिर प्रकृति से। वह उलझन की स्थिति में प्रकृति की सहायता प्राप्त करता है और प्रकृति मानव के दुखःसुख में हिस्सा लेती है। मानव पूर्णतः प्रकृति पर आधारित है। उसे विविध अनुभव प्रकृति से प्राप्त होते हैं। प्रकृति उसके लिए प्रेरणा स्रोत का कार्य करती है। वह प्रकृति से बहुत कुछ सीख लेता है आकाश, सूर्य, मेघ, बिजली, वायु आदि सभी प्रकृति के रूप हैं जिनसे मनुष्य लाभान्वित होता है। प्रकृति का मानव जीवन में अत्यन्त महत्वपूर्ण योगदान है। मनुष्य प्रातः कालीन सूर्य की रोशनी से प्रेरित होता है। सरिताओं एवं समुद्र व झरनों का वह आनन्द लेकर विविध क्रिया कलाप सम्पादित करता है।

कवि का यदि प्रकृति से प्रेम है तो उसका प्रकृति प्रेम उसकी रचनाओं से अछूता नहीं रहेगा, सुन्दर सरोवर कल-कल की ध्वनि करते झरने, मंडराते मेघ एवं बिजलियां आदि प्रकृति की सुन्दर झांकी हैं। इनके द्वारा कोई कवि प्रेरणा प्राप्त करके रचना करने के लिए अग्रसर होता है। नदियों की लहरें एवं तरंगें कवि के हृदय को काव्य रचना के लिए प्रेरित करती हैं। सुन्दर तरंगे कवि के हृदय को काव्य रचना के लिए प्रेरित करती हैं। सुन्दर एवं घने वृक्षों के समूहों पर बैठे बिहंगो की ध्वनि से कवि प्रेरणा प्राप्त करता है।

प्राकृतिक रहस्यों एवं उनके क्षेत्र में होने वाले निरन्तर खोजों एवं अनुसन्धानों से प्रेरणा लेकर कवि अपने काव्य प्रतिभा में निखार लाता है। उसे नवीन प्रेरणात्मक शक्ति प्राप्त होती है और नित वह नवीन शक्ति के संचार से प्रभावित होता है तो उन्हें अपनी रचनाओं में स्थान देने के लिए विवश हो जाता है क्योंकि यह कटु सत्य है कि मानव मन पर प्रकृति का चिर स्थायी प्रभाव होता है। वह जब भी प्रकृति की सुन्दरता की ओर आकर्षित होगा प्रकृति से उसे सीख एवं प्रेरणा प्राप्त

होगी।

2. मानव एवं प्रकति का पारस्परिक सम्बन्ध—

मानव एवं प्रकृति का अन्योन्याश्रित सम्बन्ध है। प्रकृति की सुन्दरता का छाप मानव मन पर पड़ना स्वाभाविक है क्योंकि मानव एक संदेवनशील प्राणी है और जब वह अपने खुले नेत्रों से प्राकृतिक सौंदर्य का दर्शन करता है तो उस सुन्दरता की अभिव्यक्ति वह किसी न किसी रूप में करता है और वह विधा काव्यगत भी हो सकती है। विश्व के सभी प्रेम साहित्यों में प्रकृति की सुन्दरता को दर्शाया गया है। इसका तात्पर्य यह है कि कवि प्रकृति की सुन्दरता का आश्रय लेकर अपने काव्य प्रतिभा में निखार लाता है। घने एवं काले बादल, बसन्त की हरियाली एवं शरद पूर्णिमा की सुन्दरता से प्रेरित होकर कवि उन्हें विविध भावों एवं रूपों सहित अपने काव्य कृति में दर्शाता है।

जिस प्रकार विश्व के सभी साहित्यकारों ने प्रकृति की सुन्दरता को साहित्य में स्थान दिया है उसी प्रकार हमारे देश के साहित्यकारों ने भी प्रकृति की सुन्दरता की प्रशंसा अपनी कृति के माध्यम से अभिव्यक्त किया है, इस सन्दर्भ में पं० सुमित्रानंदन पंत की निम्न पंक्तिया दृष्ट्व्य हैं :—

चांदनी रात का प्रथम प्रहर,
हमें चले नाव लेकर सत्वर!

सिकता की सस्मित सीपी पर मोती थी ज्योत्स्ना रही विचार
लो पाले चढ़ीं उठा लंगर!
मृदु मंद-मंद, मंथर-मंथर, लघु तरणि, हंसिनी सी सुन्दर,
तिर रही खोल पालों के पर!

निश्चल जल के शुचि दर्पण पर बिम्बित हो रजन पुलिन निर्भर
दुहरे ऊंचे लगते क्षण भर!
कालाकांकर का राजभवन सोयी जल में निश्चिन्त, प्रभन
पलकों पर वैभव-स्वप्न सघन।

3. प्रकृति चित्रण की महत्ता

हिन्दी साहित्य में प्रकृति को विविध रूपों में महत्ता दी गई है और हिन्दी काव्य को समृद्ध किया गया है।

कबीरदास जी ने भी प्रकृति को अपनाया है—

काहे री नलिनी तूं कुम्हिलानी,
तेरे ही नाल सरोवर पानी।
नैना नीझर लैया, रहट बसे निसि याम
पपीहा ज्यों पिव-पिव करैं, कबहूं मिलहुगे राम।

चुअत अभी रस भरत नल जहां शब्द उठे असमानी हो,
सरिता उमड़ी सिन्धु को सोखैं नहिं कुछ जात बखानी हो।

सूर ने भी प्रकृति का अद्भुत चित्रण अपनी कृतियों में किया है:—

बिनु गुपाल बैरिन भई कुन्जै,
तब ये लता लगति अति शीतल,
अब भई विषम ज्वाल की पुंजैं।
वृथा बहति जमुना खग बोलत,
वृथा कमल फूलै अलि गुंजै।
पवन पानि, घनसार, सजीवन
दधि सुत किरन भानु भई भुंजैं।

गोस्वामी तुलसीदास जी का प्रकृति प्रेम अत्यन्त मनमोहक था। इनके प्रकृति की सुन्दरता का प्रयोग निम्नलिखित पंक्तियों में भली प्रकार देखा जा सकता है—

उदित अगस्त पंथ जल सोखा।
जिमि लौभैं सोखै सन्तोषा॥
सरिता सर निर्मल जल सोहा।
संत हृदय जस गत मद मोहा॥

किन्तु प्रकृति की सुन्दरता का जो चित्रण पंत की कविताओं में देखने को मिलता है वह अद्वितीय है। इनके नौका विहार की निम्न पंक्तियां दृष्टव्य हैं—

नौका से उठतीं जल-हिलोर,
हिल पड़ते नभ के ओर-छोर!
विस्फारत नयनों से निश्चल कुछ खोज रहे चल तारक दल
ज्योतित कर नभ का अंतस्तल
जिनके लघु दीपों को चंचल, अंचल की ओढ किए अविरत
फिरती लहरें लुक-छिप पल-पल!
सामने शुक्र की छवि झलमल, तैरी परी सी जल में कल,
रूपहरे कचों में हो ओझल!
लहरों के घूघंट से झुक-झुक दशमी का शशि निज तियकि मुख,
दिखला मुग्धा-सा रुक-रुक।

पंत जी कवि के रूप में नहीं अपितु इस जगत के जीवन प्रवाह के कठोर यथार्थ के द्रष्टा के रूप में प्रकट होते हैं। इन्होंने हिमाच्छादित पर्वत श्रंखलाओं से प्रेरणा प्राप्त की है। ये सुकुमार भावनाओं के कवि थे।

पं० रामनरेश त्रिपाठी ने भी प्रकृति की सुन्दरता को सहज स्वीकार किया है—

है वह कौन रूप आकार,
जिसके मुख की कांति मनोहर।
देखा करती है सागर की व्यग्र तरंगे,
उचक-उचक कर।
घन में किस प्रियतम से चपला करती है,
विनोद हंस हंसकर,
किसके लिए ऊषा उठती है,
प्रतिदिन कर श्रृंगार मनोहर॥

4. उपसंहार

उपरोक्त विवरण से यह भली प्रकार कहा जा सकता है कि हमारे कवियों ने हिन्दी साहित्य को समृद्ध बनाने में प्रकृति से भली प्रकार प्रेरणा ली है और प्रकृति की सुन्दरता को अपनी कृतियों में सम्मानजनक स्थान दिया है। प्रकृति चित्रण का जो भाव काव्य में अपेक्षित है उसका पूर्ण समावेश हमारे कवियों ने अपनी कृतियों में किया है।

हिन्दी साहित्य में कहानियों का स्थान निरूपण

1. प्रस्तावना
2. कहानियों का आरम्भिक स्वरूप
3. कहानियों का आधुनिक स्वरूप
4. उपसंहार।

1. प्रस्तावना

हिन्दी साहित्य के इतिहास में कहानियों का अत्यन्त महत्वपूर्ण स्थान है। सभ्यता के शुरुआत में जब मनुष्य किसी बात को सीखने की ओर प्रवृत्त होता है और तत्सम्बन्धी कोई जानकारी प्राप्त करता है तो इन कार्यों के लिए वह कहानी का आश्रय लेता है। कहानी साहित्य का सर्व प्राचीन स्वरूप होता है। कहानियों के प्रारम्भिक स्वरूप का विकास वैदिक कालीन ग्रंथों से होता है। प्राचीन काल की जातक कहानियां प्रसिद्ध हैं। प्राचीन कथाओं में निम्नवत् का महत्वपूर्ण स्थान है—

वृहद्‌कथा
सिंहासन द्वात्रिंशिकी,
शुभ सन्तति आदि।

उपर्युक्त कहानियाँ नीति परक होने के साथ मनोरंजक थीं। इनमें विविध बातों का संग्रह दृष्टव्य है। प्राकृत एवं अपभ्रंस साहित्य में भी कहानियों का अत्यन्त महत्वपूर्ण स्थान है। किन्तु कहानियों का वर्णन नीति, धर्म एवं शिष्टाचार के सन्दर्भ में होना ही महत्वपूर्ण माना गया है।

5. आरम्भिक स्वरूप

हिन्दी कहानियों का श्रीगणेश वीरगाथा युगीन ग्रंथों से होता है। क्योंकि इस काल में वीरों का उत्साहवद्‌र्धन करने हेतु कहानियों को प्रस्तुत किया जाता था। यद्यपि वीरों की गाथाओं का गान जनता पद्य के माध्यम से प्रस्तुत करना ज्यादा मनोहारी समझती थी किन्तु कहानियों में भी चाव होता था। इस काल में निम्न कहानियों की खूब प्रशंसा थी—

ढोला-मारू

बैताल पच्चीसी

हीर रांझा आदि।

बैताल पच्चीसी लल्लू लाल जी की प्रमुख कहानी संग्रह है। हिन्दी कहानीकारों में आरम्भिक युग में लल्लू लाल जी का अत्यन्त महत्वपूर्ण योगदान है। उनकी कतिपय कहानियां निम्नवत् हैं—

सिंहासन बत्तीसी

काम कला,

प्रेम सागर एवं

शंकुतला आदि।

इसी समय इंशा अल्लां खाँ ने 'रानी केतकी की कहानी' के माध्यम से अच्छी ख्याति प्राप्त की।

राजा शिव प्रसाद सितारे हिन्द एवं लक्षमण सिंह का भी हिन्दी कहानी के क्षेत्र में अत्यन्त महत्वपूर्ण स्थान है। राजा साहब ने अनेक व्यंग्यात्मक कथाओं का चित्रण किया है। पं० सदल मिश्र भी इस काल के अच्छे कहानीकार थे। उन्होंने 'नासिकेतोपाख्यान'नामक ग्रंथ तैयार किया। इसके अलावा "किस्सः तोता मैना" भी काफी प्रशंसनीय रही।

इस काल के प्रमुख कहानीकार हैं—

पं० बालकृष्ण भट्ट

राधाचरण गोस्वामी

सदल मिश्र

राजा शिव प्रसाद सितारे हिन्द

लक्षमण सिंह

लल्लू लाल जी।

हिन्दी गद्य के प्रवर्तकों में राजा शिव प्रसाद सितारे हिन्द का अत्यन्त महत्वपूर्ण स्थान है। आपने 'राजा भोज का सपना'लिखा है।

3. कहानियों का आधुनिक स्वरूप

आधुनिक मौलिक कहानियों का आरम्भ एक महत्वपूर्ण घटना है। हिन्दी साहित्य के इतिहास में आधुनिक कहानीकारों का अत्यन्त महत्वपूर्ण योगदान है। आधुनिक समय के कहानीकारों ने देश काल

और परिस्थति से प्रेरणा लेकर कहानी लिखते थे जिसमें एक प्रवाह परिलक्षित होता था। आधुनिक युग की कहानियों में वैज्ञानिक बातों का सामंजस्य हुआ। बुद्धिवाद एवं मनोवैज्ञानिक बातें प्रभावी रहीं। इस दिशा में किशोरी लाल गोस्वामी ने अपना महत्वपूर्ण योगदान प्रदान किया। इन्होंने 'इन्दुमती' लिखा। आचार्य रामचन्द्र शुक्ल ने भी इस दिशा में महत्वपूर्ण योगदान दिया। उन्होंने 'ग्यारह वर्ष का समय' लिखा। इसके अलावा जयशंकर प्रसाद, विश्वम्भर नाथ कौशिक, चन्द्रधर शर्मा 'गुलेरी' आदि का नाम प्रमुख था। गुलेरी जी ने 'उसने कहा था' नामक कहानी संग्रह तैयार किया था।

किन्तु हिन्दी कहानी के क्षेत्र में जितना महत्वपूर्ण योगदान मुंशी प्रेमचन्द्र ने प्रदान किया था शायद उतना किसी ने नहीं। मुंशी प्रेमचन्द जी राष्ट्रीय भावना से प्रेरित होने वाले कहानीकार थे। उन्होंने छोटी-मोटी लगभग 200 कहानियां लिखा जिनमें कुछ निम्नवत् हैं जो काफी लोकप्रिय हुई—

पूस की रात
बूढ़ी काकी
शतरंज के खिलाड़ी
बड़े घर की बेटी
गुल्ली डंडा
पंच परमेश्वर आदि।

मुंशी प्रेमचन्द ने पंच कहानियों का एक संग्रह प्रकाशित किया था जिसे 'शोजे वतन'के नाम से जाना जाता है। पंच परमेश्वर के माध्यम से उन्हें बड़ी लोकप्रियता प्राप्त हुई। मुंशी प्रेमचन्द जी ने मुहावरा एवं लोकोत्तियों का खूब प्रयोग किया है। उन्होंने अपने कहानियों के माध्यम से सामाजिक कुरीतियों एवं बुराइयों का पर्दाफाश किया है। धार्मिक पाखण्डों की निन्दा की है। प्रेमचन्द जी हिन्दी के सर्वश्रेष्ठ कहानीकार थे। उन्होंने समाज एवं तत्कालीन परिवेश के दोषों को झलकाया है। वैसे इस समय के कहानीकारों में वेचनशर्मा 'उग्र', जयशंकर प्रसाद, चतुरसेन शास्त्री, विश्वम्भर नाथ कौशिक तथा सुदर्शन आदि का नाम प्रमुख है।

सुदर्शन के निम्न कहानी संग्रह प्रकाशित हुए—

सुप्रभात

पनघट

सुदर्शन सुधा

गल्प मंजरी

तीर्थ-यात्रा

नगीना

परिवर्तन आदि।

प्रसाद जी ने जीवन की मौलिक समस्याओं पर प्रकाश डाला है। उनके कहानियों में समाज एवं राष्ट्र की समस्याओं का सुन्दर दृश्य देखने को मिलता है। यद्यपि प्रसाद भी मूलतः कवि थे। उनमें उच्च कोटि की काव्य प्रतिभा थी किन्तु कहानी क्षेत्र में भी वे अग्रगण्य थे उनके कहानियों का अनुशीलन करने पर आभास होता है कि उन्होंने समाज की बातों को यथाशक्ति प्रकट किया है। आपके प्रमुख कहानी संग्रह निम्नवत् हैं—

आकाश

इन्द्रजाल

आकाशदीप एवं

आंधी आदि।

वेचन शर्मा एवं चतुरसेन शास्त्री का इस दिशा में महत्वपूर्ण योगदान है। अपने कहानी के माध्यम से ये लोग आज भी अमर हैं। उग्र जी के प्रमुख कहानी संग्रह हैं—

चिनगारियां

दोजख की आग

बलात्कार एवं

सनकी अमीर आदि।

4. उपसंहार

उपरोक्त विवेचन से यह भली प्रकार स्पष्ट है कि हिन्दी साहित्य के संवर्धन में हिन्दी कहानीकारों ने अत्यन्त महत्वपूर्ण योगदान प्रदान किया है। उन्होंने अपने लेखनी के माध्यम से समाज की समस्याओं को उजागर करने के साथ-साथ हिन्दी साहित्य की भी सराहनीय सेवा की है।

युग प्रवर्तक के रूप में भारतेन्दु बाबू हरिश्चन्द्र
अथवा
हिन्दी साहित्य के क्षेत्र में हरिश्चन्द्र का योगदान

1. प्रस्तावना
2. जीवन परिचय
3. कृतियां
4. साहित्य सेवा
5. उपसंहार।

1. प्रस्तावना

जिस समय बाबू हरिश्चन्द्र का अविर्भाव हुआ देश गुलामी की जंजीरों में जकड़ा था। अंग्रेजी शासन में अंग्रेजी चरमोत्कर्ष पर थी। शासन तंत्र से सम्बन्धित सम्पूर्ण कार्य अंग्रेजी में होता था। अंग्रेजी हुकूमत में पद लोलुपता की भावना प्रबल थी। भारतीय लोगों में विदेशी सभ्यता के प्रति आकर्षण था। ब्रिटिश आधिपत्य में लोग अंग्रेजी पढ़ना और समझना गौरव समझते थे। हिन्दी के प्रति लोगों में आकर्षण कम था क्योंकि अंग्रेजों की नीति से हमारे साहित्य पर बुरा असर पड़ रहा था। हम गुलामी का जीवन जीने के लिए मजबूर किए गये थे। हमारी संस्कृति के साथ खिलवाड़ किया जा रहा था। ऐसे वातावरण में जब बाबू हरिश्चन्द्र अवतरित हुए तो उन्होंने सर्व प्रथम समाज और देश की दशा पर विचार किया फिर अपनी लेखनी के माध्यम से विदेशी हुकूमत का पर्दाफाश किया।

2. जीवन परिचय

युग प्रवर्तक भारतेन्दु बाबू हरिश्चन्द्र का जन्म काशी नगरी के प्रसिद्ध सेठ अमीचंद के वंश में 9 सितम्बर सन् 1850 को हुआ। इनके पिता बाबू गोपाल चन्द्र भी एक कवि थे। इनके घराने में वैभव एवं प्रतिष्ठा थी। जब इनकी अवस्था मात्र 5 वर्ष की थी इनकी माता चल बसी और दस वर्ष की आयु में पिता जी भी चल बसे। भारतेन्दु जी विलक्षण प्रतिभा के व्यक्ति थे। इन्होंने अपने परिस्थितियों से गम्भीर प्रेरणा लिया। इनके मित्र मंडली में बड़े-बड़े लेखक, कवि एवं विचारक थे जिनकी बातों से ये प्रभावित थे। इनके पास विपुल धनराशि थी जिसे इन्होंने साहित्यकारों की सहायता हेतु मुक्त हस्त से दान किया

है।

इनकी साहित्यिक मंडली के प्रमुख कवि थे—

पं० बालकृष्ण भट्ट

पं० प्रताप नारायण मिश्र

पं० बदरीनारायण उपाध्याय 'प्रेमधन'आदि।

बाबू हरिश्चन्द्र बाल्यकाल से ही परम उदार थे। यही कारण था कि इनकी उदारता लोगों को आकर्षित करती थी। इन्होंने विशाल वैभव एवं धनराशि को विविध संस्थाओं को दिया है।

इनकी विद्वता से प्रभावित होकर ही विद्वत् जनों ने इन्हें 'भारतेन्दु' की उपाधि प्रदान की। अपनी उच्चकोटि के लेखन कार्य के माध्यम से ये दूर-दूर तक जाने जाते थे। इनकी कृतियों का अध्ययन करने पर आभास होता है कि इनमें कवि, लेखक और नाटककार बनने की जो प्रतिभा थी वह अद्‌भुत थी। ये बहुमुखी प्रतिभा से सम्पन्न साहित्यकार थे। इनकी मृत्यु 1885 में हुई।

3. कृतियां

यद्यपि भारतेन्दु जी विविध भाषाओं में रचनायें करते थे किन्तु ब्रजभाषा पर इनका असाधारण अधिकार था। इस भाषा में इन्होंने अद्‌भुत श्रृंगारिकता का परिचय दिया है। इनका साहित्य प्रेममय था क्योंकि प्रेम को लेकर ही इन्होंने अपने सप्त संग्रह प्रकाशित किए जो निम्न हैं—

1. प्रेम फुलवारी
2. प्रेम प्रलाप
3. प्रेमाश्रु वर्णन
4. प्रेम मालिका
5. प्रेम तरंग
6. प्रेम सरोवर।

प्रेम माधुरी इनकी सर्वोत्कृष्ट रचना है जिसकी कुछ पंक्तियां निम्नवत् हैं—

मारग प्रेम को समुझै 'हरिश्चन्द्र' यथारथ होत यथा है

लाभ कछु न पुकारन में बदनाम ही होन की सारी कथा है।

जानत ही जिय मेरौ भली विधि और उपाइ सबै बिरथा है।

बावरे हैं ब्रज के सिगरे मोंहि नाहक पूछत कौन बिथा है।

भारतेन्दु जी अत्यन्त कम अवस्था से ही रचनाएं करने लगे थे। इन्होंने नाटक के क्षेत्र में भी अत्यन्त महत्वपूर्ण योगदान प्रदान किया है। इनके प्रमुख नाटक निम्नवत् हैं—

चन्द्रावली

अन्धेरनगरी

भारत दुर्दशा

नील देवी

प्रेम योगिनी

वैदिक हिंसा हिंसा न भवति

धनंजय विजय

मुद्रा राक्षस आदि।

4. साहित्यिक सेवाएं

'हरिश्चन्द्र'जी बहुमुखी प्रतिभा से सम्पन्न थे अतः उन्होंने साहित्य के हर क्षेत्र में काम किया है, कविता, नाटक, निबन्ध, व्याख्यान आदि पर उन्होंने कार्य किया। 'सुलोचना' आपका प्रमुख आख्यान है। बादशाह दर्पण आपका इतिहास की जानकारी प्रदान करने वाला ग्रंथ है।

इन्होंने संयोग का बड़ा ही सजीव एवं सुन्दर चित्रण किया है—

रोकत हैं तो अमंगल होय, और प्रेम नसै जो कहैं प्रिय जाइए।

जो कहें जाहु न, तो प्रभुता, जो कछु न कहैं तो सनेह नसाइए।

जो हरिश्चन्द कहैं, तुमरे बिन, जियें न तो यह क्यों पतियाइए।

तासो पयान समै तुझसौं हम का कहैं प्यारे हमें समझाइए॥

बाबू हरिश्चन्द्र ने भारत की विभिन्नता पर खिनता व्यक्त की है—

भारत में सब भिन्न अति,

ताहीं सों उत्पात।

विविध बेस मतहूं विविध

भाषा विविध लखात।

भारतेन्दु जी ने हिन्दी के उत्थान के लिए भरपूर प्रयास किया है। उनका कहना है कि—

अंग्रेजी पढ़ कै जदपि,

सब गुन होत प्रवीन।

पै निज भाषा ज्ञान बिन

रहत हीन कै हीन।

हिन्दी की प्रतिष्ठा करते हुए वे कहते हैं कि—

निजभाषा उन्नति अहै,

सब उन्नति को भूल।

बिन निज भाषा ज्ञान के

मिटे न हिय को सूल।

भारतेन्दु जी ने भक्ति प्रधान एवं श्रृंगारयुक्त रचनाएं की हैं। उनमें अपने देश के प्रति बहुत बड़ी निष्ठा थी, उन्होंने सामाजिक समस्याओं के उन्मूलन की बात की है, उनकी भक्ति प्रधान रचनाएं घनान्द एवं रसखान की रचनाओं की कोटि की हैं। उन्होंने संयोग की अपेक्षा वियोग पर विशेष बल दिया है, वे स्वतंत्रता प्रेमी एवं प्रगतिशील विचारक व लेखक थे। उन्होंने माँ सरस्वती की साधना में अपना धन पानी की तरह बहाया और साहित्य को समृद्ध किया। उन्होंने अनेक पत्र-पत्रिकाओं का सम्पादन किया। जीवन का अंतिम दौर आर्थिक तंगी से गुजरा क्योंकि धन का उन्होंने बहुत बड़ा भाग साहित्य समाज सेवा के लिए लगाया। ये भाषा की शुद्धता के पक्ष में थे। इनकी भाषा बड़ी परिष्कृत एवं प्रवाह से भरी है। भारतेन्दु जी की रचनाओं में इनकी रचनात्मक प्रतिभा को भली प्रकार देखा जा सकता है।

भारतेन्दु जी ने अपने प्रतिभा के बल पर हिन्दी साहित्य के क्षेत्र में महत्वपूर्ण योगदान प्रदान किया। हिन्दी गद्य साहित्य को इन्होंने विशेष समृद्धि प्रदान किया है। इन्होंने दोहा, चौपाई, छन्द, बरवै, हरि गीतिका, कवित्त एवं सवैया आदि पर काम किया है।

इन्होंने न केवल कहानी और कविता के क्षेत्र में कार्य किया अपितु नाटक के क्षेत्र में भी विशेष योगदान दिया। किन्तु नाटक में पात्रों का चयन और भूमिका आदि के विषय में उन्होंने सम्पूर्ण कार्य स्वयं के जीवन के अनुभव से सम्पादित किया है।

5. उपसंहार

निष्कर्ष के रूप में यह कहा जा सकता है कि बाबू भारतेन्दु हरिश्चन्द बहुमुखी प्रतिभा से सम्पन्न थे, उन्होंने समाज और साहित्य का प्रत्येक कोना झांका है। अर्थात् साहित्य के सभी क्षेत्रों में उन्होंने कार्य किया है किन्तु यह खेद का ही विषय है कि 35 वर्ष की अल्पायु में ही वे स्वर्गवासी हो गये थे। यदि ऐसा न हुआ होता तो सम्भवतः हिन्दी साहित्य का कहीं और ज्यादा विकास हुआ होता। यह उनके व्यक्तित्व की ही विशेषता थी कि वे कवि, लेखक, नाटककार, साहित्यकार एवं सम्पादक सब कुछ थे। हिन्दी साहित्य को पुष्ट करने में आप ने जो योगदान प्रदान किया है वह सराहनीय है तथा हिन्दी जगत आप की सेवा के लिए सदैव ऋणी रहेगा। इन्होंने अपने जीवन काल में लेखन के अलावा कोई दूसरा कार्य नहीं किया तभी तो 35 वर्ष की अल्पायु में कुल 72 ग्रंथों की रचना सम्भव हो सकता था। इन्होंने छोटे एवं बड़े सभी प्रकार के ग्रंथों का प्रणयन किया है। इस प्रकार यह कहा जा सकता है कि हिन्दी के प्रचार एवं प्रसार में इनका महत्वपूर्ण योगदान रहा है और अपने कार्यो से इन्होंने हिन्दी साहित्य के क्षेत्र में सदा के लिए स्थायी रूप से स्थान बनाया है।

अपनी विशिष्ट सेवाओं के कारण ही ये आधुनिक हिन्दी साहित्य के आधुनिक काल के प्रवर्तक कहे जाते हैं।

पन्त जी ने इनके बारे में ठीक ही कहा है—

भारतेन्दु कर गये,
भारती की वीणा निर्माण।
किया अमर स्पर्शो में,
जिसका बहु विधि स्वर संधान॥

अतः यह कहा जा सकता है कि बाबू हरिश्चन्द्र जी हिन्दी साहित्य के आकाश के एक देदीप्यमान नक्षत्र थे। उनके द्वारा हिन्दी साहित्य में जो योगदान दिया गया है वह महत्वपूर्ण एवं सराहनीय है।

राष्ट्र कवि मैथिलीशरण गुप्त का हिन्दी साहित्य में योगदान

1. प्रस्तावना
2. जीवन परिचय
3. रचनाएं
4. उपसंहार।

1. प्रस्तावना

मैथिलीशरण गुप्त हिन्दी जगत के सर्वाधिक प्रिय लेखकों में से एक हैं। बाल्यावस्था से ही ये असाधारण प्रतिभा से युक्त थे। इनकी रचनाएं देश प्रेम से युक्त थीं। अपनी कृतियों के माध्यम से देश प्रेम का भाव इन्होंने झलकाया है। आधुनिक युग के श्रेष्ठ कवियों में गुप्त जी का स्थान है। इन्होंने उत्कृष्ट कोटि के काव्य का सृजन किया है। गीत काव्य को इन्होंने महत्वपूर्ण स्थान दिया है। भाव सौन्दर्य एवं काव्य सौष्ठव पर भी आप ने अपना ध्यान आकर्षित किया है।

किसी कवि अथवा लेखक के व्यक्तित्व का अनुमान उसकी कृतियों से लगाया जा सकता है क्योंकि कवि की कृतियां उसके व्यक्तित्व को प्रतिबिम्बित करती हैं। मैथिलीशरण गुप्त का जीवन्त व्यक्तित्व उनकी कृतियों के माध्यम से अमर है।

2. जीवन परिचय

आप का जन्म झांसी जनपद के चिरगांव नामक स्थान पर सन् 1886 में हुआ। काव्य रचना की ओर आपका झुकाव बचपन से ही था। आप ने हिन्दी काव्य की नवीन धारा को परिपक्व किया है। देशभक्ति की भावना आपके कृतियों में पूरी तरह दर्शित होता है। कविता में राष्ट्र भक्ति का भाव प्रबल होने के ही कारण आप को राष्ट्र कवि का सम्मान प्राप्त हुआ। राष्ट्रपति ने आप को संसद-सदस्य भी मनोनीत किया था। आप ने एक सफल साधक की भांति हिन्दी को अपनी सेवाएं अर्पित किया है।

आप का पालन पोषण एक उदार वातावरण में हुआ था। अत: आप के व्यक्तित्व में इसका विशेष महत्व रहा है। आप के पिता सेठ रामचरण को भी काव्य के प्रति अनुराग था अत: उनका प्रभाव अपने पुत्र पर पड़ना स्वाभाविक ही था। ऐसा कहा जाता है कि गुप्त जी

बाल्यकाल से ही हिन्दी में रचनाएं करना आरम्भ कर दिए थे। वे अंग्रेजी की भी शिक्षा प्राप्त किए थे किन्तु अंग्रेजी में उनकी विशेष अभिरुचि न थी क्योंकि जब उन्हें अंग्रेजी की शिक्षा ग्रहण करने हेतु झांसी भेजा गया तो उनका मन न लगा।

धीरे-धीरे मैथिलीशरण जी की ख्याति प्रसारित होने लगी और उनकी रचनाओं से लोग प्रभावित होने लगे। बाद में इनका सम्पर्क आचार्य महावीर प्रसाद द्विवेदी से हुआ जिनके सान्निध्य में आने पर इनकी रचनाएं 'सरस्वती' नामक पत्रिका में प्रकाशित होने लगीं। जब गुप्त जी द्विवेदी जी के सम्पर्क में आये तब इनकी काव्य प्रतिभा और जागृत हो उठी। इन्होंने राष्ट्र प्रेम और समाज प्रेम में अपनी विशेष अभिरुचि दर्शाया।

राष्ट्र प्रेम गुप्त जी की कविता में विशेष स्थान रखता है। इन्होंने भारतीय संस्कृति की महत्ता को स्थापित करने का प्रयास किया है। स्वदेश प्रेम को इन्होंने सर्वोपरि माना है। राष्ट्र प्रेम एवं राष्ट्रीयता का बोध इनके कृतियों में झलकता है जो इनके व्यक्तित्व दर्शन में सहायक है। इन्होंने जीवन में समाज एवं समाज के लिए मानव जीवन के सम्बन्धों पर भी प्रकाश डाला है।

4. रचनाएं

आपने अपने जीवन के आरम्भिक काल से ही रचनाएं आरम्भ किया। आपने अपनी कृतियों के माध्यम से ऐतिहासिक गाथाओं पर भी प्रकाश डाला है। पौराणिक कथाओं का भी आपने अनुचिंतन किया है। आप निरन्तर रचना करते रहे हैं क्योंकि आप की लेखनी निरन्तर प्रवाह मान रही है तभी तो आप के द्वारा लगभग 40 ग्रंथों की रचना की गई।

गुप्त जी की विशेष ख्याति का कारण रामचरित मानस पर आधारित 'साकेत' जैसा सद्ग्रंथ है। आप की प्रमुख काव्य कृतियाँ हैं—

जयद्रथ वध

भारत-भारती

अनप्प

यशोधरा

पंचवटी

द्वापर

सिद्धराज

भाव सौंदर्य की सुन्दर अभिव्यक्ति आपकी प्रमुख कृति साकेत में दृष्टव्य है—

तदनन्तर बैठी थी समा उटज् के आगे,
नीके विहान के तले दीप बहु जागे।
टकटकी लगाये नयन सुरों के थे वे,
परिणामोत्सुक उन भयातुरौ के वे।
उत्फुल्ल करौंदी कुंज वायु रह-रहकर,
करती थी सबको पुलक पूर्ण मह मह कर।
कह चन्द्रलोक था, कहां चांदनी वैसी,
प्रभु बोले गिरा गंभीर नीर निधि जैसी।

मैथिलीशरण गुप्त जी राष्ट्रीय चेतना के कवि थे। अपने काव्य कृतियों के माध्यम से वे अमर हैं। आप के काव्य में गीत काव्य के तत्व भली प्रकार पाए जाते हैं—

निरख सखी ये खंजन आये,
फेरे उन मेरे रंजन ने नयन इधर मन भाये।
फैला इनके तन का आ तबण् मन से सर सर साये,
घूमे वे इस ओर कहां, ये हंस यहां उड़ छाये।
करके ध्यान आज इस जग का निश्चय ही मुस्काये,
फूल उठे हैं कमल, अधर से यह बन्धूक सुहाये।
स्वागत स्वागत स्वागत शरद! भाग्य से मैने दर्शन पाए
नभ ने मोती बाँटे, लो, ये अश्रु अर्घ्य भर लाये॥

आपने भारत भारती जैसी प्रमुख कृति में प्राचीन भारतीय संस्कृति का सुस्पष्ट चित्र खींचा है। स्वदेश प्रेम का भाव आप की कृतियों का प्रतिनिधित्व करता है। आप की कृतियां राष्ट्रीय भावनाओं से ओत प्रोत हैं। आप की कृतियों में वर्तमान समस्याओं का भी दर्शन होता है।

आपने अपने काव्य में सत्य के लिए आग्रह पर बल दिया है। आपने राम वन गमन के समय अयोध्यावासियों से जो सत्याग्रह कराया है वह निम्नवत् है—

राजा हमने राम,
तुम्हीं को है चुना,
करो न तुम यों हाय!
लोकमत अनसुना
जाओ यदि जा सकते
रौंद हमको यहां
यों कह पथ में लेट गए
बहुमन कहां॥

गुप्त जी गांधी वाद से प्रेरित एवं प्रभावित थे। उन्होंने स्वदेशी वस्त्र को अपनाने पर विशेष बल दिया—

तुम अद्र्ध नग्न क्यों रहो,
अशेष समय में।
आओ हम कातें बुनें
काम की लय में॥

गुप्त जी ने अपनी रचनाओं में प्रकृति का भी सुन्दर चित्रण किया है—

चारु चन्द्र की चंचल किरणें,
खेल रही थीं नभ थल में।
स्वच्छ चांदनी बिछी हुई थी
अवनि और अम्बर तल में॥

गुप्त जी की भाषा प्रवाहमय थी। भाषा पूर्णत: सरल एवं सुबोध थी। गुप्त जी की कविताएं प्रेरणास्पद है। कविताओं में माधुर्य का पुट है। गुप्त जी की काव्य प्रतिभा का अन्दाजा उनकी कृतियों से लगाया जा सकता है।

'साकेत' जैसा सद्ग्रंथ गुप्त की उच्चकोटि की बौद्धिकता का परिचायक है। इसके माध्यम से उन्होंने जिन नीति पूर्ण बातों का प्रवाह किया है वे भारतीय समाज के लिए अत्यन्त महत्वपूर्ण है।

मैथिलीशरण गुप्त जी ने वियोग का भी वर्णन सफलता के साथ किया है—

विरह रुदन में गया,
मिलन में भी रोऊं।
मुझे कुछ नहीं चाहिए,
पदरज धोऊं।
जब थी तब थी अलि,
उर्मिला उनकी रानी।
वह बरसों की बात,
आज हो गई पुरानी।
अब तो केवल रहूं सदा,
स्वामी की दासी।
मैं शासन की नहीं आज
सेवा की प्यासी॥

4. उपसंहार

राष्ट्रकवि मैथिलीशरण गुप्त की रचनाएं देश भक्ति की भावना से प्रेरित हैं। वे आस्था और विश्वास के कवि थे। उनकी कृतियाँ भारतीय समाज को नई दिशा प्रदान करती रहेगी। उनका विचार राष्ट्रीय जागरण की भावना से अभिप्रेरित था। उनका चिन्तन प्रबल एवं विकासवादी था। उन्होंने देशकाल की परिस्थिति को पूर्णतः परखा था। उनकी शैली में प्रवाह था। उनके प्रखर प्रतिभा की झलक उनकी सर्वोत्कृट कृति 'साकेत' में मिलती है।

मेरा प्रिय ग्रंथ

अथवा

रामचरित मानस की महत्ता

1. प्रस्तावना
2. रामचरित मानस का विषय
3. प्रमुख शिक्षायें
4. उपसंहार

1. प्रस्तावना

रामचिरत मानस की रचना गोस्वामी तुलसी जी ने किया। गोस्वामी जी ने यह सद्ग्रंथ बड़ी मेहनत के साथ तैयार किया। गोस्वामी जी ने जिस समय इस ग्रंथ की रचना पेश किया उस समय मुगलों का आधिपत्य था। यह सद्ग्रंथ मानवता की शिक्षा देता है। रामचरित मानस गंगा मां की तरह सबकी सेवा करता है—

कीरति भनिति, भूत भल सोई।
सुरसरि सम सबकर कर हित होई॥

रामचरित मानस गम्भीरपूर्ण विचारों का संग्रह है। भगवान राम के पावन जीवन का इसमें विशद् वर्णन किया गया है। गोस्वामी जी का यह सद्ग्रंथ भाषा की दृष्टि से इतना सरल है कि पूर्ण विद्वान से लेकर एक कम पढ़ा लिखा व्यक्ति भी भावों को समझ सकता है।

गोस्वामी तुलसी दास जी न केवल राम भक्त थे अपितु वे सच्चे अर्थों में एक समाज सुधारक भी थे। इन्होंने दूसरों की भलाई पर विशेष बल दिया है—

"परहित सरिस धर्म नहिं भाई।
पर पीड़ा नहिं सम अधमाई"॥

गोस्वामी तुलसी दास जी एक श्रेष्ठ समाज सुधारक थे। उनमें ईश्वर के प्रति असीम आस्था थी। वे भगवान राम के अनन्य भक्त थे। रामचरित मानस का अनुशीलन करने पर परमशांति की अनुभूति होती है।

2. रामचरित मानस का विषय

रामचरित मानस जीवन के हर क्षेत्रों और हर पहलू एवं परिस्थितियों पर प्रकाश डालता है। तुलसीदास जी ने जिन पात्रों का चयन किया है तत्कालीन समाज को उनसे शिक्षा लेने के लिए प्रेरित किया है। तुलसीदास जी भगवान राम को मर्यादा पुरुषोत्तम के रूप में देखते हैं। उन्होंने भगवान राम के बचपन, विश्वामित्र के साथ उनका जाना, यज्ञ रक्षा, ऋषियों मुनियों को दर्शन देना। उनकी सहायता करना, सीता स्वयंवर, परशुराम जी की क्षमा, वन प्रस्थान, भरत विलाप, राक्षसों का दमन, सुग्रीव मिलन, सीता हरण, लंका पर चढ़ाई, सुग्रीव की सहायता, हनुमान जी की भक्ति, मेघनाथ वध, रावण वध अयोध्यागमन आदि का सफल चित्रण किया है। गोस्वामी तुलसीदास जी एक महान समाज सुधारक थे। मानस साहित्य नीति का संगम है।

3. प्रमुख शिक्षाएं

गोस्वामी जी ने अपनी इस महान कृति के माध्यम से लोगों को अपने कर्तव्य का बोध कराया है। गोस्वामी तुलसीदास जी ने अपने आराध्य देव भगवान राम के चरित्र का विशद् वर्णन किया। हिन्दी की यह अद्वितीय रचना 'तुलसी' को विश्व के उच्चकोटि के कवियों में स्थान दिलाती है।

तुलसीदास जी के अनुसार भगवान राम गुणों के सागर हैं—

रामु अनितु गुण सागर,
थाह कि पावहि कोई।
सन्तन्ह सन जस सुनेऊं,
तुमहि सुनाय है कोई॥

गोस्वामी जी आगे कहते हैं—

जासु नाम भव भेषज हरन घोर त्रयसूल।
सो कृपालु मोहिं ऊपर सदा रहहु अनुकूल॥

इस सद्ग्रंथ के माध्यम से गोस्वामी जी ने जो शिक्षाएं प्रदान की हैं वे अद्वितीय हैं। व्यक्ति का समाज के प्रति, पिता का पुत्र के प्रति, पुत्र का पिता के प्रति, भाई का भाई के प्रति, भक्त का भगवान के प्रति, भगवान का भक्त के प्रति, राजा का प्रजा के प्रति, प्रजा का राजा के प्रति क्या कर्तव्य होना चाहिए इसका समस्त चित्रण गोस्वामी जी के

मानस साहित्य में देखने को मिलता है।

गोस्वामी तुलसीदास जी ने भगवान श्री राम के साथ-साथ हनुमान जी के प्रति असीम श्रद्धा-भक्ति का प्रदर्शन करते हैं—

पवन तनय बल पवन समाना।
बुद्धि विवेक विज्ञान निधाना॥
कौन सो काज कठिन जग माहीं।
जो नहि होत तात तुम्ह पाहीं॥

गोस्वामी जी ने सत्संग की महत्ता पर प्रकाश डालते हुए कहा है—

तात स्वर्ग अपवर्ग सुख धरिय तुला एक अंग।
तूल न ताहि सकल मिलि जो सुख लव सत्संग॥

गोस्वामी तुलसीदास जी के अनुसार जब भक्तगण विपत्ति में रहते हैं तब निम्न चौपाई का स्मरण करें—

दीन दयाल विरद सम भारी।
हरहु नाथ मम संकट भारी॥

गोस्वामी तुलसीदास जी ने ईश्वर भक्ति एवं सत्संग को खूब सराहा है—

बड़े भाग पाइअ सत्संगा।
बिनहि प्रयास होत भव नंगा॥
सत निगत मुद मंगल मूला।
सोइ फल सिद्धि सब साधक भूला॥

हम लोग लोकनायक गोस्वामी तुलसीदास जी द्वारा बताये गये मार्ग का अनुसरण करके अपने जीवन को धन्य बना सकते हैं।

गोस्वामी तुलसीदास जी ने प्रभु श्री राम के उस आशिर्वाद एवं स्नेह का वर्णन किया है जो हनुमान जी के पराक्रम का वर्धन करता है। उन्हें मां सीता से अजर अमर होने का आशिर्वाद प्राप्त हुआ है—

अजर अमर गुन निधि सुत होहू।
करहिं सदा रघुनायक छोहू॥

गोस्वामी तुलसीदास जी ने मंत्र स्वरूप चौपाइयों की रचना की है—

विपत्ति दूर कष्ट—करने हेतु—

राजीव नैन धरे धनु सायक।

भगत विपत्ति भंजन सुखदायक॥

क्लेश दूर करने हेतु—

हरन कठिन कलि कलुष कलेसू।

महा मोह निसि दलन दिनेसू॥

विघ्न नाश करने हेतु—

सकल विघ्न व्यापहिं नहिं तेहीं।

राम सुकृपा विलोकहिं जेहीं॥

कहने का अभिप्राय यह है कि तुलसी कृत रामचरित मानस स्वयं में एक परिपूर्ण रचना है जिसमें उन सभी बातों का उल्लेख मिलता है जिनसे प्रेरणा लेकर व्यक्ति अपने जीवन का नैतिक विकास कर सकता है और आनन्दानुभूति कर सकता है।

गोस्वामी तुलसीदास जी के संदेश से प्रेरणा लेकर पापी एवं दुराचारी भी श्रेष्ठ व्यक्ति बन सकते हैं। उन्होंने भगवान राम का दर्शन परमेश्वर के रूप में किया है। उनकी शिक्षाएं भारतीय जनमानस के लिए ही नहीं अपितु संसार के सभी जिज्ञासुओं की जिज्ञासा तृप्ति करेंगी। तुलसीदास जी ने राजा का अपनी प्रजा के प्रति कर्तव्यों का निम्नवत् उल्लेख किया है—

जासु राज प्रिय प्रजा दुखारी।

सो नृप अवस नरक अधिकारी॥

हिन्दू संस्कृति की महत्ता को स्थापित करने में गोस्वामी तुलसीदास जी ने अत्यन्त महत्वपूर्ण योगदान प्रदान किया है। उनका दर्शन, उनकी सोच भारतीय समाज एवं संस्कृति से सम्बन्धित था। वे समाज की विसंगतियों को दूर करने का प्रयत्न करते हैं—

"अनुज वधू, भगिनी, सुत नारी।

सुन सठ ये कन्या सम चारी॥

इन्हइं कुदृष्टि विलोकहिं जोई।
ताके बधे पाप नहिं होई॥"

4. उपसंहार

निष्कर्ष रूप में कहा जा सकता है कि "मानस" एक ऐसा सद्ग्रंथ है जिसके माध्यम से गोस्वामी तुलसीदास जी ने भारतीय समाज की असाधारण सेवा की है। उन्होंने समाज के नैतिक उत्थान पर बल दिया है। वे यह चाहते थे कि समाज में किसी प्रकार की विषमता न रहे लोग सुखी एवं शांत जीवन व्यतीत करें। उनकी चौपाइयों का अनुशीलन करने पर शांति की अनुभूति होती है। उन्होंने 'रामचरित मानस' जैसे सद्ग्रंथ की रचना करके न केवल विश्व के श्रेष्ठ कवियों में अपना नाम अमर किया है अपितु भारतीय समाज को नई दिशा एवं चेतना प्रदान की है।

हिन्दी साहित्य में कहानियों का उद्भव एवं विकास

1. प्रस्तावना
2. कहानियों का आरम्भ
3. आधुनिक स्वरूप
4. उपसंहार

1. प्रस्तावना

कहानी के द्वारा कहानीकार वस्तुतः समाज में हो रही बातों का निरूपण करता है। इसके अन्तर्गत कहानीकार की जिज्ञासा और अभिव्यक्ति महत्वपूर्ण है। कहानी हिन्दी साहित्य का एक अत्यन्त महत्वपूर्ण भाग है। कहानीकार का कहानी के लिखने का तात्पर्य यह होता है कि वह समाज के लोगों को समाज की गतिविधि से अवगत कराये। ऐसा कहा जाता है कि कहानी साहित्य की अत्यन्त महत्वपूर्ण विधा है। कहानीकार जब कोई कहानी लिखता है तो उसके पीछे उसका यह विचार कार्य करता है कि वह अपने कहानी के माध्यम से समाज को जागृत करे और प्रेरणा प्रदान करे। कहानियों में नीति परक बातों का समावेश होता है।

ब्राह्मण ग्रंथों में, उपनिषदों में एवं अन्य सद्ग्रंथों में कहानियां मिलती हैं। पंचतंत्र एवं हितोपदेश आदि ग्रंथ भी कहानी की दृष्टि से अत्यंत महत्वपूर्ण ग्रंथ हैं।

कहानियों में निम्न बातों का सामंजस्य होना परम आवश्यक है—

1. आचार-विचार
2. धर्म
3. नीति
4. यथार्थ एवं आदर्श में समन्वय।

2. कहानियों का आरम्भ

हिन्दी साहित्य में कहानियों का आरम्भ कहां से होता है इस सन्दर्भ में सर्वप्रथम विचार किया जाना नितांत आवश्यक है। हिन्दी साहित्य के इतिहास का अध्ययन करने पर इस बात का स्पष्ट रूप में पता चलता है कि हिन्दी कहानियों का आरम्भ वीरगाथा काल से होता

है जिसे आदिकाल भी कहा जाता है। वीरगाथा काल में वीरों की गाथाओं से युक्त प्रेरणात्मक बातों को समाविष्ट करते हुए कहानी की रचना की गई है। जनसाधारण वीरों की गाथाओं को जानने के लिए विशेष रूप से उत्सुक रहते थें। निम्न कहानियां विशेष महत्वपूर्ण हैं—

ढोला-मारु

हीर रांझा

बैताल पचीसी आदि।

इस दिशा में "चौरासी बैष्णवों की वार्ता" और दो सौ बावन वैष्णवों की वार्ता जैसी कहानिया विशेष महत्वपूर्ण रही हैं। खड़ी बोली में कहानी का आरम्भ सन् 1800 ई० से आरम्भ होता है। लल्लू लाल और पं० सदल मिश्र जैसे लोगों ने इस दिशा में महत्वपूर्ण कार्य किया है। सदल मिश्र ने नासिकेतोपारव्यान नामक ग्रंथ लिखा। लल्लूलाजी का प्रेम सागर इस दिशा में अत्यन्त महत्वपूर्ण है।

फारसी और उर्दू से निम्न ग्रंथों के अनुवाद भी हुए—

बागो बहार

किस्सा तोता मैना

किस्सा साढ़े तीन पार

चग दर्वेश।

इस काल के प्रमुख कहानीकारों में हैं—

राजा शिवप्रसाद सितारे हिन्द

राधाचरण गोस्वामी

लक्षमण सिंह

बालकृष्ण भट्ट आदि।

3. आधुनिक स्वरूप

ज्ञातव्य है कि आधुनिक मौलिक कहानियों का आरम्भ तो आचार्य महावीर प्रसाद जी के काल से आरम्भ होता है। धीरे-धीरे राष्ट्रीयता की भावना जागृत होने के समय महावीर प्रसाद द्विवेदी जी के अथक प्रयास के परिणामस्वरूप सरस्वती नामक पत्रिका का प्रकाशन होने लगा। यह कहा जाता है कि सरस्वती के प्रकाशन के साथ ही आधुनिक कहानियां अस्तित्व में आयीं। इस दिशा में किशोरी लाल गोस्वामी का अत्यन्त

महत्वपूर्ण योगदान है, इन्होंने 'इन्दूमती' नामक कहानी संग्रह का प्रणयन किया। ऐसा कहा जाता है कि इन्दूमती में शेक्सपीयर के टेम्पेस्ट नाटक का प्रभाव परिलक्षित होता है।

आचार्य रामचन्द्र शुक्ल एवं गिरिजादत्त वाजपेई का भी महत्वपूर्ण योगदान हिन्दी कहानी के क्षेत्र में अविस्मरणीय है। 'ग्यारह वर्ष का समय' जैसा महत्वपूर्ण कहानी संग्रह आचार्य रामचन्द्र शुक्ल की देन है। 'पंडित पंडितानी'जैसी कृति गिरिजादत्त की देन है।

इस समय के प्रमुख कहानीकारों में निम्न का महत्वपूर्ण स्थान है—

वृन्दावन लाल वर्मा

जयशंकर प्रसाद

विश्वम्भर नाथ कौशिक

चन्दधर शर्मा गुलेरी

मैथिलीशरण गुप्त।

मैथिलीशरण गुप्त ने 'नकली किला' कहानी संग्रह तैयार किया।

हिन्दी कहानी के क्षेत्र में शायद सर्वाधिक महत्वपूर्ण योगदान मुंशी प्रेमचन्द का है। मुंशी प्रेमचन्द जी ने पहले तो उर्दू में कहानियां लिखते रहे क्योंकि उन्होंने 'सोजेवतन' नाम कहानी संग्रह उर्दू में लिखा था किन्तु बाद में वे हिन्दी में कहानियां लिखने की ओर प्रवृत्त हुए। मुंशी प्रेमचन्द जी राष्ट्रीय भावना से प्रेरित थे। उन्होंने लगभ्ग 200 कहानियां लिखी है जिनमें से निम्नवत् प्रसिद्ध हैं—

पूस की रात

गुल्ली डंडा

बड़े घर की बेटी

पंच परमेश्वर

बूढ़ी काकी

शतरंज के खिलाड़ी आदि।

प्रेमचन्द को हिन्दी का प्रख्यात कहानीकार माना जाता है। इस क्षेत्र में विश्वम्भर नाथ कौशिक, जयशंकर प्रसाद का भी अत्यन्त महत्वपूर्ण योगदान **है**। **सुदर्शन** की कहानियां भी अत्यन्त रोचक थीं।

सुदर्शन जी ने भारतीय संस्कृति पर आधारित कहानियां भी लिखीं हैं।

जयशंकर प्रसाद जी का कहानी के क्षेत्र में अत्यन्त महत्वपूर्ण योगदान है। इन्होंने भाव प्रधान कहानियां लिखी हैं जो सीधे मानवीय संवदेनाओं से जुड़ी हुई हैं। इन्होंने पारिवारिक जख्म को सन्दर्भित करते हुए कहानियां लिखी हैं। प्रसाद जी एक भावुक कवि थे अत: उनकी भावुकता का उनके कहानियों पर स्वाभाविक प्रभाव देखा जा सकता है। प्रसाद जी ने प्रतिध्वनि नाम कहानी संग्रह के साथ आकाशदीप और आंधी नामक कहानी संग्रह लिखा।

आधुनिक युग के कहानीकारों में रामकृष्ण दास, विनोद शंकर व्यास, चंडी प्रसाद, हृदयेश आदि सभी का महत्वपूर्ण स्थान है। रामकृष्ण दास की कहानियों का अध्ययन करने पर भाषागत माधुर्य का बोध होता है। चित्रात्मक दृश्य भी इन्होंने अपनी कहानी के माध्यम से प्रस्तुत किया है। कहानी के क्षेत्र में अन्य कहानीकारों का कम महत्वपूर्ण योगदान नहीं है। ये हैं—वेचन शर्मा 'उग्र' एवं चतुरसेन शास्त्री। इन विद्वानों ने समाज के पाखण्डों का खूब वर्णन किया है। उग्र जी सामाजिक कहानियों के साथ-साथ धार्मिक कहानियों में भी रुचि दर्शायी है।

उग्र जी के निम्न कहानी संग्रह अति प्रसिद्ध हैं—

दोजख की आग

चिनगारियां

बलात्कार

सनकी अमीर।

चतुर सेन शास्त्री ने निम्न कहानी संग्रह के लिए ख्याति पायी—

दे खुदा की राह पर

दुखवा कासों कहूं मोरी सजनी

भिक्षुराज

कंकड़ों की कीमत आदि।

जैनेन्द्र, इलाचन्द्र जोशी जैसे कहानीकारों ने भी हिंदी के क्षेत्र में कार्य किया है। जैनेन्द्र जी के प्रमुख कहानी संग्रह हैं—एक रात, स्पर्धा, धुव यात्रा, दो पिड़िया, फांसी, नीलम, देशराज की कन्या एवं जयसंधि। कहानी के क्षेत्र में उपेन्द्रनाथ अश्क, यशपाल और निराला का भी नाम

आता है।

उपेन्द्रनाथ अश्क ने ज्यादातर कहानियों में समाज की कुरीतियों को उजागर किया है और इन रूढ़ियों को उन्मूलित करने का प्रयास सुझाया है।

4. उपसंहार

निष्कर्ष रूप में यह कहा जा सकता है कि हिन्दी कहानी का उद्‌भव तो आदिकाल से अवश्य होता है किन्तु आदि काल में कहानी के क्षेत्र में कोई क्रांतिकारी विकास नहीं हो सका था क्योंकि इस काल में केवल थोड़ा सा प्रयास आरम्भ हुआ था। बाद में मुंशी प्रेमचन्द, जयशंकर प्रसाद, भावतीचरण वर्मा, बाबू वृन्दावन लाल वर्मा जैसे कहानीकारों ने अपनी लेखनी को कहानी के क्रम में प्रवाहित किया। भरपूर कहानी संग्रहों का प्रकाशन हुआ।

शैक्षिक निबन्ध

ਲੰਮੀ ਕਹਾਣੀ

विद्यार्थी जीवन का कर्तव्य

1. प्रस्तावना
2. विद्यार्थी जीवन का महत्व
3. विनम्रता एवं अनुशासन
4. समय की महत्ता
5. संयम
6. जिज्ञासाएं
7. उपसंहार

1. प्रस्तावना

विद्यार्थी हमारे देश के लिए अत्यन्त महत्वपूर्ण है। बड़े होकर ये राष्ट्र की जिम्मेदारियों को अपने कन्धे पर लेते हैं और अपने जिम्मेदारियों का निर्वहन सफलतापूर्वक करते हैं। छात्र जीवन कष्ट का जीवन होता है। यह अभाव का जीवन होता है तथा विविध अनुभवों का जीवन होता है। जिसमें निश्चित रूप से कुछ करने की प्रेरणा मिलती है। यदि विद्यार्थी जीवन की नींव दुरुस्त है तो उस पर बनने वाला भव्य प्रसाद भी मजबूत होगा। विद्यार्थी जीवन में माता-पिता एवं गुरु सेवा का महत्वपूर्ण स्थान है। जो छात्र विद्या अर्जन के समय मन लगाकर पढ़ता लिखता है वह राष्ट्र का एक जिम्मेदार नागरिक बनता है और उसके कृत्यों से राष्ट्र उसके प्रति कृतज्ञ रहता है। कहा गया है कि जिस वृक्ष की बाल्यावस्था में उचित देखभाल होती है वही आगे चलकर फलदायी होता है। विद्यार्थी जीवन में विविध गुण सीखने को मिलते हैं। यह सुन्दर साधना एवं विचार का काल होता है। इस काल में अच्छे विचार आते हैं और विद्यार्थी अच्छे एवं सुखद विचारों से प्रभावित होता है। यदि विद्यार्थी जीवन का सदुपयोग किया जाता है तो मनुष्यता विकसित हो जाती है और भावी कर्णधार बन जाता है।

2. विद्यार्थी जीवन का महत्व

विद्यार्थी जीवन के महत्व के विषय में जितना भी कहा जाय वह कम है। विद्यार्थी के अन्दर निम्न सद्‌गुणों का होना नितांत आवश्यक है—

संयम

धैर्य

जिज्ञासा

विनम्रता

गुरु सेवा आदि।

विद्यार्थी जीवन कुछ सीखने और समझने का जीवन होता है। इसमें बड़े धैर्य की आवश्यकता होती है। यह जीवन आगे के जीवन का मार्ग प्रशस्त करता है। इस जीवन में बड़ी बाधाएं और संकट आते हैं जिनसे विद्यार्थियों को प्रेरणा लेनी चाहिए। विद्यार्थियों को निम्न पंक्तियों से प्रेरणा लेनी चाहिए—

"देख बहु बाधा विविध घबराते नहीं"

अर्थात् विद्यार्थियों को बाधाओं से नहीं घबराना चाहिए। जितने भी महापुरुष विद्यार्थी जीवन में आये उनके सामने कुछ न कुछ कठिनाइयां अवश्य आयीं। किन्तु ये कठिनाइयां ही उनके जीवन के लिए प्रेरणा की स्रोत बनीं और इन्हीं कठिनायों की अनुभूति करते हुए और उन पर विजय प्राप्त करते हुए वे सफल हुए। विद्यार्थी जीवन में उद्दण्डता, उच्छृंखलता एवं अनुशासनहीनता को कोई महत्व नहीं दिया गया है। जिस विद्यार्थी में उद्दण्डता एवं अनुशासनहीनता घर कर गया वह आगे के जीवन में सफलता से वंचित हो जाएगा क्योंकि विद्यार्थी जीवन चरित्र निर्माण का जीवन होता है। अपने कर्तव्य के प्रति जागरूक रहने का जीवन होता है। गुरु जनों के सुझाये रास्ते पर चलने का जीवन होता है। सद्गुणों के विकास का जीवन होता है। व्यक्तित्व के निखार का जीवन होता है। इस महत्वपूर्ण अवधि में आगे का मार्ग प्रशस्त होता है। इस जीवन में विद्यार्थी जितना जागरूक रहेगा वह उतना ही प्रगति करेगा। उसका जीवन उतना ही सुखद रहेगा।

विद्यार्थी जीवन उत्साह एवं संयम का जीवन है। यह 'निराशा' के परे का जीवन है। निराशा तो आत्म हत्या है। विद्यार्थी जीवन में निराश नहीं होना चाहिए। प्राय: देखा जाता है कि विद्यार्थी परीक्षा में अनुत्तीर्ण होने पर इस तरह से निराश हो जाता है कि वह आगे पढ़ाई ही नहीं करना चाहता क्योंकि उसमें निराशा इस तरह घर कर जाती है कि अध्ययन के प्रति उसमें अरुचि पैदा हो जाती है। यह अच्छी बात नहीं है। विद्यार्थी यदि असफल हो जाता है तो उसे फिर से सफलता

की ओर अग्रसर होने का प्रयास करना चाहिए क्योंकि असफलता ही सफलता की सीढ़ी है। असफलता से भी सीख एवं प्रेरणा प्राप्त होती है। असफलता से कभी घबराना नहीं चाहिए। यदि असफल विद्यार्थी निराश हो कर किंकर्तव्यविमूढ़ हो जाता है तो उसका जीवन ही चौपट हो जाएगा। ऐसी स्थिति में उसे मैथिलीशरण गुप्त के निम्न पंक्तियों से प्रेरणा लेनी चाहिए—

नर हो न निराश करो मन को,
कुछ काम करो कुछ काम करो।
जग में रहकर कुछ नाम करो॥
जीवन में किस अर्थ अहो,
समझो जिसमें यह व्यर्थ न हो॥

कहने का अभिप्राय यह है कि विद्यार्थी को कभी निराश नहीं होना चाहिए। उसे अपने जीवन के महत्व पर भली प्रकार सोचना चाहिए। विद्यार्थी को बड़ी सजगता और सावधानी से कार्य करना चाहिए। यदि विद्यार्थी ने अपने जीवन का उपयोग नहीं किया और समय को यूं ही गँवाया तो समझिए कि उसका विद्यार्थी जीवन तो असफल होगा ही वह आगे के भी जीवन में निराश रहेगा। अतः उसके लिए यह आवश्यक है कि वह विद्यार्थी जीवन की महत्ता एवं सार्थकता को भली प्रकार पहचाने और इस जीवन से प्रेरणा ले।

विद्यार्थी जीवन में बाधाओं से कदापि नहीं घबराना चाहिए। एक धैर्यवान नाविक की कार्य कुशलता का परिचय देना चाहिए। जितने भी महापुरुष हुए हैं उन्होंने अपने विद्यार्थी जीवन का सदुपयोग किया है। वे माता-पिता और गुरुजनों के प्रति आस्थावान थे। उनका विद्यार्थी जीवन पवित्र था। वे संयम और समय के महत्व को समझते थे।

3. विनम्रता एवं अनुशासन

विद्यार्थी को विनम्र और अनुशासन प्रिय होना चाहिए। यदि उसमें विनम्रता एवं अनुशासन जैसा भाव नहीं रहेगा तो निस्सन्देह कहा जा सकता है कि उनका भावी जीवन संकटमय रहेगा। विनम्रता एवं अनुशासन अत्यन्त महत्वपूर्ण सद्गुण हैं। इन्हीं सद्गुणों के बल पर ही व्यक्ति बड़े से बड़े कार्य सम्पादित करता है।

4. समय की महत्ता

विद्यार्थी जीवन में समय का सर्वाधिक महत्व है। अतः विद्यार्थियों को अपने समय को यूं ही नहीं गँवा देना चाहिए। समय का पूरी तरह उन्हें उपयोग करना चाहिए। यदि वे समय को यूं ही गँवा देते हैं तो यह समझिए समय भी उन्हें पीछे छोड़ देगा। अतः समय के प्रत्येक क्षण को स्वर्ण की भांति मूल्यवान समझना चाहिए। कहा भी गया है कि समय का प्रत्येक क्षण सोना है।

Every moment of time is gold.

5. संयम

विद्यार्थी को अत्यन्त संयमी एवं सुशील होना चाहिए। यदि उसमें संयम नहीं है तो उसके जीवन में कोई उत्साह नहीं रहेगा। संयम का पालन कई सद्‌गुणों को विकसित करता है। सद्‌गुणों में अभिवृद्धि करने हेतु संयम पर विशेष बल दिया गया है। संयमी व्यक्ति का जीवन और व्यक्तित्व प्रेरणास्पद होता है। संयम के अभाव में बड़े-बड़े लोग पतित हो जाते हैं। अतः विद्यार्थियों को संयम को बड़ी निष्ठा के साथ अपनाना चाहिए ताकि उनके जीवन में कोई कुटेव का स्थान न हो सके।

6. जिज्ञासाएं

प्रत्येक विद्यार्थी का यह परम कर्तव्य है कि वह जिज्ञासु बने। जिज्ञासायें ही उसे आगे के जीवन में कुछ करने के लिए प्रेरित करेंगी। विद्यार्थी जीवन सही पूछा जाय तो जिज्ञासा का ही जीवन है क्योंकि इस जीवन में उसे सदैव नवीन बातों से अवगत होना पड़ता है। जिज्ञासाएं सन्तुष्ट करते रहने से विद्यार्थी सदैव नये-नये विचारों से अवगत होगा और उसे नवीन जानकारियां मिलती रहेंगी।

संस्कृत में विद्यार्थियों के ये लक्षण बताये गए हैं—

काक चेष्टा वको ध्यानं, श्वान निद्रा तथैव-च।

अल्पाहारी, गृहत्यागी विद्यार्थी पंच लक्षणम्॥

7. उपसंहार

कहने का तात्पर्य यह है कि विद्यार्थी को सदगुणी, संयमी, धैर्यवान विचारवान और लगनशील होना चाहिए। उसमें यदि कर्तव्य बोध नहीं है तो वह अपने जीवन काल में असफल रहेगा। उसे विचारवान और

जिज्ञासु बनना चाहिए उसे सुखों का त्याग करना चाहिए कहा भी गया है—

सुखार्थी व त्यजेत विद्याम,
विद्यार्थी वा त्यजेत सुखम्।
सुखार्थिनः कुतो विद्या,
विद्यार्थिनः कुतो सुखम्॥

कहने का तात्पर्य यह है कि सुख चाहने वाले को विद्या कहां और विद्या चाहने वाले को सुख कहां। अतः विद्यार्थी जीवन में सुख का त्याग तो करना ही पड़ेगा।

परिश्रम का मूल्य एवं इसकी सार्थकता

1. प्रस्तावना
2. परिश्रम की महत्ता
3. परिश्रम का लाभ
4. यश और वैभव में वृद्धि
5. आदर्श महापुरुषों द्वारा किया गया श्रम
6. उपसंहार।

1. प्रस्तावना

जीवन में श्रम का बहुत महत्वपूर्ण स्थान है। ईश्वर भी उसी की मदद करता है जो स्वयं अपनी मदद करने में श्रमशील होता है। संसार के सारे कार्य श्रम से ही सम्पादित होते हैं। बिना परिश्रम और मेहनत के कोई कार्य नहीं हो सकता अतः श्रम से जी नहीं चुराना चाहिए। बड़े-बड़े ऋषि, मुनि, योगी-यती एवं वैज्ञानिक श्रम के ही बल पर जाने जाते हैं। उनकी श्रम साधना ही उनके जीवन की सार्थकता को प्रभावित करता है। न्यूटन और आंइस्टीन नामक वैज्ञानिकों को कौन नहीं जानता। इन्होंने अपने श्रम साधना से सम्पूर्ण विश्व का कल्याण किया है। श्रम जीवी होने का तात्पर्य यह हुआ कि व्यक्ति को कुछ न कुछ करते रहना चाहिए। यदि वह आलसी हो जाएगा तो उसका जीवन नष्ट हो जाएगा। वह जीवन की सार्थकता प्रमाणित नहीं कर पाएगा। श्रम की महत्ता और सार्थकता इसी बात में है कि प्रत्येक व्यक्ति को श्रम का आचरण करना चाहिए।

बड़े-बड़े साहित्यकार, कलाकार, वैज्ञानिक, समाज सेवक एवं महर्षि अपने श्रम के द्वारा ही लब्ध प्रतिष्ठ हुए हैं। जो व्यक्ति श्रम से जी चुराता है, वह कुछ भी नहीं कर पाया है सिवाय अपयश के। श्रम से जी चुराने वाले आलसी लोगों के बारे में गोस्वामी तुलसीदास जी ने लिखा है—

दैव दैव आलसी पुकारा।

क्या दैव-दैव का पुकार करने से ईश्वर किसी आलसी व्यक्ति की मदद करेगा? कदापि नहीं। अंग्रेजी कहावत है—"God helps those who help themselves" अर्थात् ईश्वर केवल उसी की

मदद करेगा जो स्वयं अपनी मदद करता है। अत: अकर्मण्य होकर नहीं बैठना चाहिए। उद्यम के बारे में निम्न पंक्तियां दृष्टव्य हैं—

उद्येमन ही सिध्यन्ति,
कार्याणि न मनोरथै:।
नहिं सुप्तस्य सिंहस्य,
प्रविशंति मुखे मृगा:॥

इसका अभिप्राय यह हुआ कि उद्योग और कठिन परिश्रम से ही मनुष्य कार्य सिद्धि को प्राप्त होता है। जितने भी साधक हुए हैं उन्हें कार्य सिद्धि केवल उनकी श्रम और साधना से ही प्राप्त हुई है।

2. परिश्रम की महत्ता

परिश्रम की महत्ता के विषय में जितना कुछ भी कहा जाय वह कम है क्योंकि परिश्रमी व्यक्ति संसार में ऐसे-ऐसे कार्य कर दिखलायें हैं जो असम्भव प्रतीत होते थे। उदाहरण के लिए—वैज्ञानिकों का चांद तक पहुंचना, उनके लगन एवं परिश्रम का द्योतन करता है, इसी प्रकार जितने भी वैज्ञानिक एवं तकनीकी प्रगति हो रहे हैं सब हमारे परिश्रम के ही देन है। यदि हम परिश्रमी न होंगे तो हमारी वैज्ञानिक, तकनीकी, एवं शैक्षिक प्रगति अवरुद्ध हो जाएगी और हम पीछे हो जाएंगे। व्यक्ति को कभी-भी खाली हाथ अथवा खाली दिमाग नहीं होना चाहिए। उसे सदैव कुछ न कुछ करते रहना चाहिए क्योंकि कहा गया है—

"खाली दिमाग शैतान का घर है"
"An empty mind is a devil's workshop"

हमें चींटियों के श्रम से प्रेरणा लेनी चाहिए। चींटी का जीवन श्रम से भरा है। परिश्रमी व्यक्ति के जीवन में प्रवाह होता है। कभी भी निराशा उसे अपना शिकार नहीं बना सकती।

भतृहरि मुनि ने श्रम की महत्ता के विषय में कहा है—

"उद्योगिनं पुरुष सिंहमुपैति लक्ष्मी
दैवेन देयमिति का पुरुषा: वदन्ति।

दैवं निहत्य कुरु पौरुषमात्मशक्तया,

यत्ने कृते यदि न सिद्धियति कोऽत्र दोषः ॥

अर्थात् उद्योगी पुरुष के पास लक्ष्मी स्वतः आकर्षित हो जाती हैं। उन्हें अपने श्रम के फलस्वरूप हर वस्तुएं प्राप्त हो जाती हैं। परिश्रम एक प्रकार की साधना ही है। परिश्रमी व्यक्ति की प्रत्येक इच्छा भगवान पूरी करता है। अतः जीवन में सफल होने के लिए यह आवश्यक है कि परिश्रम नितान्त आवश्यक है। आलसी और अकर्मण्य व्यक्ति जीवन भर परेशान रहता है।

उत्थान और अभ्युदय की प्राप्ति तो केवल परिश्रम से ही सम्भव है—

"सः जातः येन जातेन याति वंशः समुन्नतिं ॥"

भगवान श्रीकृष्ण ने भी गीता के माध्यम से अर्जुन को श्रम करने की शिक्षा देते हैं। भगवान कहते हैं हे अर्जुन तुम मेरा स्मरण कर युद्ध कर—

"माम् अनुस्मर युद्धं च"

उद्यमशील मनुष्य की हर मनोकामना ईश्वर पूरी करता है। आप जितना श्रम करेंगे उतना ही सफल रहेंगे। श्रम साधना से तो बड़े-बड़े कार्य सम्पादित हो जाते हैं। श्रम की महत्ता के बारे में जितना भी कहा जाय वह कम है। श्रम एक प्रकार का तप है। तप से निखार आता है और मनुष्य कार्य सिद्धि को प्राप्त कर लेता है। परिश्रमी मनुष्य का अन्तः करण पवित्र होता है। उसे अपने पर पूर्ण भरोसा रहता है। उसमें किसी भी प्रकार की कोई कुंठा नहीं रहती है वह सदैव आत्म निर्भर रहता है। बड़े-बड़े कार्य वह अपने श्रम साधना के बल पर कर दिखलाता है। उसमें दुर्वासानाएं, कलुषित भावनाएं एवं बुरे विचार नहीं आ पाते। वह सदैव आत्म निर्भरता की ओर होता है। उसके सम्पूर्ण क्रिया कलाप यथार्थता से परिपूर्ण होता है, उसे आत्मिक शांति और यश की प्राप्ति होती है। इसके विपरीत जो मनुष्य श्रम से जी चुराता है वह अपने जीवन में कुछ नहिं कर पाता।

3. परिश्रम का लाभ

परिश्रम के लाभ के बारे में जितना कहा जाय वह कम है। परिश्रमी व्यक्ति सदैव लाभान्वित होता है। उसका जीवन सुख और शांति से परिपूर्ण होता है। वह अपने जीवन में जो चाहता है उसे कर

दिखाता है। महापुरुषों के जीवन में परिश्रम का विशेष महत्व रहा है। परिश्रमी व्यक्ति परिश्रम के बल पर स्वलाभ तो करता ही है उसे यश और सिद्धि भी प्राप्त होती है। बड़ी-बड़ी वैज्ञानिक सफलताएं, साहित्यिक उपलब्धियां परिश्रम के द्वारा ही सम्भव हुई हैं।

4. यश और वैभव में अभिवृद्धि

परिश्रमी व्यक्ति के जीवन में यश और वैभव की अभिप्राप्ति होती है। महान उपलब्धियां परिश्रम का मोह त्याग रहीं हैं। कोई भी कार्य बिना परिश्रम पूर्ण नहीं होता। यदि मनुष्य परिश्रमी नहीं है तो वह अपने जीवन में कुछ नही कर पाएगा। परिश्रम से न केवल भौतिक उन्नति ही होती है अपितु परिश्रम आध्यात्मिक उन्नति का भी मार्ग प्रशस्त करता है। परिश्रम के बल पर ही बड़े से बड़े कार्य सरलता के साथ हो जाते हैं।

5. आदर्श महापुरुषों द्वारा किया गया श्रम

आदर्श महापुरूषों ने श्रम के बल पर ही अपना नाम इतिहास के पन्ने में दर्ज कराया है। अब्राहम लिंकन, महात्मा गांधी, टालस्टाय, मैडम क्यूरी, आइंस्टीन, मदर टेरेसा जैसे लोग परिश्रम की पराकाष्ठा तक पहुंचे हैं। भारतीय मनीषियों में ईश्वरचन्द विद्यासागर, स्वामी विवेकानन्द, दयानंद सरस्वती जैसे लोगों का नाम प्रमुख है। इन लोगों ने अपने श्रम और साहस के बल पर उन कार्यो को कर दिखाया है जो असम्भव प्रतीत होते थे। अमेरिका के शिकागो नगर में आयोजित विश्वधर्म सम्मेलन में सर्वाधिक ओजस्वी वक्ता का सम्मान पाना स्वामी विवेकानन्द के श्रम और शौर्य को दर्शाता है।

6. उपसंहार

संक्षेप में कहा जा सकता है कि बिना श्रम कोई भी कार्य पूर्णता को नहीं प्राप्त हो सकता। कार्य तभी परिपूर्ण होगा जब हम उसमें श्रम के साथ पूरे मन से लगे रहेंगे। श्रम से असम्भव कार्य भी सम्भव हो जाते हैं। मनुष्य की चांद यात्रा उसके श्रम और साहस का ही परिचायक है। श्रम और साहस के बल पर ही हमारा राष्ट्र आज उन्नति के पथ पर है। जितने भी विकसित राष्ट्र हैं उनके वासियों में श्रम करने की भावना अत्यन्त प्रबल थी। यही कारण है कि वे विकासशील राष्ट्रों

की तुलना में आर्थिक रूप से सम्पन्न हैं। जब हम श्रम साधना में लगे रहेंगे तो हमारी कामनाएं पूरी होंगी क्योंकि बड़े से बड़े कार्य श्रम और साहस के ही बल पर सम्पादित होते हैं। श्रम, संयम, धैर्य एवं उत्साह के ही बल पर समाज और राष्ट्र का विकास टिका हुआ है। अकर्मण्यता से समाज और राष्ट्र का पतन होता है। रचनात्मक कार्य तभी होंगे जब हम परिश्रमी होंगे।

जीवन में सदाचार की महत्ता

1. प्रस्तावना
2. सदाचार क्यों आवश्यक?
3. सदाचार से लाभ
4. उपसंहार।

1. प्रस्तावना

हमारी संस्कृति सदाचार की शिक्षा देती है। सदाचार एवं सत्ता आचरण के बल पर हमारे देश के लोगों ने उन-उन कार्यों का सम्पादन किया है जो असम्भव प्रतीत होते थे। सदाचार के बल पर स्वामी विवेकानंद, दयानन्द सरस्वती, रामकृष्ण परमहंस जैसे साधक अपनी साधना में सफल हुए। हमें ईश बन्दना में सदाचारी एवं संयमी होने का संदेश दिया गया है। हम अपनी गौरवमयी संस्कृति से सदाचार, विनम्रता और सहिष्णुता की प्रेरणा प्राप्त करते हैं। सरस्वती मंदिरों एवं शिक्षण संस्थाओं में सदाचारी एवं बह्मचर्य व्रत का उपदेश दिया जाता है। हमारी संस्कृति सच्चरित्रता पर बल देती है। हमें जो सीख एवं प्रेरणा अपनी संस्कृति से मिलती हैं उससे हम गौरवान्वित हैं।

संयम और सदाचार के पालन के कारण हमारे यहां हनुमान, परशुराम, श्रीराम, कृष्ण एवं भरत जैसे महापुरूष हुए हैं। धन्य है हमारा देश और हमारी संस्कृति। सदाचारी व्यक्ति के जीवन में प्रकाश रहता है। वह कभी असफल नहीं होता। इसके विपरीत दुराचारी व्यक्ति अपने दुराचार के कारण समाज में निन्दनीय होता है। वह नारकीय जीवन का पात्र होता है। दुराचारियों का जीवन अन्धकारमय होता है। वे समाज और राष्ट्र के लिए कलंक हैं। सच्चरित्र व्यक्ति ज्ञान के सागर में गोते लगाता है और ज्ञान के प्रकाशयुक्त वातावरण में विचरण करता है।

सदाचार गौरव है। यह भक्ति का द्वार है। महात्मा गोस्वामी तुलसीदास जी ने कहा है—

सठ सुधरहि सत्संगति पाई।
पारस परस कुधातु सुहाई॥

जिस प्रकार पारस पत्थर के स्पर्श में लोहा स्वर्ण बना जाता है ठीक उसी प्रकार दुराचारी मनुष्य सत्संगति पाकर सुधर जाता है।

2. सदाचार क्यों आवश्यक ?

सदाचार की महिमा जितना कहा जाय उतना ही कम है। सदाचार और सत्य आचरण दो ऐसे आधार स्तम्भ हैं जिनके द्वारा कोई भी व्यक्ति पूर्णता को प्राप्त हो सकता है। हमें वैदिक मंत्रों के माध्यम से निम्न संदेश मिलता है—

असतो मॉ सद्गमय, तमसो मा ज्योतिर्गमय
मृत्योमां अमृत गमय।

उपरोक्त का अभिप्राय उस प्रर्थाना से है जिसमें यह कहा गया है कि हे ईश्वर हमें असत्य से सत्य की ओर एवं अन्धकार से प्रकाश की ओर ले चलो।

मैथिलीशरण गुप्त के अनुसार दुर्जनों अथवा दुराचारियों को कहीं भी स्वर्ग नहीं है जबकि सदाचारियों के लिए धरती पर ही स्वर्ग है—

खलों को कहीं भी नहीं स्वर्ग है
भक्तों के लिए तो यहीं स्वर्ग है।

सदाचार और सत्य आचरण से तो सर्वत्र लाभ ही लाभ है। मनुष्य एक जिज्ञासु प्राणी है। वह समाज में सदाचार के बल पर अपना अद्वितीय स्थान बना सकता है। सदाचार और सत्य का आचरण करके युधिष्ठिर एवं हरिश्चन्द्र जैसे महापुरुष अमर हो गए। सच्चरित्रता का विकास होने पर मनुष्य सर्वत्र पूजा जाता है। किन्तु सदाचार के सन्दर्भ में संगति का बहुत बड़ा महत्व है। मनुष्य जैसी संगति प्राप्त करता है उसकी बुद्धि भी वैसी होती है। गोस्वामी जी के रामचरित मानस में संगति के असर पर प्रकाश डालते हुए कहा है—सत्संग से सब लोग सच्चरित्र बन जाते हैं। इस सन्दर्भ में संस्कृत का निम्न श्लोक उल्लेखनीय है—

"कीटोऽपि सुमनः संगत् आरोहति सत्तां शिरा"

अर्थात् साधारण कीड़ा भी पुष्पों की संगति अथवा सान्निध्य में आकर देवताओं और महापुरुषों के मस्तक पर चढ़ जाता है। सच्चरित्र व्यक्ति सर्वत्र सम्मान के पात्र होते हैं। सच्चरित्रता एक ऐसा सद्गुण है जिसके बल पर मनुष्य असाधारण कार्य सम्पन्न करके दिखाता है।

हमारे सद्ग्रंथों में कहा गया है कि शुद्धाचरण करने से मनुष्य को धन की प्राप्ति होती है—

आचाराल्लभते आयु: आचारादीप्सिता: पुजा।

आचाराल्लभते ख्याति, आचाराल्लभते धनम्॥

अर्थात् सदाचरण अथवा अच्छे आचरण से धन, विद्या, आयु आदि सभी कुछ प्राप्त होता है।

कहा गया है कि—

If wealth is lost nothing is lost but if character is lost everything is lost.

अर्थात् सम्पत्ति नष्ट होने पर मनुष्य का कुछ नुकसान नहीं होता है किन्तु यदि उसका चरित्र खो जाता है तो समझिए कि उसका सब कुछ खो गया।

चरित्र क्या है? चरित्र व्यक्तित्व का बहुमुखी विकास है। चरित्र के बल पर ही महाबली हनुमान भगवान राम के प्रिय भक्त बने थे और माँ जानकी ने उन्हें अजर अमर होने का आर्शीवाद प्रदान किया था—

अजर अमर गुण सुत निधि होहू।

करहिं सदा रघुनायक छोहू॥

चरित्र की यत्न पूर्वक रक्षा करनी चाहिए। धन तो आता है चला जाता है किन्तु चरित्र नष्ट होने पर मनुष्य मृत प्राय: सा हो जाता है—

वृत्तमं यत्नेन संरक्षेत वित्तं आयाति याति च

अक्षीणो वित्तत: क्षीण: वृत्ततस्तु हतो हत:।

चरित्र के बल पर ही हनुमान जी, परशुराम, मेघनाद, लक्ष्मण एवं अन्य योद्धा इतिहास में अपना नाम अमर कर गये हैं। चरित्र का विकास करना एक प्रकार का तप है और उच्चकोटि के चरित्र निर्माण में विविध बाधायें उत्पन्न होती हैं। उच्चकोटि के चरित्र का निर्माण बाधाओं में ही सम्पन्न होता है।

3. सदाचार से लाभ

सदाचार से तो सर्वत्र लाभ ही लाभ है। सदाचारी मनुष्य का कोई कार्य नहीं रुकता है क्योंकि सदाचार स्वयं में एक तप है और तपस्वी व्यक्ति का प्रत्येक कार्य स्वयं ईश्वर पूर्ण करता है। सच्चरित्रता

में शूरता, वीरता, धीरता, संयम जैसे सद्‌गुणों का समन्वय होता है। सदाचार से सुख और सन्तोष में अभिवृद्धि होती है। शांतिमय जीवन जीने का सर्वोत्तम साधन सदाचार है। सदाचारी मनुष्य ईश्वरत्व की प्राप्ति करता है। वह अपने इस तप के बल पर अपना जीवन सफल बनाता है। वह अपने चरित्र का विकास करके समाज की सेवा करता है। बुद्धि के परिष्कार में सदाचार का सर्वाधिक योगदान है। सदाचार एवं सच्चरित्रता के अभाव में मनुष्य को अनेक परेशानियों का सामना करना पड़ता है।

सदाचारी मनुष्य को आंतरिक सुख की प्राप्ति होती है। मानव जीवन को सफल बनाने हेतु परमावश्यक है कि हम सदाचरण का व्रत अपनायें। हमारी गौरवमयी संस्कृति सत्य, सदाचार एवं संयम पर विशेष बल देती है। हम वैदिक काल से ही अपने यहां एक उच्चकोटि की संस्कृति का विकास कर चुके हैं जिसमें सदाचार को सर्वाधिक महत्वपूर्ण माना गया । जितने भी आदर्श पुरुष हुए हैं उनमें उच्चकोटि का चरित्र एवं सत्यानुराग रहा है। वे अपने चारित्रिक बल पर अमर हुए हैं।

भरत के चरित्र से हमे त्याग, बलिदान और जिस भ्रातृभाव का परिचय मिलता है वह हमारी संस्कृति की अनुपम धरोहर है। सदाचार हमें यह बतलाता है कि हम आने माता-पिता एवं गुरुजनों व स्वजनों के प्रति कैसा आचरण करें। समाज के प्रति हम कैसा व्यवहार करें। जन समस्याओं के प्रति हम किस प्रकार की भावनाएं दर्शायें आदि।

वैसे तो हम यह कहेंगे कि हर व्यक्ति का यह कर्तव्य है कि वह चरित्रवान एवं निष्ठावान बने क्योंकि चरित्रवान व्यक्ति समाज को अपने सच्चरित्रता से लाभान्वित करेंगे। लोकमान्य बाल गंगाधर तिलक, पं० मदन मोहन मालवीय आदि लोगों ने अपने चरित्र के बल पर ही उपलब्धियां हासिल की हैं। पं० महामना मदनमोहन मालवीय ने अपने सदाचार, संयम एवं सत्य आचरण के ही बल पर अरबों रूपये की लागत से निर्मित होने वाले काशी हिन्दू विद्यालय के खर्चे को चंदा के माध्यम से जुटाया। यह महान कार्य उनके सदाचार एवं संयम के द्वारा ही सम्भव हुआ।

4. उपसंहार

सदाचार एवं सत्याचरण एक प्रकार का तप है। अच्छा आचरण व्यक्ति को सदैव अच्छी राह दिखाता है। जब व्यक्ति सदाचरण को अपने जीवन में अपनाता है तो उसकी लोकप्रियता में अभिवृद्धि होती है। वह जनमानस में सम्मान का पात्र बन जाता है। लोग उसे सम्मान की दृष्टि से देखने लगते हैं। फलतः सदाचारी व्यक्ति के यश में श्री वृद्धि होने लगती है और वह व्यक्ति अपनी निष्ठा, ईमानदारी, सत्याचरण, संयम एवं धैर्य के बल पर महान उपलब्धियाँ हासिल करता है। सदाचार का अभिप्राय शिष्टाचार अथवा अच्छे आचरण से है जिसका हमारे जीवन में सर्वाधिक महत्वपूर्ण स्थान है।

प्रिय वचन का महत्व

प्रस्तावना

प्रिय वचन का महत्व

कटु वचन एवं इसका प्रभाव

उपसंहार

1. प्रस्तावना

प्रिय वचन सबको प्यारी लगती है, वाणी की मृदुता, सरसता एवं सुन्दर भाव भला किसको अप्रिय है। कोयल की मीठी बोली की ओर सभी आकर्षित होते हैं जबकि कौवा की ओर लोगों का कोई आकर्षण नहीं होता है। इसका प्रमुख कारण बोली का मीठा होना है—

कागा काको धन हरे,

कोयल कांकू देत।

तुलसी मीठे वचन से,

जग अपनो करि लेत॥

साधुओं, विद्वत्जनों एवं तपस्वियों की वाणी में ओज होता है। उनकी वाणी का मीठापन का प्रभाव यह होता है कि लोग उनकी ओर आकर्षित होते हैं। अपनी वाणी की सुन्दरता एवं मनमोहकता के ही कारण कोयल राज दरबार की शोभा बढ़ाती है। जिस प्रकार कोयल अपनी मीठी बोली से लोगों को अपनी ओर आकर्षित करती है ठीक उसी प्रकार मानव भी अपनी मीठी बोली से जनमानस को प्रभावित करता है।

मधुर सम्भाषण का अत्यन्त महत्वपूर्ण स्थान है। कबीरदास जी ने लिखा है—

मधुर वचन है औषधि,

कटुक वचन है तीर।

स्त्रवन द्वार से संचरै,

साले सकल शरीर॥

इसका तात्पर्य यह हुआ कि मानव अपने मधुर वाणी से अपने जीवन में उन्नति का मार्ग प्रशस्त करता है। मधुरभाषी सबके प्यारे होते हैं। इसके विपरीत कटु वचन का प्रवाह करने वाला व्यक्ति निन्दा का

पात्र होता है और समाज में उसका सम्मान नहीं होता। वाणी की शैली का जनमानस पर अत्यन्त गहरा प्रभाव होता है।

वाणी वह वशीकरण मंत्र है जिसमें आकर्षण होता है और लोग अनायास ही सुन्दर वाणी का प्रवाह देने वाले लोगों के प्रति आकर्षित हो जाते हैं। मधुर भाषियों की प्रतिष्ठा हर स्थान पर होती है उनसे कोई ईर्ष्या अथवा द्वेष की भावना नहीं रखता है। मधुर सम्भाषण सबको प्रिय है।

2. प्रिय वचन का महत्व

प्रिय वचन सबको सुहावनी लगती है। प्रिय वचन के प्रवाह का परिणाम यह होता है कि इससे लोगों में प्रिय वचन बोलने वाले के प्रति आकर्षण हो जाता है। यह पारस्परिक सौहार्द्र एवं मृदुता का संचार करने में सहायक होता है। यह मान-मर्यादा, प्रतिष्ठा, श्रद्धा और विश्वास के अभिवद्र्धन में भी सहायक होता है। जीवन और जगत में मधुर सम्भाषण सर्वत्र महत्वपूर्ण है। मधुर सम्भाषण से श्रोता और वक्ता दोनों का लाभ होता है। मधुर सम्भाषण के अभाव में ईर्ष्या-द्वेष और वैमनस्य घर कर जाता है।

जिस समाज में भाईचारे की भावना नहीं है। लोक मंगल की कामना नहीं है तथा आपसी कलह से लोग तंग हैं वह समाज पतनोन्मुख माना जाता है अर्थात् वह समाज एक प्रकार से नरक की भांति हो जाता है। सत्य सम्भाषण करना चाहिए किन्तु उसमें मृदुता होनी चाहिए। कहा गया है—

सत्यं ब्रूयात् प्रियं ब्रूयात्।
न ब्रूयात सत्यं अप्रियम्॥

अर्थात् सत्य बोलो, प्रिय बोलो किन्तु अप्रिय सत्य का सम्भाषण मत करो। मीठा बचन सबको प्रिय है। किन्तु अहंकार और दम्भ में व्यक्ति मीठी बातों को भूल जाता है और कटुताभरी बातों का प्रवाह करने लगता है। यह ध्यान देने की बात है कि अहंकारी व्यक्ति की वाणी में कोई मिठास नहीं होता है। वह समाज में सम्मान का पात्र भी नहीं होता है।

वाणी की मृदुता का महत्व सबने स्वीकार किया है—

ऐसी वाणी बोलिए,

मन का आपा खोय।
औरन की शीतल करै,
आपहू शीतल होय॥

मधुर सम्भाषण से मनुष्य अपने में मृदुता, शिष्टाचार, सत्य, ज्ञान, सदाचार एवं सहिष्णुता का विकास करता है। क्रोधी व्यक्ति की वाणी कटु होती है। गीता में भगवान कृष्ण ने उपदेश दिया है—

क्रोधाद्भवति सम्मोह सम्मोहात्स्मृति विभ्रम
स्मृतिभ्रंसाद्बुद्धि नासौ बुद्धि बुद्धिनाशात्प्रणश्यति॥

अर्थात् कहने का भाव यह है कि क्रोध से अविवेकी भाव उत्पन्न होता है और सम्मोह भाव जागृत होता है जिससे स्मृति प्रभावित होती है और स्मृति के नष्ट होने पर ज्ञान राशि नष्ट होने लगता है। फलतः क्रोधी मनुष्य श्रेय साधनों से गिर जाता है।

रहीमदास जी ने प्रिय बोली के महत्व को निम्न प्रकार व्यक्त किया है—

"मेल प्रीति सब सौं भली
बैर न हित मित गोत।
रहिमन याही जनम में,
बहुरि न संगत होत॥

मृदुभाषी व्यक्ति का समाज में सर्वत्र आदरणीय स्थान होता है। वह कभी भी निन्दा का पात्र नहीं होता है। वाणी का संयम एवं मृदु वाणी का प्रवाह करना एक प्रकार का तप है।

3. कटु वचन एवं इसका प्रवाह—

कटु वचनी हर जगह तिरष्कृत होते हैं। समाज में उनका स्थान आदरणीय नहीं होता है। उनसे कोई मित्रता नहीं करना चाहता। वे समाज में उपेक्षित भाव से देखे जाते हैं। कटु वाणी की चोट तलवार से भी ज्यादा दुखदायी होती है। कटु वाणी से सीधे हृदय पर प्रहार होता है। कटु वाणी के द्वारा शरीर पर जो घाव होता है उसका कोई इलाज नहीं है क्योंकि उसके घाव को मरहम पट्टी के द्वारा नहीं ठीक किया जा सकता है। कटु वचनी समाज में निन्दित होता है। उसकी सर्वत्र निन्दा की जाती है। कड़वाहट भरी बातें कई विवादों का कारण

बन जाती हैं।

कटु भाषियों के विषय में किसी कवि ने कहा है—

खीरा को मुख काटि के,
मलियत नौन मिलाय।
तुलसी कडुए मुखन की,
चहिए यही सजाय॥

कहने का अभिप्राय यह है कि खीरा नामक फल मुख की ओर कड़वाहट से युक्त होता है और उसे दूर करने हेतु उसमें नमक मिलाकर रगड़ा जाता है उसी प्रकार कटु भाषियों की वाणी में मृदुता लाने हेतु उनका मुखभंजन आवश्यक है अर्थात् कटु वचनी व्यक्ति की पिटाई होने पर वह मृदुल वाणी का प्रवाह देगा।

कटु भाषी व्यक्ति की सर्वत्र निन्दा होती है। मधुर वचन का प्रवाह करने वाला व्यक्ति सम्मान का पात्र होता है। सदगुणों और मधुर संव्यवहार से पत्थर को भी पिघलाया जा सकता है। यद्यपि यह कहा गया है कि क्रोध मनुष्य में पाया जाने वाला एक स्वाभाविक लक्षण है किन्तु क्रोध आने पर व्यक्ति को संयम से कार्य करना चाहिए। जिस समय भगवान राम ने सीता के स्वयंवर के समय शिवधनु तोड़ा था परशुराम अत्यन्त कुपित हो गये थे। ऐसी स्थिति में भगवान राम ने शांत स्वभाव से उनके प्रश्नों का उत्तर देकर उन्हें सन्तुष्ट किया फलतः परशुराम जी को स्वयं द्वारा किए गये क्रोध पर लज्जा आई।

4. उपसंहार

प्रिय वचन बोलना वस्तुतः अभ्यास का विषय है। यह संस्कार पर निर्भर करता है। जिस व्यक्ति का जैसा संस्कार होगा जैसा आचार-विचार होगा और जैसा ही वह सोचेगा उसकी अभिव्यक्ति भी सहज रूप में होगी। प्रिय वचन बोलने वाला व्यक्ति सर्वत्र पूज्यनीय है। उसका कोई शत्रु न होगा उसके प्रति किसी का वैर भाव न होगा। सर्वत्र उसकी प्रशंसा होगी। वह अपने मृदुल व्यवहार एवं वाणी के सयंम से असम्भव कार्य को भी संभव में बदलकर दिखाएगा। महात्मा गांधी ने वाणी के संयम पर विशेष बल दिया है उनका कहना है कि सुन्दर वाणी से आप अपने शत्रु पर भी विजय प्राप्त कर सकते हैं।

हमारे देश में जितने भी महापुरुष हुए हैं उनकी वाणी अत्यन्त मृदुल थी। उन्होंने वाणी के तप पर विशेष बल दिया। शिष्टता, नम्रता, उदारता वाणी की मृदुता जैसे सद्‌गुणों से वे युक्त होते थे। अत: समाज में उनको सम्मान प्राप्त होना स्वाभाविक बात थी। स्वामी विवेकानंद, रामकृष्ण परमहंस, स्वामी दयानंद सरस्वती जैसे विद्वानों की वाणी में संयम, ओज एवं मृदुता थी। वाणी की मृदुता के ही बल पर इन्होंने सम्मान प्राप्त किया और इनके द्वारा बताये गये मार्गों का लोगों ने अनुसरण किया है। मीठे वचन का प्रवाह करना एक तपस्या है। यह संयम, का विषय है, गांधी जी का यह कहना था कि आप अपने शत्रुओं से भी अच्छा बर्ताव करें और उन्हें मीठे वचनों से ही सम्बोन्धित करें। मधुरभाषियों की बात अत्यंत प्रभावशाली मानी जाती है। मधुरसम्भाषण में अमृत का घोल होता है जबकि कटु वचन विषैला होता है। कटु वचनियों से सभी घृणा करते हैं। इनसे कोई भी मित्रता करना पसन्द नहीं करेगा। इनसे कोई मेल-मिलाप नहीं पसन्द करेगा और इसके द्वारा बतायी गई बातों का कोई महत्व नहीं होगा। कहने का अभिप्राय यह है कि समाज में ऐसे लोगों का सम्मानजनक स्थान नहीं होता है, जो कटु वचनी हैं और जिनकी वाणी में सरसता और मृदुता नहीं है। प्रिय वचन भय वश यदि बोला जाता है तो वह महत्वहीन माना जाएगा क्योंकि कहा गया है—

वैद्य सचिव गुरु तीन,
प्रिय बोलें भय आस।
राज धर्म तन तीन के,
होय बेगहीं नास॥

स्वदेश प्रेम

1. प्रस्तावना
2. स्वदेश के प्रति हमारा कर्तव्य
3. आदर्श देश भक्त एवं उनके योगदान
4. उपसंहार।

1. प्रस्तावना

प्रत्येक व्यक्ति को अपने देश के प्रति भक्ति की भावना रखनी चाहिए। देशभक्ति के कारण ही बड़े-बड़े लोग महापुरुष के रूप में प्रकाश में आये। स्वदेश प्रेम की भावना देश के प्रत्येक नागरिक का कर्तव्य हैं। स्वदेश की रक्षा और उसकी उन्नति के लिए अपना सब कुछ न्योछावर कर देना ही देश के प्रति सच्ची भक्ति है। जन्मभूमि के प्रति प्रत्येक को निष्ठावान होना चाहिए। जिस देश में हम पलते हैं, बढ़ते हैं और जिस देश की मिट्टी का उपज हम खाते हैं उस देश के प्रति हमारे मन में गहरी श्रद्धा होनी चाहिए। जननी और जन्मभूमि की महत्ता के बारे में कहा गया है—

जननी जन्म भूमिश्च स्वर्गदापि गरीयसी।

अर्थात् जननी एवं जन्म भूमि स्वर्ग के समान हैं। हमें मातृभूमि की रक्षा के लिए तत्पर रहना चाहिए। मातृभूमि की रक्षा करते हुए जिन लोगों ने वीरगति पायी है हम उनकी गाथाएं गाते हैं, चाहे वे चन्द्रशेखर आजाद हों, चाहे सुभाषचन्द्र बोस, चाहे गांधी जी रहे हों चाहे वीर भगत सिंह। इन महापुरुषों ने देश की आन-मान के लिए अपने प्राण तक न्योछावर कर दिए। स्वदेश प्रेम प्रत्येक व्यक्ति का परम कर्तव्य है—

जो भरा नहीं है भावों से,
बहती जिसमें रस धार नहीं।
वह हृदय नहीं है पत्थर है,
जिसमें स्वदेश का प्यार नहीं॥

स्वदेश प्रेम पुनीत कर्तव्य है। स्वदेश प्रेम एक जिज्ञासा है और मनुष्य का एक स्वाभाविक लक्षण है। देश सेवा एवं परोपकार पुनीत कर्तव्य है। चन्द्रशेखर आजाद, वीर भगत सिंह सावरकर, गांधी, नेहरु,

टैगोर, सुभाष, डॉ० राजेन्द्र प्रसाद, पं० महामना मदन मोहन मालवीय, बालगंगाधर तिलक, लाला लाजपत राय एवं अन्य लोगों ने स्वदेश के प्रति जो प्रेम दर्शाया वह आज उनकी ख्याति एवं प्रसिद्धि का कारण बना हुआ है। इन महापुरुषों को त्याग एवं बलिदान में असीम सुख एवं शांति का अनुभव हुआ है।

2. स्वदेश के प्रति हमारा कर्तव्य

जिसे न निज गौरव, न निज मर्यादा का ध्यान है।
वह नर नहीं नर-पशु निरा और मृतक समान है।

हमें स्वत: के गौरव एवं अपने देश की मर्यादा का सदा ध्यान होना चाहिए। हम जिस देश में पैदा हुए हैं उस देश की मिट्टी में महापुरुषों को पैदा करने की असीम शक्ति है। जितने भी महापुरुष हुए हैं उन सभी में देश-प्रेम की भावना प्रबल रही है। जब व्यक्ति में देश भक्ति का भाव जागृत हो जाता है तो वह देश के उत्थान एवं विकास के लिए सर्वस्व न्यौछावर कर देता है। जिस समय हमारा देश गुलाम था। हम गुलामी की बेड़ियों में जकड़े हुए थे। हमारी बातें नहीं सुनी जाती थीं। हम हंस-बोल भी नहीं सकते थे और हम अंग्रेजों के द्वारा हर प्रकार से शोषित किए जाते थे उस समय हमारे यहां के राष्ट्र भक्तों ने भारत माता को आजाद कराने के लिए अपने प्राणों का बलिदान दिया। यह उनके स्वदेश प्रेम का ज्वलंत उदाहरण है। हमारे यहां शूर-वीरों की कमी नहीं रही। हम समय-समय पर अपने असीम साहस का परिचय देते आये हैं। स्वदेश की रक्षा के लिए हमें जब भी संघर्ष करना पड़ा हम आगे आये हैं। इसका ताजा उदाहरण करगिल का युद्ध है, जिसमें हमारे सैनिकों ने असीम शौर्य का प्रदर्शन करते हुए करगिल को घुसपैठियों से मुक्त कराया और दुश्मन के छक्के छुड़ा दिया। इस प्रकार यह कहा जा सकता है देश भक्ति की भावना परम कर्तव्य है और इस कर्तव्य से प्रत्येक नागरिक को ओत-प्रोत रहना चाहिए। व्यक्ति को व्यक्तिगत हित से परे होकर सदैव समष्टिगत हित के बारे में सोचना चाहिए। देश प्रेम के बारे में किसी कवि के निम्न उद्‍गार अत्यन्त महत्वपूर्ण हैं—

"मुझे तोड़ लेना बन माली,
उस पथ पर देना तुम फेंक।
मातृ भूमि पर शीश चढ़ाने,

जिस पथ जाते वीर अनेक ॥

स्वदेश प्रेम क्यों आवश्यक है? यह एक अत्यन्त महत्वपूर्ण बिन्दु है जिस पर विचार करना परम आवश्यक है। स्वदेश प्रेम से ही हम अपना कल्याण करेंगे। हमारा अभ्युत्थान तभी होगा जबकि हम कष्ट में भी रहकर देश की सेवा करते रहेंगे। हर देश में देश भक्त हुआ करते हैं और अपने देश की आन के लिए मरने-मिटने के लिए भी तत्पर रहते हैं। उनका यही कर्तव्य स्वदेश प्रेम है। जिस समय हमारे यहां स्वतंत्रता आन्दोलन चल रहा था सभी में उस समय उत्साह था। लोग असीम श्रद्धा की भावना से प्रेरित होकर अपना कार्य सम्पादन कर रहे थे। स्त्री, बूढ़े, बच्चे आदि सभी में उत्साह की झलक थी।

जब हम विश्व के इतिहास का अवलोकन करते हैं तो पाते हैं कि जिस प्रकार हम अपने देश प्रेमियों की गाथा का गान करते हैं उसी प्रकार विश्व के अन्य राष्ट्रों के लोग अपने देश के प्रेमियों के प्रति निष्ठा भाव का प्रदर्शन करते हैं। देश प्रेम का तात्पर्य सच्ची निष्ठा से है। देश की मर्यादा और आन-मान की रक्षा के लिए सर्वस्व निछावर करना ही देश भक्ति है। अब्राहम लिंकन का नाम अमेरिकावासी बड़ी आस्था के साथ लेते हैं क्योंकि वह देश भक्त था। उसने अपने राष्ट्र के प्रति भक्ति भावना दर्शाया है। हम महाराणा प्रताप को क्यों याद करते हैं, क्योंकि उनमें देश के प्रति सच्चा प्रेम था।

3. आदर्श देश भक्त एवं उनके योगदान

देशभक्ति की भावना अत्यन्त पवित्र भाव है। देश के प्रति तन-मन एवं धन से जुड़ना ही देश भक्ति है। आदर्श देश भक्त जन-देश की मर्यादा के लिए स्वप्राण गंवाने में विलम्ब नहीं करते हैं। मातृभूमि के रक्षार्थ हजारों वीरों ने आजादी -के लिए इस भाव का प्रदर्शन किया है। इस दिशा में महाराणा प्रताप, क्षत्रपति शिवाजी, साहू जी महाराज आदि का नाम महत्वपूर्ण है। सन् 1947 के आजादी के पूर्व गोपाल कृष्ण गोखले, लाला लाजपत राय जैसे लोगों ने महत्वपूर्ण योगदान दिया। सुभाषचन्द्र बोस, आजाद, भगतसिंह, विस्मिल, सावरकर जैसे लोगों ने एकजुट होकर संघर्ष किया। सुखदेव और आजाद की भूमिका तो अत्यन्त सराहनीय रहीं। वीर भगत सिंह को भला कैसे भुलाया जा सकता है।

स्वदेश प्रेम की भावना ऊधम सिंह में इतनी प्रबल थी कि उन्होंने ब्रिटिश पार्लियामेण्ट में घुसकर जनरल डायर को एक ही गोली में मृत्यु लोक पहुंचाया। जनरल डायर एक पुलिस अधिकारी था जिसने अमृतसर में बेगुनाहों पर गोलियों की बरसात करायी था। इस घटना को इतिहास में जलियाँवाला बाग कांड के नाम से जाना जाता है। इस घटना का बदला ऊधम सिंह ने जिस असीम साहस के साथ लिया वह उनके सच्चे भक्त होने का परिचायक है।

देश की सेवा में पं० जवाहर लाल नेहरू और लाल बहादुर शास्त्री का योगदान कम नहीं रहा है। पं० जवाहरलाल नेहरू जिस राजसी ठाट और वैभव से निकले थे उसकी कल्पना नहीं की जा सकती किन्तु उन्होंने समस्त सुखों का परित्याग करके देश की आजादी में बढ़-चढ़कर हिस्सा लिया और देश को आजाद कराया। पं० नेहरू ने देश की रक्षा हेतु विविध कार्य किया। उनका इस देश से अटूट प्रेम था। उन्होंने भारत माता को आजाद कराने हेतु आनन्द भवन जैसे भव्य प्रासाद के राजसी वैभव का परित्याग कर दिया।

लाल बहादुर शास्त्री भी अपनी निष्ठा, देश प्रेम और उदारता के लिए प्रसिद्ध थे। उन्होंने देश की जो सेवा की देश उसके लिए उनका ऋणी रहेगा। शास्त्री जी के विचार स्वदेश प्रेम की भावना से प्रेरित थे। वे देश के विकास की बात सदैव सोचा करते थे। वे सच्चे देश भक्त एवं राष्ट्रवादी थे। प्रधानमंत्री बनने के बाद उन्होंने देश के लोगों को अपव्यय न करने को कहा। उन्होंने अन्य खर्चों में कटौती करके आवश्यक खर्चों में वृद्धि किया। वे देश को आत्म निर्भर बनाने के लिए पूरी तरह से सजगता के साथ कार्य किया है। वे स्वयं के खर्चों में बहुत कटौती किए थे। उन्होंने व्यक्तिगत सेवा के लिए सरकारी वाहन का बहुत कम प्रयोग किया और यदि कभी उसका उपयोग करते भी थे तो उसका खर्च वे स्वयं वहन करते थे।

4. उपसंहार

उपरोक्त विवेचन से भली प्रकार स्पष्ट है कि स्वदेश भक्ति अथवा स्वदेश प्रेम एक भावना है जो अत्यन्त दृढ़ एवं बलवती है। देश के लोग समय-समय पर अपने देश के प्रति आस्थावान होने का

परिचय देते रहे हैं। हमारे देश में भक्तों की कमी नहीं है। हम हर समय अपने पर बड़ी तत्परता और सूझ-बूझ के साथ एकजुटता का परिचय देते हैं। हम धर्म, जाति एवं सम्प्रदाय की भावना से हटकर देश सेवा करते हैं और एक सच्चे देश भक्त होने का परिचय देते हैं। इस सन्दर्भ में 'वीर अब्दुल हमीद' का नाम प्रमुख है जिन्होंने मुस्लिम होने के बावजूद मुस्लिम देश पाकिस्तान के विरुद्ध लड़ते हुए सन् 1965 की लड़ाई में शत्रु के कई टैंक नष्ट किए। इसी प्रकार अन्य भक्तों ने समय-समय पर स्वदेश के प्रति अपने प्रेम का परिचय अपने प्राणों का न्यौछावर करके किया है। कारगिल इसका जीता जागता उदाहरण है। जहां सैकड़ों वीरों ने स्वदेश रक्षार्थ शौर्य का परिचय देते हुए वीरगति को प्राप्त हुए।

सत्य सम्भाषण

1. प्रस्तावना
2. सत्य बोलने का महत्व
3. सत्य बोलना एक तप है
4. सत्यवादी महापुरुष है
5. उपसंहार।

1. प्रस्तावना

सत्य बोलने वाला व्यक्ति परम तपस्वी व्यक्ति होता है। सत्य का सम्भाषण स्वयं में तपस्या है। सत्य के ही बल पर हरिश्चन्द्र और युधिष्ठिर जैसे महापुरुषों ने अपना नाम अमर किया। सत्य बोलने के महत्व के बारे में जितना कहा जाय वह कम है।

गोस्वामी तुलसीदास जी के अनुसार—

"धर्म न दूसर सत्य समाना"।

हमारे यहां जितने भी ऋषि, महर्षि, योगी-यती एवं महापुरुष हुए हैं सभी ने अपने जीवन में सत्य का अनुपालन किया है। सच्चाई एक तप ही है। सत्य सम्भाषण की महत्ता पर प्रकाश डालते हुए कबीरदास जी ने कहा है—

सांच बराबर तप नहीं
झूठ बराबर पाप।
जाके हृदय सांच हैं
ताके हृदय आप॥

अर्थात् सत्य सम्भाषण करना स्वयं में एक तप है जबकि झूठ बोलना पाप है। जो व्यक्ति सत्य बोलता है उसके हृदय में ईश्वर का वास होता है। मानव जीवन श्रेष्ठतम् है क्योंकि यह योनि सभी योनियों में सर्वोपरि है। ईश्वर मनुष्य की सर्वोत्तम कृति है। वह अपने बुद्धि के ही बल पर सभी जीव-जन्तुओं एवं पशुओं आदि पर अपना नियंत्रण स्थापित किये हुए हैं। मानव जीवन देवताओं के लिए भी दुर्लभ है। कहा गया है—

बड़े भाग मानुष तन पावा।

सुर दुर्लभ सद्ग्रंथहिं गावा॥

मानव जीवन की सार्थकता तो इसी में है कि वह सत्य का व्रत धारण करे और जीवन में उन्हीं आचरणों को करें जो उसे मुक्ति के द्वार तक पहुंचाने में सहायक हो।

2. सत्य बोलने का महत्व

सत्य सम्भाषण सबको प्यारी है। झूठ बोलने वाले व्यक्ति में आत्मविश्वास नहीं होता है। वह मरे हुए व्यक्ति के समान है। सत्य सम्भाषण करने वाला व्यक्ति सदैव सम्मान का पात्र होता है। उसकी सर्वत्र प्रतिष्ठा होती है। वह जो कुछ भी कहता है उसकी बात में वजन होता है। जीवन के लिए निम्नलिखित का अत्यन्त महत्वपूर्ण स्थान है—

शिष्टता

शीलता

विनम्रता

उदारता एवं

सत्य सम्भाषण।

संस्कृत के निम्न श्लोक से सत्य की महत्ता परिलक्षित होती है—

"सत्यं ब्रूयात, प्रियं ब्रूयात।" अर्थात् सत्य बोलें और प्रिय बोलें। सत्य महापुरुषों की शोभा है। वे सत्य धारण करके महान कार्य करने में सफल हो जाते हैं। उनमें ईश्वरीय शक्ति का संचार होता है। उनकी सम्पूर्ण इच्छायें परिपूर्ण होती हैं। यद्यपि सत्य व्रत धारण करने में विभिन्न कठिनायां आती हैं। क्योंकि सत्य का मार्ग अत्यन्त दुष्कर होता है। सत्य का पालन एक कठिन तपस्या है हमारे वैदिक साहित्य में सत्य की महिमा का विशद् वर्णन मिलता है। सत्य एक तप है।

सत्य के मार्ग में आने वाली बाधाओं से कभी घबड़ाना नहीं चाहिए क्योंकि सत्कार्यों में बाधाओं का आना स्वाभाविक है—

वह पथ क्या पथिक कुशलता क्या
जिस पथ पर बिखरे शूल न हों।
नाविक की धैर्य कुशलता क्या
यदि धाराएँ प्रतिकूल न हों॥

किसी विद्वान की उपरोक्त पंक्तियाँ इस बात की ओर संकेत करती है कि सत्कार्यों में बाधाएं स्वाभाविक रूप से आती हैं किन्तु उन बाधाओं से कभी घबड़ाना नहीं चाहिए अपितु ऐसी परिस्थिति में मनुष्य को उस भांति कार्य करना चाहिए जिस प्रकार एक कुशल नाविक विपरीत धाराओं में अपनी धैर्य एवं कुशलता का परिचय देता है।

स्वामी विवेकानन्द और रामकृष्ण परमहंस जैसे महापुरुषों ने सत्य की महत्ता पर विशेष बल दिया है। महात्मा गांधी ने सत्य के बल पर जो ख्याति अर्जित किया वह अद्वितीय है। सत्य, और ईमानदारी गांधी जी के आदर्श थे। उन्होंने अपने जीवन में सत्य ईमानदारी और अहिंसा का व्रत अपनाया। ईमानदारी को वे सर्वोत्तम नीति मानते थे। सभी धर्म कर्म सत्य से ही अभिप्रेरित होते हैं। सत्यानुरागी व्यक्ति की सभी मनोकामनाएं पूरी होती हैं। जितने भी ऋषि और महर्षि इस संसार में आयें सभी ने सत्य के मार्ग पर चलने के लिए प्रेरित किया और सत्य सम्भाषण पर बल दिया।

3. सत्य बोलना तप है

सत्य का सम्भाषण करना स्वयं में एक तप है। यद्यपि मानव जीवन में सत्य बोलना दुष्कर है क्योंकि हर पग पर सत्य बोलना पूर्णत: सम्भव नहीं है। जैसे कोई व्यवसायी व्यक्ति है वह सदा सत्य बोले तो उसका व्यवसाय जर्जर हो जाएगा किन्तु सत्य ईश्वरत्व की प्राप्ति का यह एक मार्ग है। सत्य, निष्ठा और ईमानदारी के बल पर ऐसे कार्य भी सम्पादित किए जा सकते हैं जो देखने में असम्भव प्रतीत होते हैं। सत्य एक धर्म है, स्वयं एक तप है। इस अनुष्ठान का बहुत महत्वपूर्ण स्थान है। इस व्रत का पालन करने वाला व्यक्ति सर्वत्र पूजा जाता है। सत्यानुराग एक तप है। यह मानव जीवन के महत्व एवं सार्थकता को निखारता है। यह आत्मसंस्कार का परिशोधन करता है।

आहार, काम, निद्रा, क्रोध, भय एवं मैथुन आदि सभी बातें मनुष्य की भांति पशु भी करते हैं किन्तु मनुष्य और पशु में जो अंतर है वह मानव की बौद्धिकता के कारण है। मानव एक चिन्तनशील प्राणी है। उसका आचार-विचार, व्यवहार बौद्धिक पराकाष्ठा उसे पशु से पृथक रखता है। उसमें उच्चकोटि की बौद्धिक सम्पदा है। उसमें गुणों का विविध रूप में समावेश किया गया है। किसी विद्वान ने ठीक ही कहा है—

"गुणो भूषयते रूपं,

गुणो भूषयते विद्यां,
गुणो भूषयते धनम् ॥

गुणों से पूर्ण मनुष्य सम्मान का पात्र होता है। गुणों से ही उसकी विलक्षणता दृष्टिगोचर होती है। शिष्टता, नम्रता, उदारता, संयमशीलता, धैर्य, सांच आदि सभी सद्गुण मानव जीवन के लिए अत्यन्त उपयोगी बताए गये हैं। सत्य सम्भाषण की महत्ता सर्वाधिक है। इस संसार में जितने भी महापुरुष हुए हैं सबने सत्य का व्रत अपनाया है।

सत्य एक साधना है। सत्य से सिद्धि की प्राप्ति होती है। यह मोक्ष की प्राप्ति का एक मार्ग है। सत्य विजय है। सत्य संयम है। सत्यव्रत का पालन करने वाला व्यक्ति कभी असफल नहीं होता। किन्तु सत्य का पालन करना कठिन है। किन्तु ज्ञातव्य है कि—

"सत्य परेशान होता है किन्तु पराजित नहीं"।

सत्य आध्यात्मिक उन्नति की प्राप्ति का एक साधन है। सत्य का अनुपालन करना एक महान कर्म है। सत्य की ही विजय होती है—

"सत्यमेव जयते"।

सत्य धर्म है। जो व्यक्ति धर्म की रक्षा करता है धर्म भी उसकी रक्षा करता है। इसे संस्कृत में निम्न प्रकार अभिव्यक्त किया गया है—

"धर्मो रक्षति रक्षितः"।

सत्य का अनुष्ठान करने वाला व्यक्ति सत्य की उसी प्रकार रक्षा करता है जिस प्रकार स्वप्राण की। सत्यवादी महापुरुष कभी असफल नहीं होता। जिसमें सत्य नहीं है वह परेशान होता है। उसे समाज में भी सम्मान नहीं प्राप्त होता है। वह अशांत रहता है। अशान्त व्यक्ति को सुख नहीं रहता—

"अशान्तस्य कुतः सुखम् ?"

4. सत्यवादी महापुरुष है

सत्यवादी व्यक्ति महापुरुष है। भला हरिश्चन्द्र को कौन नहीं जानता जिन्होंने सत्य की पराकाष्ठा प्राप्त किया—

चन्द्र टरै, सूरज टरै,
टरै जगत् व्यवहार।
पै दृढ़ हरिश्चन्द्र को,

टरै न सत्य विचार ॥

स्वामी विवेकानन्द, हरिश्चन्द्र एवं महात्मा युधिष्ठिर ने सत्यव्रत का अनुपालन करके असम्भव कार्य को सम्भव में परिणित करके दिखाया है। महात्मा गांधी का सम्पूर्ण विचार ही सत्य से ओत प्रोत था। उनका कहना था कि सत्य और अहिंसा परम धर्म है।

5. उपसंहार

हमारा यह परम कर्तव्य है कि हम सत्य के मार्ग का अनुसरण करें और अपने जीवन को सार्थक बनायें। सत्य भाषण करने से मन को शांति प्राप्त होती है। आचार-विचार पवित्र होता है। संयम और साधना दृढ़ होता है। लोक व्यवहार में अभिवृद्धि होती है। सत्य से ईश्वरत्व की प्राप्ति होती है। महाराजा हरिश्चन्द्र ने सत्य की रक्षा हेतु स्वयं को बेंच दिया, पत्नी और पुत्र को बेंच दिया और यातनाएं सहीं किन्तु सत्य से विचलित नहीं हुए। सत्यवादी ऋषियों से हमारा इतिहास परिपूर्ण है। सत्य बोलने से मनुष्य की आत्मा को सुख और शांति की प्राप्ति होती है। उसकी सर्वत्र सराहना होती है। माता पिता और गुरुजनों को वह प्रिय होता है। उसका चारित्रिक विकास होता है। विद्यार्थी जीवन में सत्य का अनुपालन अति आवश्यक है। जो विद्यार्थी सत्य का अनुपालन करता है उसे सर्वत्र सम्मान मिलता है। उसे निराशा कभी हाथ नहीं लगती है।

इसके विपरीत असत्यवादी व्यक्ति को समाज में सम्मान नहीं मिलता। वह समाज में हेय दृष्टि से देखा जाता है। वह असत्य सम्भाषण करके अपना वर्तमान जीवन तो निरर्थक करता ही है उसका परलोक भी प्रभावित होता है। असत्यवादी मनुष्य के चरित्र का पतन होता है। वह सत्य मार्ग से विमुख होकर पतनोन्मुख हो जाता है।

आदर्श मित्र

1. प्रस्तावना
2. मित्रता का अर्थ
3. मित्र का कर्तव्य
4. उपसंहार।

1. प्रस्तावना

जीवन में कोई व्यक्ति अकेला नहीं रह पाता क्योंकि उसका किसी न किसी व्यक्ति से लगाव हो जाता है जो उसके दुख-सुख एवं समस्याओं में हाथ बंटाता है। मनुष्य एक सामाजिक प्राणी है। उसे समाज में ही सामंजस्य के अनुसार जीवन-यापन करना है अत: किसी न किसी व्यक्ति से उसकी मित्रता होना स्वाभाविक है। मित्र, मित्र के लिए समर्पित मन से कार्य करता है। कर्ण और दुर्योधन की मित्रता सर्व विदित है। मित्रता के लिए उसने अपने प्राण को भी महाभारत की लड़ाई में न्यौछावर कर दिया। मित्रता करना तो सरल है किन्तु उसका निर्वाह करना कठिन है क्योंकि उसका निवार्ह ही महत्वपूर्ण है। मित्रता केवल भाव पर ही आधारित नहीं है। अपितु इसमें त्याग एवं बलिदान की भावना भी होनी चाहिए। मित्र को मित्र के दुख में दुखी होना चाहिए। गोस्वामी तुलसीदास जी ने लिखा है—

जे न मित्र दुख होहिं दुखारी।
तिनहिं बिलोकत पातक भारी॥

मित्र, मित्र के सुख में सुखी और उसके दुख में दुखी होता है। मित्र का यह कर्तव्य है कि वह मित्र को भटकने न दे अपितु उसे सदैव अच्छी बातें बताये और सत्कार्यों के लिए प्रेरित करे। यदि मित्र किसी कारणवश नाराज भी हो गया तो उसको खुश करने का प्रयत्न करना चाहिए। मित्र के अभाव में व्यक्ति समाज में अलगाव की अनुभूति करता है, अत: यदि समाज में रहना है तो किसी न किसी व्यक्ति को तो मित्र बनाना ही होगा।

मित्रता मनोविनोद और हास-परिहास की दृष्टि से भी आवश्यक है। मित्र का यह कर्तव्य है कि वह अपने मित्र को सहानुभूतिपूर्वक सत्परामर्श दे और उसकी उन्नति और उत्थान के लिए उसे प्रेरित करे।

मित्र का यह कर्तव्य है कि वह मित्र की तन, मन एवं धन से मदद करे और उसे विपत्ति से उबारे। रहीमदास ने लिखा है—

रहिमन सोई मीत है,
भीर परे ठहराय।
मथत-मथत माखन रहे,
दही मही बिलगाय॥

जिस प्रकार मछली और जल का सम्बन्ध होता है ठीक उसी प्रकार मित्र और मित्र का सम्बन्ध होता है। एक श्रेष्ठ मित्र का यह परम कर्तव्य है कि वह अपने मित्र को सदैव अच्छी सलाह दे।

2. मित्रता का अर्थ

मित्रता का तात्पर्य दो व्यक्तियों के आपसी सम्बन्ध से है जो अत्यन्त निर्मल एवं गहरा होता है। मित्रता का तात्पर्य अंतरंगता से है। किसी अंग्रेज विद्वान ने मित्रता की निम्न परिभाषा दी है—

"Friendship is one mind in two bodies."

अर्थात् मित्रता दो शरीर में एक आत्मा है।

वर्तमान समय में मित्रता केवल स्वार्थ हेतु किया जाता है। लोग मित्रता के आदर्श को भूल बैठे हैं। मित्रता अत्यन्त पवित्र भाव से संदर्भित है। इसका अत्यन्त महत्वपूर्ण प्रभाव होता है। यह भावनाओं का अदान-प्रदान है। यह सद्‌भावनाओं एवं शुभ विचारों का सामंजस्य है। यह प्रेरणास्पद है। यदि समाज में रहना है तो समाज के किसी न किसी व्यक्ति को मित्र बनाना ही होगा।

मित्र बुरे पथ का निवारण करता है और सद्‌मार्ग की ओर चलने के लिए प्रेरित करता है। मित्र गुण का प्रकटीकरण करता है तथा अवगुणों का विनाश करता है। महात्मा तुलसी ने इसी बात को निम्नवत् व्यक्त किया है—

कुपंथ निवारि सुपंथ चलावा।
गुण प्रकटहिं अवगुणहिं दुराना॥

मित्र, मित्र के लिए सदैव अच्छी बातें बताये उसके कल्याण की कामना करे तभी मित्रता का निर्वाह हो सकेगा। मित्र को विपत्ति में मित्र की मदद करनी चाहिए। मित्र को सदैव सन्मार्ग पर चलने के लिए

प्रेरित करना चाहिए। यदि उसमें कोई दुर्व्यसन और बुराई व्याप्त है तो उसे दूर करने का प्रयत्न करना चाहिए। क्योंकि मित्र इस भाव पर निर्भर है कि—

"मित्र है वही जो मित्र के लिए मरे।"

एक मित्र का यह परम कर्तव्य है कि वह अपने मित्र को न केवल सन्मार्ग दिखलाए अपितु संकटकालीन परिस्थितियों में उसकी सहायता करे। यदि मित्र अपने मित्र को संकटकालीन परिस्थिति में सहायता नहीं प्रदान करता है तो समझिए कि वह उसका सच्चा मित्र नहीं है।

भतृहरि नामक कवि के अनुसार मित्र के निम्न लक्षण हैं—

मित्र बुरे मार्ग पर चलने से रोकता है

सद्कार्यों में लगाता है

गोपनीय बातों को छिपाता है

गुणपरक बातों को प्रकट करता है

आपत्ति के समय साथ नहीं छोड़ता है।

3. मित्र का कर्तव्य

मित्र के कर्तव्य के बारे में जितनी बातें बताई जायें वे कम हैं। मित्र का यह कर्तव्य है कि वह अपने मित्र को सदैव अच्छी शिक्षा दे और उसे बुराई के मार्ग पर जाने से रोके। यदि मित्र बुराइयों के मार्ग पर चलने से नहीं रोकता है तो वह सच्चा मित्र नहीं है। मित्रता का निर्वाह भी एक साधना है। यह एक तप है। मैत्रीपूर्ण सम्बन्धों का निर्वाह एक प्रबल साधना है। मित्र को अपने मित्र के प्रति सहिष्णु होना चाहिए। सहिष्णुता, संवेदनशीलता और विनम्रता जैसे सदगुणों का मित्रता के सन्दर्भ में अत्यन्त महत्वपूर्ण स्थान है। जो मित्र मुंह पर मीठे वचन बोलता है किन्तु पीछे काम बिगाड़ता है वह मित्र नहीं है अपितु मित्र के वेश में घोर शत्रु है। वह उस घड़े के समान है जिसमें विष भरा हुआ है। गोस्वामी जी के अनुसार—

"विष रस भरा कनक घट जैसे।"

यदि मित्र छुप कर वार करता है तो उसकी मित्रता तत्काल त्याग देनी चाहिए। ऐसे मित्र को तत्काल छोड़ना चाहिए जो केवल स्वार्थ के वशीभूत हैं। संस्कृत के किसी विद्वान ने लिखा है—

परोक्षे कार्यहन्तारं,
सन्मुखे प्रियवादिनम्।
वर्जयेत् तादृश मित्रम्
विषकुम्भ पयोमुखम्: ॥

धीरज, धर्म, मित्र और नारी की समय-समय पर परीक्षा होती रहती है। गोस्वामी तुलसीदास जी ने रामचरित मानस में लिखा है—

धीरज धरम मित्र अरु नारी।
आपत्ति काल परिक्षहुं चारी ॥

सच्चा मित्र वही है जो अपने मित्र के लिए जरूरत पड़ने पर सर्वस्व परित्याग कर दे। कर्ण दुर्योधन का आदर्श मित्र था जिसने निःस्वार्थ भाव से अपने प्राण युधिष्ठिर के लिए न्यौछावर कर दिया।

आदर्श मित्र का यह कर्तव्य है कि वह अपने मित्र को निम्न के विषय में सुझाव दे—

(क) सत्कर्म
(ख) संयम
(ग) धैर्य
(घ) परोपकार एवं
(ड.) माता-पिता व गुरुजन तथा समाज की सेवा करने की सलाह दे।

यदि मित्र किसी कारणवश मित्र से खिन्न अथवा क्षुब्ध है तो उसे तत्काल खुश करने का प्रयत्न करना चाहिए क्योंकि मित्र स्वजन होता है। रहीमदास जी के अनुसार—

टूटे सुजन मनाइए,
जो रूठे सौ बार।
रहिमन पुनि पुनि पोहिए
टूटे मुक्ताहार।

अर्थात् मित्र या स्वजन यदि सौ बार भी रूठते हैं तो उन्हें मनाइए। उसी प्रकार जिस प्रकार मोती की माला टूटने पर पुनः बनाया जाता है।

मित्रता के बन्धन को कभी तोड़ना नहीं चाहिए। रहीमदास जी कहते हैं—

रहिमन धागा प्रेम का,
मत तोड़ो चटकाय।
तोड़े से फिर न जुटै,
जुटै गांठ पड़ जाय॥

4. उपसंहार

मित्रतापूर्ण सम्बन्धों का निर्वाह उभयपक्षीय होता है क्योंकि यह दोनों पक्षों के क्रियाकलाप से सम्बन्धित होता है। मित्र का यह कर्तव्य है कि वह अपने मित्र के प्रति सदैव अच्छी कामना करे। मित्रता भावों और विचारों का संगम है। यह अति पावन और मनभावन है। मित्रता करने के लिए कलुषित भावनाओं को हमें त्यागना पड़ेगा।

मैत्री सम्बन्धों के निर्वाह के लिए कुछ त्याग भी करना पड़ता है जैसे वह मित्र से कभी वाक् युद्ध न करे, आर्थिक सम्बन्ध अधिक न रखे, मित्र की पत्नी से मित्र की अनुपस्थिति में बातें न करें अन्यथा मित्रता में स्थायित्व नहीं आ सकेगा। इसी को संस्कृत के निम्न श्लोक द्वारा व्यक्त किया गया है—

यदीच्छेत् विपुलां प्रीतिं,
त्रीणी तत्र न कारयेत्।
वाग्विवादोऽर्थ सम्बन्धः
एकान्ते दारभाषणाम्॥

जीवन का कोई भी ऐसा क्षेत्र नहीं जहां मनुष्य को मनुष्य के सहयोग की जरूरत न पड़े। मित्र मित्र के काम को अपना काम समझकर पूर्ण करता है। किन्तु ज्ञातव्य है कि मित्रता सदैव रचनात्मक कार्यों को करने हेतु होनी चाहिए। यदि उसमें इस बात अथवा भाव की कमी है तो मित्रता स्थायी नहीं रहेगी। स्वार्थ की भावना से प्रेरित मित्रता बालुका भित्ति के समान है जिसमें स्थायित्व का अभाव होता है। मित्रता के लिए कुछ त्याग करना आवश्यक है। बिना त्याग की भावना के मित्रता निष्प्राण हो जाती है।

समय का सदुपयोग

1. प्रस्तावना
2. समय की महत्ता
3. समय का सदुपयोग
4. उपसंहार।

1. प्रस्तावना

अंग्रेजी में कहावत है—

"Lost time never regained". अर्थात् गया वक्त हाथ नहीं आता। समय के प्रत्येक क्षण महत्वपूर्ण हैं। समय का उपयोग करने वाले लोग ही समय के महत्व को जानते हैं, जिन लोगों ने समय के महत्व को परखा है और समय के अनुसार अपने कार्यों को पूर्ण किया है वे लोग ही अपने को तथा अपने जीवन को सार्थकता तक पहुंचाये हैं। समय का नन्हा सा भी क्षण स्वर्ण की भांति मूल्यवान है। खोई सम्पदा और धन सम्मान तो पुन: अर्जित किया जा सकता है किन्तु खोया हुआ समय कभी वापस नहीं हो सकता है। मनुष्य को समय के भीतर अपना सम्पूर्ण कार्य पूरा कर लेना चाहिए, यदि वह समय के साथ खिलवाड़ करता है तो समय भी उसे पीछे छोड़ देगा। समय के साथ सामंजस्य स्थापित करना परम आवश्यक है जिसने सयम को नहीं पहचाना उनके हाथ पश्चाताप के सिवाय कुछ भी नहीं लगता है।

जीवन क्षणभंगुर है। समय सीमित है। अत: समय के रहते मनुष्य को अपना सम्पूर्ण कार्य पूरा कर लेना चाहिए। जिसने समय की महत्ता को नहीं समझा समय उनको भी नहीं छोड़ेगा। मानव अपने खोये हुए स्वास्थ्य को तो प्राप्त कर सकता है किन्तु समय ग्वो जाने पर वह समय किसी भी भांति नहीं प्राप्त कर सकता। वर्षों के विलग हुए लोग मिल सकते हैं किन्तु समय का नन्हा सा गुजरा हुआ एक क्षण वापस नहीं आ सकता। समय अमूल्य है, इसका सदुपयोग करना हमारा कर्तव्य है। समय किसी की प्रतीक्षा नहीं करता अपितु हम समय की प्रतीक्षा करते हैं। समय से किया गया प्रत्येक कार्य अच्छा होता है, समय की गति में हमको सामंजस्य स्थापित करना चाहिए। आलसी लोग समय के महत्व को नहीं जानते। जिनमें आलस्य और निद्रा व्याप्त रहती है अत: वे दरिद्र बने रहते हैं।

जीवन में सफलता उन्हीं लोगों को प्राप्त हुई है जिन्होंने समय के महत्व को परखा है और समय के भीतर अपने कार्य को सम्पादित किया है। समय बहुत मूल्यवान है। इसकी महत्ता अद्वितीय है। समय का सदुपयोग करना स्वयं में एक तप है, एक साधना है। समय को व्यर्थ नहीं गंवाना चाहिए। समय के रहते मनुष्य को कोई भी काम भविष्य के लिए नहीं छोड़ना चाहिए।

2. समय की महत्ता

समय गतिमान है, इसी में इसकी महत्ता भी है। हमें समय से अपने सभी कार्य पूर्ण करना चाहिए। मनुष्य के जीवन में बड़ी विविधताएं हैं। समय के रहते हुए उसे अपने सभी कार्य पूर्ण कर लेना चाहिए। यद्यपि मनुष्य के जीवन में बहुत से कार्य करने को रहते हैं। फलतः समयाभाव वश वह आज का काम कल के लिए छोड़ देता है, किन्तु उसे यथासम्भव प्रयत्न करके आज का काम आज ही कर लेना चाहिए तभी तो वह सफल रहेगा और सफलता का रहस्य भी यही है। मानव जीवन एक यात्रा है जिसके कई पड़ाव है। इस यात्रा में समय का विशेष महत्व है, उसे भिन्न-भिन्न पड़ावों तक पहुंचने के पश्चात् अंतिम गन्तव्य स्थान तक पहुंचना होगा। अतः समय के रहते सभी कार्य पूरे श्रम और मनोयोग से कर लेना चाहिए। जिन्होंने समय से अपने कार्य नहीं किये वे लक्ष्य तक नहीं पहुंच पाएंगे क्योंकि समय किसी की प्रतीक्षा नहीं करता है।

समय की महत्ता पर प्रकाश डालते हुए कबीरदास जी ने कहा है—

काल करै सो आज कर,
आज करै सो अब।
पल में परलै होयगी,
बहुरि करैगो कब॥

कहने का अभिप्राय यह है कि जो काम हमें कल करना है बेहतर है कि हम उसे आज ही कर लें और आज करने वाले को यदि अभी करते हैं तो यह सर्वोत्तम होगा।

समय का महत्व सभी के लिए समान रूप से है। राजा-प्रजा, योगी, यती, ऋषि-मुनि, मूर्ख एवं विद्वान आदि सभी के लिए समय समान रूप से महत्वपूर्ण है। जितने भी महापुरुष हुए हैं उन्होंने समय

के मूल्य को परखा है।

3. समय का सदुपयोग

समय का सदुपयोग करने वाला व्यक्ति सफलता की मंजिल तक पहुंचता है। हमारे वैज्ञानिक समय के महत्व को परखते हैं और अपने खोज सम्बन्धी कार्य समय की मांग के अनुसार ससमय पर करते हैं। व्यक्ति को अपने स्वर्णिम समय को व्यर्थ ही नहीं गंवाना चाहिए। समय का हर क्षण मूल्यवान है। व्यक्ति को आलसी नहीं होना चाहिए क्योंकि आलसी व्यक्ति समय के महत्व को नहीं समझ पाता है। कहा गया है आलस्य मनुष्य का सबसे बड़ा शत्रु है। संस्कृत में यह निम्नवत् है—

आलस्यं हि मनुष्याणाम् शरीरस्थो महान रिपुः।

कहा गया है—

का बरसा जब कृषि सुखानी।

समय चूकि पुनि का पछतानी॥

समय का महत्व प्रत्येक व्यक्ति को भली प्रकार समझना चाहिए। समय से किया गया प्रत्येक कार्य महत्वपूर्ण होता है। यदि समय से बरसात न हो और फसल सूख जाय तो उस वर्षा का कोई महत्व नहीं होगा। बुद्धिमान व्यक्ति अपने अवकाश के क्षणों में भी कुछ न कुछ करते रहते हैं क्योंकि वे अपना समय यूं ही नहीं गंवाते बल्कि कोई न कोई कार्य करते रहते हैं। कुछ करते रहना ही समय का सदुपयोग है। किसी कवि ने लिखा है—

कुछ काम करो कुछ काम करो।

जग में रह कर कुछ नाम करो।

व्यक्ति को अपने हर क्षण को उपयोगी समझकर कार्य करना चाहिए। समय व्यतीत होते देर नहीं लगती है। समयचक्र परिवर्तनशील है। समय गतिशील है, जीवन क्षणभंगुर है। अतः मानव को अपने कार्य समय से पूरा करना चाहिए। गोस्वामी तुलसीदास जी ने लिखा है—

"समय जात नहिं लगहिं न बारा"। अर्थात् समय देखते-देखते व्यतीत हो जाता है।

हमारे ऋषियों महार्षियों का यह उद्घोष है—

"जागो, उठो, समय के मूल्य को परखो और कुछ करो।"

आजकल देखा जाता है कि मनुष्य अपने समय को यूं ही गवां दे रहा है। वह अपने मूल्यवान समय की परख नहीं कर पा रहा है। आज के नवयुवक अश्लील साहित्य के अध्ययन में विशेष रुचि रखते हैं। वे निरुद्देश्य घूमते हैं। गन्दी पुस्तके पढ़ते हैं और कुसंगति में पड़कर अपना समय यूं ही गवां देते हैं। ऐसे लोग देश भक्त नहीं हो सकते और न ही आगे चलकर कोई महान कार्य ही कर पाते हैं। उनमें देशभक्ति का भाव नहीं होता वे बुरी संगति में पड़कर अपना समय यूं ही नष्ट कर देते हैं। आचार्य शुक्ल ने कहा है कि कुसंग का ज्वर भयानक होता है। कुसंग के ज्वर से पीड़त व्यक्ति अकाल ही काल के गाल में चला जाता है।

समय का सदुपयोग करने वाला व्यक्ति सदैव अपनी उन्नति करता है। हमें अपने सभी कार्य समय से पूर्ण करना चाहिए। समय से सो कर उठना, समय से स्नान, समय से अध्ययन, समय से भोजन एवं समय से शयन करना चाहिए। जो व्यक्ति समय की परख नहीं करता है और समय के स्वर्णिम क्षणों को अनावश्यक गवां देता है, समय भी उसे बर्बाद करके ही छोड़ता है। प्रत्येक व्यक्ति को अपनी दिनचर्या नियमित और सुनिश्चित रखनी चाहिए। यदि समय से कृषि कार्य नहीं करेंगे तो हमारी फसलें अच्छी उपज नहीं देगी। यदि हम समय की तेज गति के साथ स्वयं को समायोजित नहीं करेंगे तो हम पीछे हो जाएंगे और जो व्यक्ति एक बार पीछे हो गया उसे आगे बढ़ने में बहुत समय लगता है।

विद्यार्थियों को अपने समय का बहुत ध्यान रखना चाहिए। उन्हें अपने नन्हें से क्षण को भी व्यर्थ नहीं गवांना चाहिए। विद्यार्थी राष्ट्र निर्माता हैं। वे भावी कर्णधार हैं। राष्ट्र की जिम्मेदारियां उन्हीं पर आती हैं। आगे चलकर उनसे महान कार्यों की अपेक्षा होती है, वे इस कार्य में तभी सफल होंगे और एक सच्चे देश सेवक एवं साधक के रूप में तभी देश सेवा करेंगे जबकि वे अपने समय का सदुपयोग करें।

हमारी शारीरिक, मानसिक और आध्यात्मिक उन्नति भी समय पर ही निर्भर है, यदि हम समय का उपयोग करेंगे तो समय हमें आगे बढ़ाएगा। हम देश और समाज के प्रति कतिपय जिम्मेदारियों से युक्त माने जाते हैं वे जिम्मेदारियां तभी पूरी हो सकेंगी जब हम समय के रहते अपने कर्तव्य को पूर्ण करें।

4. उपसंहार

समय की महत्ता पर जितना विस्तार के साथ चर्चा किया जाय वह कम है। समय अत्यन्त मूल्यवान है। समय के भीतर मनुष्य को सभी कार्य पूर्ण कर लेना चाहिए। जितने भी महापुरुष हमारे देश की पवित्र मिट्टी में जन्में, पले और बढ़े उन सब ने समय के भीतर चमत्कारी कार्य कर दिखलाये। वर्तमान युग विज्ञान के चमत्कार का युग है। हमारे वैज्ञानिक अपने समय का बड़ी सावधानी से उपयोग करते हैं। वे समय के प्रत्येक क्षण को व्यर्थ नहीं निकलने देते। इसी प्रकार कवि, कलाकार और साहित्यकार भी अपने समय का पूर्ण सदुपयोग करते हुए देश की सेवा कर रहे हैं। भारतेन्दु बाबू हरिश्चन्द्र ने अल्पायु में हिन्दी साहित्य की जो सेवा की वह समय के सदुपयोग का सुन्दर उदाहरण है। अत: हम सबको इनसे प्रेरणा लेकर समय के प्रत्येक क्षण का उपयोग रचनात्मक कार्यों के लिए करना चाहिए।

शिक्षा की आधुनिक प्रणाली

1. प्रस्तावना
2. प्राचीन व्यवस्था
3. आधुनिक शिक्षा
4. प्रभाव
5. उपसंहार।

1. प्रस्तावना

शिक्षा व्यक्तित्व का बहुमुखी विकास है। ऑग्ल मनोवैज्ञानिकों के अनुसार—

"Education is the all round development of personality."

दिया गया उपरोक्त विचार अक्षरशः सत्य है। शिक्षा एक ऐसा माध्यम है जिसके द्वारा हम अपने समाज एवं राष्ट्र की सेवा कर सकते हैं। शिक्षा सर्वतोत्मुखी विकास का मार्ग है। शिक्षित व्यक्ति समाज के दायित्व का भली प्रकार निर्वहन करता है। शिक्षित व्यक्ति समाज में रहकर रचनात्मक भूमिकाएं निभाएगा। शिक्षा वह माध्यम है जिसके द्वारा हम सुसभ्य नागरिक बनकर समाज की सेवा करते हैं। आर्थिक, सामाजिक एवं अन्य क्षेत्रों में जो विकास दृष्टिगोचर हो रहा है वह शिक्षा की ही देन है। शिक्षा से ही पूर्ण मानसिक शांति की प्राप्ति होती है। शिक्षित मनुष्य को हर जगह सम्मान प्राप्त होता है। शिक्षा से ही बौद्धिकता का विकास होता है।

शिक्षा बुद्धि के परिष्कार का एक माध्यम है। शिक्षा सत्य से असत्य को पृथक करने का एक माध्यम है। शिक्षित प्राणी विवेकशील होता है। शिक्षा आत्मिक शांति का साधन है। शिक्षा लोगों को अन्धकार से प्रकाश की ओर ले जाती है। अशिक्षित मनुष्य बिना सींग पूंछ का पशु है। शिक्षा प्राप्त व्यक्ति और अशिक्षित मनुष्य में पर्याप्त अंतर होता है। शिक्षा से मनुष्य विविध कार्यों का सम्पादन करता है। शिक्षा के महत्ता के विषय में जितना कहा जाय वह कम है क्योंकि शिक्षा ही एक ऐसा माध्यम है जो विकास के सर्वतोत्मुखी मार्ग को

प्रशस्त करता है।

2. प्राचीन व्यवस्था

प्राचीन काल में हमारी शिक्षा प्रणाली अत्यन्त कठोर थी। लोग गुरुकुलों में गुरुजनों के सान्निध्य में अध्ययन करने जाते थे। वे वहां पर बड़ी तपस्या के साथ साधनामय जीवन जीते हुए अध्ययन करते थे। गुरुकुलों और आश्रमों में जो शिक्षाएं दी जाती थीं उनका बड़ा महत्व था। विद्यार्थी गुरुजनों के प्रति समर्पण भाव से युक्त होते थे। उनमें त्याग की भावना होती थी। आश्रम व्यवस्था चार भागों में विभाजित था—

ब्रम्हचर्य

गृहस्थ

वानप्रस्थ

सन्यास।

पच्चीस वर्ष की आयु तक लोगों को ब्रम्हचर्य व्रत का अखण्ड रूप में पालन करते हुए शिक्षा ग्रहण करना पड़ता था। शिक्षा उन्हें गुरुकुलों एवं आश्रमों में मिलती थी। वे सघन वनों में जाते थे और योग्य गुरु के सान्निघ्य में रहकर अध्ययन करते थे। शिक्षा का चूंकि एक मात्र उद्देश्य पूर्ण ज्ञान की प्राप्ति था अतः गुरुजन उन्हें पूर्ण ज्ञान से परिपूर्ण बनाता था।

प्राचीन काल में विद्यार्थियों को संयम का पालन बड़ी कठोरता से करना पड़ता था। छात्र पूरे पच्चीस वर्ष तक ब्रम्हचर्य का पालन करता था और ज्ञान के अखण्ड ज्योति से स्वयं को लाभान्वित करता था। आश्रमों में विद्यार्थियों के बहुमुखी व्यक्तितत्व के विकास की ओर गुरुजनों का प्रयत्न रहता था। शिक्षा के सभी अंगों पर प्रकाश डाला जाता था, कला, साहित्य, चिकित्सा, युद्ध, नीति, वेद एवं शास्त्र आदि सभी शाखाओं की शिक्षा गुरुकुल में दी जाती थी। शस्त्र-शिक्षा तो बड़ी निपुणता एवं प्रमुखता के साथ दी जाती थी। जब विद्यार्थी पूर्णतः परिपक्व हो जाता था तो वह गुरु का आशीर्वाद प्राप्त करके एक विद्वज्जन की भांति सुयोग्य नागरिक बनकर अपने गृह लौट जाता था।

हमारे देश में प्राचीनकाल से ही वैदिक परम्पराओं के अनुसार शिक्षा दिया जाता रहा। राष्ट्र भाषा संस्कृत थी। प्राचीनकाल में हमारे यहां विश्वविद्यालयों की भी स्थापना हुई थी जिसमें बाहर के भी

विद्यार्थी आकर अध्ययन करते थे। नालन्दा, तक्षशिला जैसे अन्तर्राष्ट्रीय ख्याति प्राप्त विश्वविद्यालय हमारे यहां प्राचीन शिक्षा के केन्द्र थे जहां प्राचीनकाल में देश विदेश के लोग अध्ययन करने आते थे। किन्तु वर्तमान समय में शिक्षा की यह व्यवस्था पूरी तरह से विलुप्त हो गई है।

प्राचीनकाल में शस्त्र विद्या पर विशेष बल दिया जाता था। द्रोणाचार्य ने अर्जुन को शस्त्र विद्या में इस प्रकार निपुण किया था कि उनका मुकाबला न था। नीति धर्म एवं आचार-विचार की बातों की भी शिक्षा गुरुकुलों में दी जाती थी।

3. आधुनिक व्यवस्था

आधुनिक शिक्षा प्रणाली का विकास अंग्रेजी शासन काल से होता है। अंग्रेजों के शासन काल में 'ऐंग्लो वर्नाक्यूलर स्कूल' खोले गए और शिक्षा का माध्यम अंग्रेजी बनी और पहले की व्यवस्था पूरी तरह परिवर्तित हो गई। प्रत्येक देश का उत्थान वहां के शिक्षित नागरिकों पर रहता है। अंग्रेजों ने शिक्षा के क्षेत्र में काफी परिवर्तन कर दिया। वे हमारे वैदिक साहित्य एवं हमारी संस्कृति को नष्ट करना चाहते थे। अतः शिक्षा की सम्पूर्ण प्रणाली ही उन्होंने बदल दिया।

अंग्रेजी हुकूमत अपना शासन प्रणाली हमारे यहां चुस्त दुरुस्त करने के पश्चात् यह व्यवस्था कायम करना चाहती थी कि यहां के साहित्य को सम्पूर्ण रूप में नष्ट कर दिया जाय और पहले की व्यवस्थाओं में अमूलचूल परिवर्तन कर दिया जाय। अंग्रेज लोग यह चाहते थे कि भारत अधिक दिनों तक गुलाम बना रहे और उनके अधीन रहे। उनके समय में अंग्रेजी काम काज की भाषा बनी। आधुनिक शिक्षा के क्षेत्र में शायद सर्वाधिक महत्वपूर्ण योगदान लार्ड विलियम बेंटिंग ने दिया। लार्ड बेंटिक के ही समय अंग्रेजी भाषा को राष्ट्र भाषा का दर्जा मिला था। लार्ड मैकाले उस समय का एक महान शिक्षाविद् था। वह भारतीयों की मनोवृत्ति से पूर्णतः अवगत था। किन्तु इस समय भारतीयों को अच्छे पदों पर नहीं रखा जाता था क्योंकि अफसर के पदों पर केवल अंग्रेज ही रखे जाते थे। उच्चकोटि की शिक्षा ग्रहण करने वाले भारतीय जन क्लर्क तक ही सीमित रहते थे। अंग्रेजों की यह नीति थी कि भारतीयों को अफसर के पदों पर न रखा जाय। वे हम भारतीयों से घृणा करते थे। वे यह नहीं चाहते थे कि उच्च शिक्षा प्राप्त भारतीय नागरिक अंग्रेजी शासन में अच्छे पद पर

पहुंचे।

अंग्रेजों के शासन काल में सन् 1856 में तीन विश्वविद्यालयों की स्थापना हुई। पंजाब विश्वविद्यालय, कलकत्ता विश्वविद्यालय एवं बम्बई विश्वविद्यालय। तीनों प्रेसीडेंसियों में तीन विश्वविद्यालय स्थापित किए गए।

देश जब आजाद हुआ तो हमें ऐसी शिक्षा पद्धति की अपेक्षा हुई जो हमारे देश की व्यवस्था के अनुरूप हो। देश में हिन्दी माध्यम में शिक्षा देने का कार्य आरम्भ हुआ। सरकार ने प्राथमिक स्तर की शिक्षा नि:शुल्क कर दिया। भविष्य में नार्मल स्कूल खोले गये। शिक्षा के विकास ने गति पकड़ा। स्वास्थ्य एवं तकनीकी शिक्षा हेतु विभिन्न विश्वविद्यालयों से सम्बद्ध इंजीनियरिंग एवम् मेडिकल कॉलेज खोले गये। बेसिक शिक्षा के क्षेत्र में क्रांतिकारी सुधार हुआ। गांवों-गांवों, नगरों-नगरों में शिक्षा की लहर दौड़ पड़ी। विभिन्न पुस्ताकालयों एवं वाचनालयों की स्थापना की गई और जागरूकता अभियान चलाये गये। प्रौढ़ शिक्षा के क्षेत्र में भी कांफी विकास हुआ।

धीरे-धीरे समस्त देश में शिक्षा के क्षेत्र में क्रांतिकारी सुधार हुआ। इस दिशा में जय प्रकाश नारायण एवं अन्य देश भक्तों ने अपना महत्वपूर्ण योगदान प्रदान किया। राष्ट्रपिता महात्मा गांधी हिन्दी में शिक्षा प्रसार के समर्थक थे। वास्तव में किसी भी राष्ट्र के विकास में वहां के शैक्षिक स्तर का बहुत बड़ा हाथ होता है। शिक्षित लोग समाज को नयी दिशा प्रदान करते हैं। वर्तमान शिक्षण प्रणाली सन्तोषजनक है किन्तु बेरोजगारी का जो दृश्य देखने को मिलता है उससे बड़ी निराशाजनक स्थिति सामने आ गई है। देश की राजनीतिक स्थिति इसके लिए पूरी तरह से जिम्मेदार है। लोगों का आकर्षण विदेशों की ओर है। हमारे यहां का बौद्धिक तबका यथा डॉक्टर, इंजीनियर, वैज्ञानिक विदेशी आकर्षण का शिकार हो रहा है। यह दुर्भाग्यपूर्ण स्थिति कैसे रोका जाय यह ज्वलन्त प्रश्न है।

4. उपसंहार

निष्कर्ष रूप में कहा जा सकता है कि वर्तमान शिक्षा प्रणाली यद्यपि सन्तोषजनक है किन्तु इसकी अच्छाइयों में ही कुछ कमियां समायी हुई हैं। देश का पढ़ा-लिखा और उच्च शिक्षा प्राप्त नव युवक

आज भीड़ के उस अनिश्चित चौराहे पर खड़ा है जहां उसे दुर्घटना के सिवाय कुछ भी नहीं मिलना है। राजीव गांधी ने सन् 1986 में नई शिक्षा नीति का सूत्रपात्र किया किन्तु इसका कोई सकारात्मक परिणाम सामने न आया। नयी शिक्षा नीति पर सरकार का राजनैतिक चेहरा पूरी तरह बेनकाब है। नवीन शिक्षा नीति के सन्दर्भ में केवल गोष्ठियों और समारोहों का आयोजन हो रहा है कोई सकारात्मक कार्य नहीं हो पा रहा है क्योंकि लोगों में कर्मठता का अभाव है। यद्यपि अब तो शिक्षण संस्थाओं की भीड़ सी उमड़ गई है फिर भी साक्षरता दर उतनी नहीं है जितनी होनी चाहिए। इसके लिए सरकार को ग्रामीण स्तर से जागरूकता अभियान चलाना चाहिए।

स्वालम्बन का महत्व

अथवा

आत्म निर्भरता

अथवा

स्वालम्बन की झलक

1. प्रस्तावना
2. स्वालम्बन का महत्व
3. समाज कल्याण
4. उपसंहार।

1. प्रस्तावना

स्वालम्बन में सबसे बड़ा सुख समाया हुआ है। स्वावलम्बी व्यक्ति का जीवन संघर्षपूर्ण किन्तु सुखी होता है। स्वावलम्बी पुरुष का जीवन स्वाभिमान का जीवन होता है। परतंत्रता सबसे बड़ा कष्ट है जबकि स्वतंत्रता सबसे बड़ा सुख है। दूसरों पर निर्भर रहने वाले व्यक्ति की स्वतंत्रता कैद सी रहती है। वह अपने को अलगाव की ओर प्रवृत्त कर लेता है। स्वावलम्बनपूर्ण जीवन का कोई मुकाबला नहीं है। मानव को ईश्वर ने बुद्धि का खजाना देकर भेजा है। वह अपने बुद्धि-विवेक के बल पर बड़े से बड़े कार्य करके दिखलाता है। वह अपने बौद्धिक बल पर ही संसार में जाना जाता है और धरती के सभी प्राणी उसके अधीन होते हैं। स्वावलम्बन का अत्यंत महत्वपूर्ण स्थान है। जिस देश में स्वालम्बी लोग रहते हैं उस देश में सुख शांति में अभिवृद्धि होती है। स्वावलम्बन के अभाव में विभिन्न प्रकार के अपराध पूर्ण घटनाएं प्रकाश में आती हैं। जहां स्वावलम्ब को महत्व नहीं दिया जाएगा वहां बेरोजगारी बढ़ेगी और बेरोजगारी बढ़ने पर लूट पाट, हिंसा एवं अन्य अपराध स्वाभाविक रूप से बढ़ेंगे।

स्वावलम्बी मनुष्य असम्भव कार्य सम्भव में बदल कर दिखाता है। उसमें उत्साह एवं कर्मठता होती है। वह अकर्मण्य और आलसी नहीं होता है। आलसी लोग अपना जीवन तो नष्ट करते ही हैं वे राष्ट्र के भी नाम पर कलंक होते हैं। आलसी व्यक्ति अशान्त चित्त वाला व्यक्ति है और अशान्त चित्त वाले व्यक्ति को सुख कहां है। वह सुख प्राप्त ही नहीं कर सकता। उसे सम्पूर्ण जीवन निराशा ही हाथ लगती

है। संस्कृत का निम्न श्लोक इस सन्दर्भ में प्रासंगिक है—

"अशान्तस्य कुतः सुखम्॥"

स्वालम्बी व्यक्ति का जीवन सन्तोष से परिपूर्ण होता है और जिस व्यक्ति का जीवन संतोष से पूर्ण हो जाता है। उसकी इच्छाएं संतृप्त हो जाती हैं और उसे किसी चीज की अपेक्षा नहीं रहती है—

गजधन गोधन बाजि धन,
और रतन धन खान।
जब आवे सन्तोष धन,
सब धन धूलि समान॥

2. स्वावलम्ब का महत्व

स्वावलम्ब के महत्व के बारे में जितना कुछ कहा जाय वह कम है। स्वावलम्बी पुरुष की हर इच्छाएं ईश्वर पूरी करता है। अतः प्रत्येक मनुष्य को स्वावलम्बी होना चाहिए। स्वालम्बन जैसा सद्‌गुण विकसित करके मनुष्य बड़े से बड़े कार्य कर सकता है। दूसरों का आश्रय बहुत कष्टकर होता है। स्वाभिमानी व्यक्ति स्वावलम्बी होता है। दूसरे की आशा मृगतृष्णा के जल की भांति है। जिस प्रकार मृग जल की तलाश में परेशान रहता है ठीक उसी प्रकार वे लोग परेशान होते हैं जो दूसरों पर आश्रित होते हैं। प्रत्येक व्यक्ति को स्वावलम्बी होना चाहिए। जो व्यक्ति स्वावलम्बी होता है और स्वयं की मदद करने में योग्य होता है ईश्वर भी उसी की ही मदद करता है—

"God helps those who help themselves."

व्यक्ति को अनुद्योगी नहीं होना चाहिए। उसे कुछ न कुछ करते रहना चाहिए। स्वावलम्बन से मनुष्य के हृदय में स्फूर्ति जागृत होता है और उसका सारा मनोरथ पूर्ण होता है। ऐसा कोई कार्य नहीं है जो स्वावलम्बी व्यक्ति पूर्ण न कर सकता हो। स्वावलम्बी मानव सदैव सुख की अनुभूति करता है। वह सदैव किसी न किसी कार्य में अपने को व्यस्त पाता है। स्वावलम्बी को सफलता और असफलता दोनों में बराबर सुखानुभूति होती है। छोटी-मोटी असफलताओं से वह घबराता नहीं है। वह सदैव परिश्रम को महत्व देता है। उसे सन्तोष में सुख मिलता है। वह यश को प्राप्त होता है। उसकी जिज्ञासायें ईश्वर सन्तुष्ट करता रहता है। समाज में उसका सम्मानजनक स्थान कायम रहता है।

उदाहरण के लिए परिश्रमी व्यक्ति यदि कोई अच्छा कार्य अपने श्रम और शौर्य के बल पर करता है तो पड़ोसी उसकी प्रशंसा अवश्य करेगा।

महाराणा प्रताप को भला कौन नहीं जानता। हमें उनका इतिहास पढ़ाया जाता है। वे आदर्श पुरुष थें। उनका सब कुछ चला गया किन्तु अपने आन की रक्षा के लिए वे अकबर के सामने झुके नहीं। यह उनके स्वाभिमान और स्वावलम्बन का जीता जागता उदाहरण है। जिस समय उनका साम्राज्य छिन गया और मुगल साम्राज्य के अधीन हो गया इन्हें दर-दर की ठोकरे खानी पड़ी। बच्चे घास की रोटी खाए और कभी भूखें भी सोयें किन्तु महाराजा राणा प्रताप मुगल सम्राट के सामने नतमस्तक नहीं हुए। उन्होंने अपने स्वाभिमान की रक्षा की। वे झुके नहीं। उनके स्वावलम्बन और स्वाभिमान की प्रशंसा स्वयं मुगल बादशाह ने किया और ससम्मान उनके कुछ राज्यों को वापस भी किया।

स्वाभिमानी व्यक्ति के व्यक्तित्व में ओज होता है और उनके चेहरे पर दृढ़ता और विश्वास की झलक होती है। वे विषम से विषम परिस्थितियों मे अपना साहस नहीं छोड़ते क्योंकि उनमें स्वाभिमान कूट-कूट कर भरा होता है। स्वावलम्बी व्यक्ति किसी के सामने हाथ नहीं फैलाता। हमारे देश का इतिहास गौरवमयी है जिसमें उन महापुरुषों का वर्णन हम पाते हैं जो स्वावलम्बी और आत्मनिर्भर थे। महाराजा प्रताप की भांति छत्रपति शिवाजी भी थे। इनमें स्वाभिमान एवं स्वावलम्बन कूट-कूट कर भरा था। मुगलों से छिड़ी लड़ाई में ये अपने स्वाभिमान को धक्का नहीं पहुंचाए और बड़ी तत्परता के साथ अपने राज्य और प्रजा की रक्षा किए।

स्वावलम्बन में अनेक बाधाएं एवं कष्ट भी आते हैं किन्तु इससे घबड़ाना नहीं चाहिए। वास्तव में यह तो परीक्षा की घड़ी होती है। स्वावलम्बी मनुष्य की प्रत्येक क्षण परीक्षा होती है। वह सदैव प्रतियोगिता की दौर में रहता है। उसका जीवन प्रतिस्पर्धात्मक होता है। वह सदैव नवीन कार्यों के सम्पादन में व्यस्त रहता है।

गोपाल कृष्ण गोखले, स्वामी दयानन्द सरस्वती, बाल गंगाधर तिलक, विपिनचंद पाल, लाला लाजपत राय ये सब स्वाभिमानी और स्वावलम्बी पुरुष थे। इन्होंने विदेशी शासन में स्वावलम्बन और आत्म-निर्भरता की शिक्षा दी है और विदेशी वस्तुओं का बहिष्कार किया

है।

महात्मा गांधी ने इस दिशा में अत्यन्त महत्वपूर्ण कार्य किया वे सदैव आत्म निर्भर होने की सलाह देते रहे। अंग्रेजों के सामने स्वाभिमान के विरुद्ध कभी झुके नहीं। हमारा देश महापुरुषों का देश है। स्वाभिमानियों और बलिदानियों का देश है जिन्होंने अपने आन-मान की रक्षा की है। स्वाभिमान और स्वावलम्बन विकास के लिए भी महत्वपूर्ण हैं।

3. समाज कल्याण

स्वावलम्बी व्यक्ति समाज कल्याण की भावना से प्रेरित होता है। उसमें अपने विकास के साथं समाज के लोगों के कल्याण की भावना रहती है। स्वावलम्बी व्यक्ति अपने स्वावलम्बन से समाज कल्याण करता है। विदेशों में कोई चीज बनने पर उसकी उपलब्धि न होने पर हमारे देश के वैज्ञानिक तुरन्त उस चीज का निर्माण करने लगते हैं और निर्मित वस्तु से समाज का कल्याण होता है।

4. उपसंहार

स्वावलम्बन प्रत्येक दृष्टि से महत्वपूर्ण है। स्वावलम्बन के अभाव में देश की आर्थिक तरक्की अवरुद्ध हो जाती है। यदि देश को विकास का नया आयाम प्रदान करना है तो हमें स्वावलम्बी बनना होगा। हमारे देश में स्वावलम्बन का महत्व पूरी तरह स्पष्ट है क्योंकि हम विकास के सभी क्षेत्रों में आत्म निर्भर हो रहे हैं। खाद्यान्न के क्षेत्र में हम पूर्णतः आत्म निर्भर हैं बल्कि दूसरे देशों को आयात करते हैं। हम तकनीकी वस्तुओं के निर्माण के क्षेत्र में भी आत्म निर्भर हो रहे हैं। हम दिन-प्रतिदिन तरक्की कर रहे हैं। हमारी व्यवस्थाएं निरन्तर उच्चता को प्राप्त हो रही हैं। परमाणु शक्ति के क्षेत्र में भी हम आत्म-निर्भरता की ओर हैं।

हमें हमारी संस्कृति आत्म निर्भर एवं स्वावलम्बी होने की शिक्षा देती है। यदि हम स्वावलम्बी बनेंगे और कठोर परिश्रम करेंगे तो इसका रचनात्मक प्रभाव हमारी अर्थ व्यवस्था पर पड़ेगा। किन्तु राजनैतिक हालात से हमारी व्यवस्थाएं व्यावधानित हो जाती हैं अन्यथा हम हर क्षेत्र में आत्म निर्भर हो जाते।

विद्यार्थी जीवन एवं ब्रम्हचर्य की महत्ता

1. प्रस्तावना
2. ब्रह्मचर्य की महत्ता
3. विद्यार्थी जीवन एवं ब्रम्हचर्य
4. उपसंहार।

1. प्रस्तावना

विद्यार्थियों के लिए ब्रह्मचर्य व्रत का पालन करना परम आवश्यक है। विद्या के अभ्यास के लिए एवं ईश्वरत्व की प्राप्ति के लिए जिस व्रत का आचरण किया जाता है वह ब्रम्हचर्य है। पूर्व में चार आश्रम बनाये गए थे—

ब्रह्मचर्य आश्रम में पुरुषों को गुरुजनों के आश्रम में रहकर अध्ययन करना पड़ता था। ब्रह्मचर्य के नियम अत्यन्त कठोर थे। ब्रह्मचर्य आश्रम सारे आश्रमों की आधारशिला थी। ब्रह्मचर्य आश्रम के पश्चात् गृहस्थ आश्रम में प्रवेश किया जाता था। विद्यार्थियों का यह परम कर्तव्य है कि वे विद्यार्थी जीवन में ब्रह्मचर्य व्रत का कठोरता के साथ पालन करे। ब्रह्मचर्य का तात्पर्य इन्द्रिय संयम से है। प्राचीन काल में बालक और बालिकाएं अलग-अलग अपने गुरुकुलों में विद्याभ्यास करते थे। जब तक वे ब्रह्मचारी एवं ब्रह्मचारिणी रहते थे परस्पर स्त्री-पुरुष दर्शन, स्पर्शन, एकान्त सेवन, सम्भाषण, विषय कथा, परस्पर क्रीड़ा विषय का ध्यान और परस्पर संग सभी कुछ मना था।

ब्रह्मचर्य का अर्थ ईश्वर अथवा विद्या से है। जो आचरण ईश्वर अथवा विद्या के लिए किया जाता है उसका नाम ब्रह्मचर्य है। वर्तमान परिप्रेक्ष्य में ब्रह्मचर्य का तात्पर्य वीर्य रक्षा से है। वीर्य रक्षा मनुष्य का प्रधान कर्तव्य है। मनुष्य जो भोजन करता है उससे कई प्रकार का रस तैयार होता है इसके बाद वीर्य तैयार होता है। वीर्य मनुष्य के शरीर का तेज है। मनुष्य के शरीर का तेज अथवा ओज जब नष्ट हो जाता है, तब वह मृत हो जाता है। आयुर्वेद में इसे निम्न प्रकार वर्णित किया गया है—

ओजस्तु तेजो धातूनां,
शुक्रान्तानां परं स्मृतम्।
हृदयस्थापि व्यापि,

देह स्थिति निबन्धनम् ॥

वीर्य रक्षा करने वाले मनुष्य के चेहरे पर विशिष्ट प्रकार का ओज होता है। वीर्य की अधिकता का प्रभाव सम्पूर्ण शरीर पर होता है। जब वीर्य नष्ट हो जाता है तब शरीर भी नष्ट हो जाता है।

2. ब्रह्मचर्य की महिमा सभी सद्ग्रंथों में वर्णित है।

ब्रह्मचारी मनुष्य अपने जीवन काल में असम्भव कार्य को भी सम्भव में बदलकर दिखाता है। ब्रह्मचर्य के बल पर लोग मृत्यु तक को जीत लेते हैं। वेद में इसे तप बताया गया है—

ब्रह्मचर्येण तपसा देवा मृत्युमुपाघ्नात।

अर्थात् ब्रह्म्चर्य और तप के बल पर देवता लोग मृत्यु को भी जीत लेते हैं। मनुष्य की कोई भी कामना ब्रह्मचर्य व्रत का पालन करने पर पूर्ण हो जाता है। ब्रह्मचर्य व्रत का आजीवन पालन करने के कारण ही पितामह भीष्म संसार में जाने जाते हैं और उन्होंने भगवान कृष्ण की भी प्रतिज्ञा को भंग करवा दिया था। यह उनके साधना एवं तप की ही देन है। हमारे वैदिक ग्रंथों में यह उल्लेख किया गया है कि हम जो आहार प्रतिदिन नियमित एक माह तक करते हैं तो मास के अंतिम दिन वीर्य तैयार होता है। वीर्य की पूर्ण यत्न से रक्षा करनी चाहिए।

पंतजलि ने अपने योगसूत्र में लिखा है—

ब्रह्मचर्य प्रतिष्ठायां वीर्यलाभः।

अर्थात् ब्रह्मचर्य की प्रतिष्ठा से बल वीर्य की प्राप्ति होती है। वीर्य को नष्ट करने वाले आठ प्रकार के मैथुन विद्वानों द्वारा बताये गये हैं—

दर्शनम् स्पर्शनं केलिः प्रेक्षणं गुह्यभाषणम्।

संकल्पोऽध्यवसायश्च क्रियानिष्यतिरेव च ॥

एतत्मैथुनमष्टांग प्रवदन्ति मनीषिणम्।

विपरीतम् ब्रह्मचर्य गह्यान्तन्न कदांचन ॥

अर्थात् दर्शन, स्पर्श, केलि, नेत्र कटाक्ष, एकान्त में सम्भाषण, संकल्प, प्रयत्न कार्यनिष्यन्ति ये आठ प्रकार के मैथुन हैं।

गौतम ऋषि के अनुसार—

आयुस्तेजो बलं वीर्य,

प्रज्ञां श्रीश्च महद्यशः।

पुण्यं च सुप्रीतियत्वं च हन्यतेऽब्रह्मचर्या॥

अर्थात् ब्रह्मचर्य न धारण करने से आयु, बल, वीर्य, बुद्धि, लक्ष्मी और तेज की प्राप्ति नहीं होती है।

हमारे सद्ग्रंथों में हमें यह उपदेश दिया गया है—

"महाजनो येन गतः सपंथा।"

अर्थात् हमें उस पथ का अनुसरण करना चाहिए जिस पथ पर महापुरुष लोग चले हैं। हमें ब्रह्मचर्य व्रत का पालन करने की शिक्षा हमारे सद्ग्रंथों से मिलती है। ब्रह्मचर्य के ही बल पर लक्ष्मण ने महाबली मेघनाद का वध किया था।

अर्जुन ने जब चित्ररथ को जीत लिया तो चित्ररथ ने कहा—

ब्रह्मचर्य परमोधर्मः

स चापि मिष्टस्त्वयि।

यस्मातस्मादर्ह पार्थ,

रणेऽस्मिन् विजितस्त्वया॥

अर्थात् हे पार्थ! ब्रह्मचर्य ही परम धर्म है। तुम्हें इसका साधन करना चाहिए। इसका तुमने प्रबल साधना किया है। परिमणास्वरूप तुमने मुझे युद्ध में पराजित किया।

ब्रह्मचर्य की जितनी महिमा वर्णित किया जाय वह कम है। ब्रह्मचारी व्यक्ति अपना जीवन सफल बनाता है।

ब्रह्मचर्य का व्रत न पालन करने से क्या हानि होती है इसके विषय में गौतम ऋषि जी ने इस प्रकार कहा है—ब्रह्मचर्य का व्रत न करने वाला व्यक्ति महायश, पुण्य एवं प्रताप आदि से वंचित हो जाता है।

ब्रह्मचर्य का तात्पर्य यह नहीं है कि विद्यार्थी केवल विवाह के पूर्व तक ही ब्रह्मचर्य व्रत का पालन करे अपितु इसका तात्पर्य यह है कि वह विवाहोपरान्त भी कर्म, वचन और ध्यान के द्वारा ब्रह्मचर्य व्रत का पालन करे। ब्रह्मचर्य का तात्पर्य यह नहीं है कि स्त्री का सर्वथा त्याग कर दिया जाय। स्त्री-प्रसंग के साथ भी व्यक्ति ब्रह्मचारी जीवन जी सकता है। किन्तु स्त्री-प्रसंग सिर्फ सन्तानोत्पत्ति के लिए किया जाना

चाहिए। यदि कोई व्यक्ति इन्द्रिय सुख के लिए अपने वीर्य को नष्ट करता है तो वह अपने जीवन के साथ कुठाराघात करता है।

जितने भी ऋषि, मुनि, योगी, यती साधक एवं तपस्वी हुए हैं सभी ने अपने जीवन में साधना किया है।

3. विद्यार्थी जीवन एवं ब्रह्मचर्य

विद्यार्थी जीवन में ब्रह्मचर्य का अत्यन्त महत्वपूर्ण स्थान है। ब्रह्मचर्य के विषय में कहा गया है—

"ब्रह्मचर्य ही जीवन है और वीर्य स्खलन मृत्यु है।"

"Celebasy is life and sexvaity is death"

विद्यार्थी ब्रह्मचर्य के महत्व को न समझ कर अपने वीर्य को नष्ट करके वे अकाल ही काल के गाल में चले जाते हैं। ब्रह्मचर्य का पालन करने का अत्यन्त सुखद परिणाम होता है। ब्रह्मचारियों की सन्तानें तेजस्वी होती हैं। ब्रह्मचारियों को चाहिए कि वे धैर्य एवं संयम से कार्य करें। किसी भी सुन्दर वस्तु के तरफ उनका आकर्षण नहीं होता है, ब्रह्मचारी व्यक्ति सत्कार्यों में ही अपना सम्पूर्ण समय व्यतीत कर देता है। विद्यार्थी को सब प्रकार का सुख त्याग करके ब्रह्मचर्य का पालन करना चाहिए। विदुर-नीति में कहा गया है—

सुखार्थिनः कुतो विद्या कुतो विद्यार्थिनः सुखम्।
सुखार्थी वा त्यजेद्विद्यां विद्यार्थी वा त्यजेत्सुखम्॥

अर्थात् सुख चाहने वाले को विद्या कहां और विद्या चाहने वाले को सुख। दोनों में बड़ा भेद है।

ब्रह्मचर्य व्रत का पालन करने वाला विद्यार्थी अपना जीवन सफल बनाता है। ब्रह्मचारी में क्रोध नहीं होना चाहिए। गोस्वामी तुलसीदास जी ने कहा है—

"काम क्रोध मद लोभ सब नाथ नरक के पंथ।"

महाराज मनु ने ब्रह्मचारियों के लिए सुन्दर मार्ग दर्शन प्रस्तुत किया है—

ब्रह्मचारियों को उत्तम जीवन व्यतीत करना चाहिए उन्हें मद्य, मांस, इतर-फुलेल, माला रस-स्वाद, स्त्री संग आदि से दूर रहना चाहिए।

4. उपसंहार

ब्रह्मचर्य व्रत का पालन करना हमारा परम कर्तव्य है। वीर्य का एक बूंद मनुष्य का जीवन है। कहा गया है कि—

"मरणं बिन्दुपातेन जीवनं बिन्दुधारणात्।"

अर्थात् वीर्य का एक बूंद रक्षित करना जीवन है जबकि वीर्य का एक बूंद भी नष्ट कर देना मृत्यु के समान है।

स्वामी रामतीर्थ जी महाराज कहते थे कि मनुष्य दो प्रकार के रक्तों से युक्त है एक लाल रक्त है जो मामूली रक्त है और दूसरा सफेद रक्त है जो वीर्य है। वीर्य रक्षा ही जीवन है। इसे हमें क्षणिक सुख के लिए यूं ही नष्ट न करना चाहिए। वीर्य की रक्षा करने वला व्यक्ति महाबली होता है। उसका मुख मंडल तेजयुक्त होता है।

मनुष्य के शरीर से थोड़ा सा भी लाल रक्त निकल जाता है तो उसे बहुत कष्ट होता है और वह पश्चाताप के साथ कहता है कि मेरे शरीर का रक्त निकल गया परन्तु सफेद रक्त अर्थात् वीर्य जो शरीर का तेज है जिसे हम क्षणिक सुख के लिए निकाल देते हैं परम दुख की बात है।

वीर्य रक्षा न करने से आज कितने होनहार नवयुवक अकाल ही काल के गाल में जा रहे हैं। वे अपने तेज को नष्ट कर रहे हैं। हमारा देश महापुरुषों का देश है। यहां हनुमान जी, परशुराम, कर्ण, भीष्म और लक्ष्मण जैसे महा तेजस्वी अवतरित हुए और अपने सत्कर्मों के बल पर जाने गये।

निरक्षरता एक कलंक

1. प्रस्तावना
2. निरक्षरता का प्रभाव
3. निरक्षरता उन्मूलन एवं
4. उपसंहार।

1. प्रस्तावना

निरक्षरता समाज के लिए एक धब्बा है। निरक्षर व्यक्ति समाज में सम्मान नहीं पाता। जिस राष्ट्र में बड़े-बड़े ऋषि, मुनि, महर्षि पैदा हुए हैं। जहां ऋग्वैदिक एवं वैदिक काल में उच्चकोटि के ग्रंथों का प्रणयन हुआ हो। जहां की शिक्षा और संस्कृति की प्रशंसा सम्पूर्ण विश्व में हो वहां यदि निरक्षरता व्याप्त है तो यह समाज के लिए अत्यंत शर्मनाक विषय है। कहा गया है—

विद्या विहीन: पशुभि: समान:।

विद्या से हीन व्यक्ति पशु के समान है। साक्षर मनुष्य समाज को सुशोभित करता है। निरक्षर व्यक्ति सदैव परेशान रहता है। वह सदैव शोषण का शिकार होता है। साक्षर व्यक्ति सद्‌गुणी होता है। साक्षरता संस्कार और संस्कृति से जुड़ी हुई चीज है। यदि हम साक्षर और सद्‌गुणी हैं तथा समयानुसार अपने को बदलते हैं तो हम सर्वत्र सम्मान प्राप्त करेंगे।

शिक्षित मनुष्य राष्ट्र का कर्णधार होता है। शिक्षा व्यक्तित्व का सर्वतोत्मुखी विकास है। शिक्षा से ही हम सन्मार्ग की ओर अग्रसर होते हैं और सत् एवं असत् में विभेद करते हैं। शिक्षा का संस्कार से गहरा सम्बन्ध है। अत: सम्पूर्ण देश का शिक्षित होना परम आवश्यक है। शिक्षित मनुष्य के द्वारा लिया गया निर्णय सराहनीय होता है।

2. निरक्षरता का प्रभाव

निरक्षर व्यक्ति को विविध परेशानियों का सामना करना पड़ता है। उसके व्यक्तित्व में वह शांति और तेज नहीं होता जो साक्षर व्यक्ति में होता है। हमारे यहां की जनसंख्या अरब से ऊपर पहुंच चुकी है जिसमें लाखों लोग निरक्षर हैं। निरक्षरता अभिशाप है। निरक्षरता और गरीबी का गहरा सम्बन्ध है। माता-पिता गरीबी के कारण अपने अल्प व्यस्क निरक्षर बच्चे को अर्थोपार्जन के लिए प्रेरित करते

हैं। देश को आजादी मिलने के बाद यद्यपि इस स्थिति में काफी परिवर्तन आया किंन्तु अभी निरक्षरता व्याप्त ही है। आदिवासी क्षेत्रों में जनता पूरी तरह निरक्षर है। निरक्षर व्यक्ति की मानसिकता भी स्वाभाविक रूप से किस प्रकार हो सकती है आप इसका सहज अनुमान लगा सकते हैं। निरक्षरता को साक्षरता में तब्दील करना हमारा परम कर्तव्य है।

आदिवासी क्षेत्रों में जहां विद्यालयों का अभाव है, वहां निरक्षरता व्याप्त होना स्वाभाविक ही है। शिक्षकों का परम कर्तव्य है कि वे छात्रों को प्रेरित करें कि वे अपने साथ उन छात्रों को अवश्य पढ़ने लिवा आयें जो पढ़ने नहीं आना चाहते। इस प्रबल प्रतिस्पर्धात्मक युग में हर व्यक्ति का न केवल साक्षर होना ही आवश्यक है अपितु उसका पूर्ण शिक्षित होना आवश्यक है।

साक्षरता एक प्रकार का प्रकाश है जिसके पुंज में विकास का वातावरण तैयार किया जा सकता है। जहां निरक्षरता है वहां अन्धकार है। अन्धकार को प्रकाश के द्वारा ही दूर किया जा सकता है क्योंकि साक्षरता एक ज्योति है।

3. निरक्षरता उन्मूलन

हमारा कर्तव्य है कि हम समाज को साक्षर बनायें और निरक्षरता को पूर्णतः उन्मूलित करें। यद्यपि इस समय निरक्षरता उन्मूलन के क्षेत्र में विविध कार्य किए जा रहे हैं किन्तु यह सन्तोषजनक नहीं है। स्वतंत्रता प्राप्ति के पश्चात् देश से अन्धकार एवं अज्ञानता मिटाये जाने हेतु विविध प्रयास किए गये। स्वतंत्रता प्राप्ति के ठीक पश्चात् जो प्रचार कार्य इस दिशा में आरम्भ किये गये वे पूर्णतः सार्थक न थे क्योंकि पहले स्कूलों व कॉलेजों का बड़ा अभाव था। शिक्षा की प्राप्ति के लिए लोगों को दूर-दूर तक भटकना पड़ता था। यही कारण था कि लोग पढ़ाई से विमुख हो जाते थे। निरक्षरता उन्मूलन के क्षेत्र में राष्ट्रीय स्तर पर कार्यारम्भ किया गया। वर्तमान समय में हम इस दिशा में काफी सफलता प्राप्त किये हैं। आजादी प्राप्ति के पश्चात् हमने जो प्रयास जारी रखा उसका परिणाम सुखद रहा। गांव की करोड़ों की तादात में अशिक्षित जनता आज शिक्षा के क्षेत्र में तरक्की कर रही है। पहिले जनपद स्तर पर एक-दो स्कूल-कॉलेज हुआ करते थे किन्तु वर्तमान में इस दिशा में क्रांतिकारी परिवर्तन हुआ और लोग शिक्षा प्राप्ति की ओर अग्रसर हुए हैं।

वर्तमान समय में गांवों-गांवों, कस्बों-कस्बों एवं नगरों में शिक्षा की लहर बिजली की भांति दौड़ पड़ी है। हमारा देश विशाल जन समुदाय वाला देश है। इस विशाल जनसंख्या के लिए भोजन, वस्त्र और आवास के साथ-साथ शिक्षा मुहैया कराना एक चुनौती थी। हमारी सरकारें इस चुनौती का सामना कर रही हैं। सरकार प्राथमिक स्तर से लेकर उच्च स्तर की शिक्षा व्यवस्था में सुधार लाने की ओर अग्रसर है।

किन्तु यह खेद का विषय है कि स्वतंत्रता प्राप्ति के पश्चात् भी हम निरक्षरता उन्मूलन के क्षेत्र में अपने लक्ष्य तक नहीं पहुंचे। निरक्षरता एक अभिशाप है। यह एक शर्मनाक स्थिति को दर्शाता है। निरक्षर व्यक्ति अपना तो नुकसान करता ही है वह समाज को भी नुकसान पहुंचाता है। उसके क्रिया कलाप किस प्रकार होंगे इसका अन्दाजा उनकी बौद्धिक क्षमता से ही लगया जा सकता है।

4. उपसंहार

निष्कर्ष रूप में यह कहा जा सकता है कि निरक्षरता देश के लिए एक शर्मनाक स्थिति है। यदि हमारे देश की बहुसंख्यक जनता निरक्षर है तो यह स्थिति हमारे लिए अत्यन्त दुखदायी है। हमारा मानसिक विकास पूर्णतः शिक्षा पर ही निर्भर है। हम साक्षर होंगे तो राष्ट्रहित में अपना सहयोग प्रदान करेंगे।

साक्षरता को नया मोड़ प्रदान करने के लिए सन् 1978 में प्रौढ़ शिक्षा सम्बन्धी कार्यक्रम चलाया गया। प्रौढ़ शिक्षा विभागों की स्थापना की गई, इस क्षेत्र में लोगों ने अभूतपूर्व रुचि दर्शायी किन्तु यह अभियान पूर्णतः सफल न रहा। सम्पूर्ण देश में प्रौढ़ शिक्षा विभाग की स्थापना हुई तथा इनसे सम्बन्धित अन्य छोटे-मोटे विभागों की भी स्थापना हुई एवं सायंकालीन पाठशालायें स्थापित की गयीं और इस दिशा में सरकार ने करोड़ों रुपया खर्च किया और प्रयास चल रहे हैं। किन्तु इसके बावजूद भी म० प्र० और उड़ीसा के आदिवासी क्षेत्रों में निरक्षरता पूरी तरह व्याप्त है जिसे दूर करने का प्रयास किया जा रहा है।

इन्द्रिय निग्रह

1. प्रस्तावना
2. इन्द्रिय निग्रह की महत्ता
3. इन्द्रिय निग्रह का प्रभाव
4. उपसंहार।

1. प्रस्तावना

इन्द्रिय निग्रह एक प्रकार की तपस्या है। मनुष्य के शरीर में ईश्वर ने दस इन्द्रियां दी हैं। पांच ज्ञानेन्द्रियां है और पांच कर्मेन्द्रियां। पांच ज्ञानेन्द्रियां हैं—

आंख

कान

नाक

जिह्वा एवं

त्वचा।

इन पंचेन्द्रियों का अत्यन्त महत्वपूर्ण प्रभाव होता है। इन पंचेन्द्रियों से हमें विषयों का बोध होता है जैसे आंख से हम देखते हैं, कान से हम सुनते हैं, नाक से हम सूंघते हैं और जिह्वा से हम स्वादानूभूति करते हैं तथा त्वचा से हमें स्पर्श का ज्ञान होता है। प्रत्येक ज्ञानेन्द्रिय का महत्व होता है। सभी स्वतंत्ररूप से अपना कार्य करते हैं। ज्ञानेन्द्रियों के अपने-अपने देवता भी हैं। आंख का देवता अग्नि है। कान का विषय शब्द है। यह शब्दों को सुनता है शब्द आकाश का गुण है अत: कान का देवता आकाश है। नाक का विषय गन्ध है यह पृथ्वी का गुण है। त्वचा का विषय स्पर्श है। यह वायु का गुण है।

पंच कर्मेंन्द्रियों पर भी विचार करना आवश्यक है। ये हैं—

वाणी

हाथ

पैर

लिंग और

गुदा।

वाणी का कार्य बोलना है। हाथ से हम अपने कार्य सम्भव करते हैं और पैर के सहारे हम चलते हैं। लिंग के कार्य से भी हम अवगत हैं और गुदा भी अपना कार्य स्वतंत्र रूप से करता है।

हम ज्ञान के अनुसार कार्य करते हैं। हमारी आत्मा मन को संचालित करती है। हम ज्ञान के अभाव में विषयों की ओर आकृष्ट हो जाते हैं।

उपनिषद में लिखा गया है—

आत्मानं रथिनं विद्धि शरीरं स्थगेव तु।

बुद्धि सारथिं विद्धि मन: प्रग्रहमेव च॥

अर्थात् यह शरीर एक रथ के रूप में है जिसका रथी इस पर सवार है। यह रथी जीवात्मा है और यह जीवात्मा इस शरीर रूपी रथ पर आरूढ़ होकर मोक्ष प्राप्त करना चाहता है। रथ घोड़ों से सुसज्जित है। दसों इन्द्रियां इस रथ के घोड़े ही हैं। घोड़ों का बागडोर बुद्धि के हाथ में अर्थात् यह सवार विवेक है। यही हमारा सारथी है। यह विषयों में फंसने से रोकता है। यह मोक्ष के मार्ग को प्रशस्त करता है। यह विषयों में आसक्ति को महत्वहीन करता है। जो ज्ञानी पुरुष हैं वे विषयों की ओर आकर्षित नहीं होते हैं अर्थात् उनको विषय अपनी ओर आकर्षित नहीं कर सकते हैं। वे इन्द्रियों की बागडोर मन को दृढ़ता के साथ पकड़े रहते हैं और मोक्ष के मार्ग तक पहुंचने में प्रयत्नशील रहते हैं।

2. इन्द्रिय निग्रह का महत्व

इन्द्रिय निग्रह के बल पर संसार में बड़े-बड़े महापुरुष इतिहास में अपना नाम अमर किए हैं। स्वामी विवेकानन्द, महर्षि स्वामी दयानन्द सरस्वती, आचार्य, पितामह भीष्म आदि सभी इन्द्रिय निग्रह एवं संयम के कारण ही जाने जाते हैं। संयमी व्यक्ति जीवन में जो चाहता है वह कर दिखाता है। इन्द्रिय निग्रह के ही बल पर परम तेजस्वी कर्ण संसार में श्रेष्ठ महापुरुषों में जाने जाते हैं। इन्द्रिय निग्रह का तात्पर्य यह है कि हम अपनी इन्द्रियों पर अपना काबू रखें। हमें इन्द्रियां विचलित करने का भी प्रयास करती हैं। विषयों में फंसकर हम पतन की ओर अग्रसर हो जाते हैं। ऐसी स्थिति में हमें अपने विवेक शक्ति से कार्य करना चाहिए। बुद्धि या विवेक रूपी सारथी को सदैव सचेष्ट रखना चाहिए।

इन्द्रिय निग्रह एक महान तप है। इसके विषय में जितना कहा जाय वह कम है। इंद्रियां सदैव चंचलता का शिकार बनी रहती हैं। जो लोग इन्द्रियों के वशीभूत होकर कार्य करते हैं वे अपने जीवन में सफल नहीं हो सकते हैं।

पांच ज्ञानेन्द्रियों और पांच कर्मेन्द्रियों और ग्यारहवें मन को वश में रखना एक महत्वपूर्ण काम है जो व्यक्ति इस साधना में सफल हो जाता है वह परम तपस्वी है। भगवान मनु ने इसी बात को निम्न प्रकार व्यक्त किया है—

वशे कृत्वेन्द्रियाग्रामं संयम्य च मनस्तथा।

सविन् संसाधमेदर्थानाक्षिण्तन् योगतस्ततुम्॥

जितेन्द्रिय पुरुष ही मोक्ष की प्राप्ति करता है। विषयों में फंसा हुआ मनुष्य अपने लक्ष्य तक नहीं पहुंच पाता है।

जो मूर्ख लोग बाहरी तौर पर कर्मेन्द्रियों का संयम करते हैं जबकि मन से दिन रात विषयों का संयम करते हैं। ऐसे लोग घोर पाखण्डी हैं। अतः ऐसी परिस्थिति में विवेक से मन का दमन करना चाहिए। जो मनुष्य ऐसा करता है वह विषयों में नहीं फंसता।

पाखंडियों के विषय में भगवान कृष्ण ने गीता में निम्न बातें कहा है—

कर्मेन्द्रियांणि संयम्य य

आस्ते मनसा स्मरन्।

इन्द्रियार्थान् विमूढ़ात्मा

मिथ्याचारः स उच्यते॥

योगी, यती, ऋषि, मुनि, राजर्षि एवं महर्षि आदि सभी ने इन्द्रिय निग्रह के बल पर बड़ा से बड़ा कार्य सम्पादित किया है। इन्द्रियों का स्वाभाविक लक्षण है कि वे विषयों में फंसाना चाहती हैं। यदि हम विषयों में फंसेंगे तो हमारी आध्यात्मिक उन्नति नहीं हो पाएगी। किन्तु हमें यह नहीं भूलना चाहिए कि मानसिक प्रक्रियाएं क्षणिक और अस्थायी होती है। भगवान कृष्ण से अर्जुन ने यह प्रश्न किया कि हे प्रभो! यह मन अति चंचल एवं प्रमथन स्वभाव वाला है इसको वश में रखना बड़ा दुष्कर कार्य है, भगवान ने अर्जुन से कहा कि हे धनंजय यह मन निःसन्देह प्रमथन स्वभाव वाला एवं चंचल है किन्तु अभ्यास के

बल पर इसे वश में रखा जा सकता है।

4. इन्द्रिय निग्रह का प्रभाव

इन्द्रिय निग्रह के बल पर साधारण व्यक्ति भी बड़ा सा बड़ा कार्य करने में सफल हो जाता है। इन्द्रियों को बड़ी कठिनाई से वश में रखा जाता है। ये प्रमथित होती रहती हैं। ये चंचल है। किन्तु जब साधक इनको अपने नियंत्रण में कर लेता है तो वह सफल हो जाता है उसकी साधना प्रेरणा का स्रोत बन जाती है। स्वामी विवेकानन्द और रामकृष्ण परमहंस अपनी विशिष्ट साधना और इन्द्रिय निग्रह के ही बल पर जाने जाते हैं। इन्द्रिय निग्रह की महत्ता के विषय में जितना कहा जाय वह कम है। मनुष्य अपने इन्द्रिय निग्रह के बल पर महान कार्य करता है।

इन्द्रिय निग्रह के बल पर स्वामी विवेकानन्द जी शिकागो में आयोजित विश्व धर्म सम्मेलन में भारत का मस्तक ऊंचा किया। संसार में जितने भी महापुरुष हुए हैं उन सब में साधना प्रबल रही है। संयमी मनुष्य का विचार उत्तम होता है, बुरी आदतें उसे छू नहीं सकतीं। वह विषयों में फंस नहीं सकता। शरीर को एक संसार की भांति विविधता से युक्त समझना चाहिए। यह शरीर क्षणभंगुर है। यह शीघ्रता से नष्ट होने वाला है। इसकी साथर्कता तो इसी में है कि हम अपनी इन्द्रियों को अपने वश में करके संयम का पालन करें।

इन्द्रिय निग्रह मनुष्य के तेज में अभिवृद्धि करता है तेजस्वी मनुष्य ख्याति को प्राप्त होता है उसकी इच्छाएं अधूरी नहीं होती वह असम्भव कार्य भी सम्भव करके दिखाता है। वह अपनी साधना में लीन रहता है।

6. उपसंहार

इन्द्रिय निग्रह के बल पर मनुष्य अपने में असाधारण तेज विकसित करता है वह इन्द्रियों को वश में करके उनका शासक बन जाता है। वह मन से शासित नहीं होता अपितु वह मन का शासक होता है। मन मतंग की यह दुर्बलता है कि वह जल्दी वश में नहीं हो पाता किन्तु जिन्होंने मन को अपने वश में कर लिया है वे महापुरुषों की कोटि में आ जाते हैं। इन्द्रिय निग्रह के बल पर ही हनुमान जी राम के प्रिय बने। उनके विषय में कहा जाता है—

जितेन्द्रियं मारुत तुल्य वेगं।

रघुपति प्रिय भक्त वात्जातम् नमामि॥

यह मानव मन की एक स्वाभाविक दुर्बलता ही है कि वह फिसलने लगता है किन्तु उसे दृढ़ता के साथ वश में रखना चाहिए। यदि हम उसके वशीभूत होकर कार्य करेंगे तो वे हमें परेशान करती रहेंगी। हम इन्द्रियों को अभ्यास के बल पर जीत सकते हैं। पितामह भीष्म ने इन्द्रियों पर विजय प्राप्त करके विश्व का श्रेष्ठ महापुरुष केहलाये।

चिन्तन, मनन, इन्द्रिय निग्रह, वाणी का संयम आदि सभी परम तप है। हम यदि अपने में आध्यात्मिक चेतना का संचार करके मोक्ष की प्राप्ति करना चाहते हैं तो हमें संयमी, परिश्रमी, धैर्यवान, तेजस्वी, दृढ़संकल्पी एवं सत्यानुरागी बनना होगा तभी हम अपने इन्द्रियों को अपने वश में करके विश्व का कल्याण करेंगे।

वृक्षारोपण का महत्व

अथवा

वृक्षारोपण

1. प्रस्तावना
2. प्राचीन काल में वृक्षों का महत्व
3. वृक्षों से लाभ एवं
4. उपसंहार।

1. प्रस्तावना

प्राचीन काल से ही वृक्षों का महत्व है। स्वयं भगवान कृष्ण ने कहा है "वृक्षों में मैं पीपल हूं"। हमारा देश अपनी सुन्दरता एवं वैभव के लिए जाना जाता है। हमारा देश जिन प्राकृतिक धरोहरों से युक्त है वे विदेशी पर्यटकों के लिए आकर्षण के केन्द्र हैं। हरे भरे वृक्षों के समूह में मनोहारी एवं प्राकृतिक दृश्य भला किसको प्यारा नहीं है। हमारे देश की सुन्दरता विदेशियों को प्रिय लगती है। हिमालय की सुन्दरता। पाषाण खण्डों पर स्थित सघन वृक्ष एवं हरियाली भला किसको प्यारी नहीं लगेगी। कश्मीर अपनी हरीतिमा के लिए प्रसिद्ध है। साम्राज्ञी नूरजहां जो महान मुगल सम्राट शाहजहां की पत्नी थी, के अनुसार यदि कहीं स्वर्ग धरती पर विराजमान है तो कश्मीर में। इसी प्रकार देश के अन्य हिस्से भी अपने प्राकृतिक सौंदर्य के लिए प्रसिद्ध है। हमारी प्राकृतिक सुषमा वनों की हरियाली दर्शनीय है।

हमने अपने वैदिक ग्रंथों में भी यह पाया है कि वृक्षों का पर्याप्त महत्व रहा है। वृक्ष हमारे देव हैं। धरती का सन्तुलन बनाये रखने में वृक्षों का महत्वपूर्ण योगदान है। पर्यावरणीय सन्तुलन में वृक्षों का महान योगदान है। वृक्षों को आदि काल से ही महत्व दिया जाता रहा है। ये काले-घने बादलों को आकर्षित करते हैं जिससे वर्षा होती है। वृक्ष हमारी हर प्रकार से मदद करते हैं। हम उनसे हर प्रकार से लाभान्वित होते हैं। उनकी छाया का लाभ हमें मिलता है। उनकी मूल्यवान लकड़ियों का हम प्रयोग करते हैं। वृक्ष अपना फल हमें प्रदान करते हैं। इस प्रकार वे हमारी हर प्रकार से सेवा करते हैं—

वृक्ष कबहुं नहिं फल भखैं,
नदी न संचै नीर।

परमारथ के कारनै,

साधुन धरा शरीर ॥

वृक्ष हमें हर प्रकार से लाभ प्रदान करते हैं। ये हमारी अर्थ व्यवस्था को समृद्धि प्रदान करते हैं। इनमें परोपकार की भावना निहित होती है। ये हमें जीवन प्रदान करते हैं।

2. प्राचीन काल में वृक्षों का महत्व

वृक्षों का महत्व तब से है जब से पृथ्वी का अस्तित्व है। भगवान श्री कृष्ण का यह कथन कि 'मैं वृक्षों में पीपल हूं' अत्यन्त महत्वपूर्ण है। वृक्षों के महत्व की गाथा जितनी गाया जाय वह कम है। वृक्ष धरती के वातावरण की गन्दगी को अवशोषित करते हैं और पर्यावरण को प्रदूषण से युक्त रखते हैं। वृक्ष धरती पर उत्पन्न होने वाले कार्बन डाई आक्साइड एवं अन्य हानिकारक गैसों को अवशोषित करता है और आक्सीजन गैस मुक्त करता है जो हमारे लिए परम आवश्यक है। प्राचीन काल में ऋषि-महर्षि वट वृक्ष एवं पीपल के वृक्ष के नीचे तपस्या करते थे। अपनी साधना के बल पर इन वृक्षों की छाया में वे ईश्वरत्व की प्राप्ति करते थे। गौतम बुद्ध ने पीपल के वृक्ष के नीचे बैठकर तप किया था और उन्होंने दिव्य ज्ञान की प्राप्ति किया था।

जिस प्रकार मानव की इच्छा और उसका सत्प्रयास और साधना होती है उसी प्रकार वह लाभान्वित होता है। मानव एवं वृक्षों का अनादिकाल से गहरा सम्बन्ध है। मनुष्य वृक्षों को देवता के रूप में देखता चला आ रहा है। सिन्धु घाटी सभ्यता में प्राप्त मुहरों पर वृक्षों की टहनियां अंकित थी, जो वृक्षों की महत्ता बताती है। वृक्ष हमारे देव हैं। ये हमारे रक्षक हैं। वातावरण की गन्दगी अवशोषित करके ये हमें जीवन प्रदान करने में सहयोग देते हैं।

वृक्षों की महत्ता संस्कृत में निम्न श्लोक से सुस्पष्ट है—

पिवन्ति नद्यः स्वमेव नाभ्यः

स्वयं न खादन्ति फलानि वृक्षाः।

नादन्ति शस्यं खलु वारिवाहा,

परोपकाराय सताम् विभूतयः ॥

वृक्षों का हमारे ऊपर बड़ा उपकार है। धरती पर जन जीवन की रक्षा वृक्षों द्वारा होती हैं। सम्पूर्ण मानव जगत इन पर आधारित है।

3. वृक्षों से लाभ

वृक्षों से लाभ ही लाभ है। वृक्षों का परोक्ष लाभ सर्वाधिक महत्वपूर्ण है। ये आक्सीजन गैस अवमुक्त करते हैं जो वायु मंडल को पवित्र करता है। हानिकारक गैसों का ये अवशोषण करते हैं। ये बादलों को आकर्षित करते हैं। इनका प्रत्यक्ष लाभ यह है कि ये धरती का कटान रोंकते हैं और इनकी लकड़ियों का उपयोग किया जाता है। वृक्षों से हमें त्याग और परोपकार की शिक्षा मिलती है। ये हमारे साथ परोपकार करते हैं।

वृक्षों का ही योगदान है कि धरती को जल प्राप्त होता है। जल से कृषि कार्य होता है और हम अनाज उत्पादित करते हैं। वृक्षों के अभाव में हमारा पर्यावरण असन्तुलित हो जाएगा और हमारी धरती को वर्षा नहीं मिलेगा। क्योंकि वर्षा तो हरे वृक्षों के द्वारा ही आकर्षित होते हैं। भूमि के जिस स्थान पर वृक्षों की सघनता जैसी होती है वहां वर्षा भी उसी प्रकार होती है। वृक्षों से हमें लाभ ही लाभ है। हम वृक्षों के लाभ को इन्कार नहीं कर सकते। वृक्ष-युक्त भूमि अत्यन्त उपजाऊ होती है। वृक्षों से हमें ऐसी-ऐसी जड़ी-बूटियां मिलती हैं जो असाध्य रोगों में रामबाण का काम करती हैं। गर्मी में वृक्षों की सुखद छाया का हम आनन्द लेते हैं।

वृक्षों से लाभ ही लाभ है। वृक्षों के द्वारा धरती का कटान अवरुद्ध होता है। हमारे पर्यावरणिक सन्तुलन को कायम रखने के साथ वृक्ष हमें अन्य प्रकार से भी लाभ पहुंचाता है जैसे भूमि की क्षारीयता कम करने में वृक्षों का महत्वपूर्ण स्थान है। उदाहरण के लिए जिस भूमि में क्षार की मात्रा है अथवा वह मात्रा अधिक है तो उस भूमि में आंवला, नीबू एवं अन्य क्षारीय वृक्ष लगाये जाते हैं। इसी प्रकार मिट्टी की लावणता को कम करने में वृक्षों का योगदान है। वृक्षों से हमें प्रेरणा लेनी चाहिए। वृक्षों में परोपकार की भावना निहित है। हमें परोपकारी बनना चाहिए। परोपकारी व्यक्ति सदा सुखी रहता है। उसकी सर्वत्र प्रशंसा होती है। भूमि के क्षरण को रोकने में वृक्षों का महान योगदान है। भूक्षरण अवरुद्ध होने से पृथ्वी के ऊपरी भाग का पर्त सुरक्षित रहता है। हमें घरेलू काम के लिए लकड़ियां प्राप्त होती हैं। सुन्दर फर्नीचर भी हमें वृक्षों से ही प्राप्त होते हैं। बबूल, शीशम, साखू

और सागौन जैसी इमारती लकड़ियां अत्यन्त मजबूत एवं उपयोगी होते हैं। ये हमें वनों से ही प्राप्त होते हैं। वैज्ञानिक शोधों से यह बात भली प्रकार स्थापित हो चुका है कि सौर ऊर्जा के उपस्थिति में पौधे अपना भोजन बनाते हैं। वातावरण की शुद्धि में तो वृक्षों का सर्वाधिक महत्वपूर्ण योगदान है। वृक्षों से हमें विविध प्रकार की औषधियां प्राप्त होती हैं। विभिन्न प्रकार के विटामिन भी हमें वनस्पतियों से प्राप्त होते हैं। पौधों द्वारा मनुष्यों को भी भोजन प्राप्त होते हैं। इसे हम इस प्रकार समझ सकते हैं—पौधे भी जीव हैं ये सूर्य के प्रकाश में अपना भोजन बनाते हैं और इनके द्वारा हमें भोजन प्राप्त होता है। गेहूं, जौ, बाजरा, अरहर, धान आदि सभी वनस्पतियां हैं। ये हमारे भोजन के स्रोत हैं।

वृक्षों से हमें सुस्थिरता की सीख मिलती है। इनमें अटूट धैर्य होता है। ये धैर्य एवं साहस के प्रतीक हैं। ये अडिग हैं। ये टूट जाते हैं किन्तु इन्हें अस्थिर नहीं किया जा सकता है। मनुष्य को सदैव कोई सीख वृक्षों के असीम साहस एवं धैर्य से लेना चाहिए। वृक्ष हमें सुस्थिरता की प्रेरणा देते हैं। वृक्षों में अटूट धैर्य रहता है। वे गर्मी, सर्दी और धूप एवं तूफान को सहन करते हुए हमारी सेवा करते रहते हैं।

भारतवर्ष की प्राकृतिक सुन्दरता, रमणीयता और वैभव संसार में अद्वितीय है। यहां के सुन्दर दृश्य से सभी आकर्षित हुए हैं। विदेशी आक्रान्ता यहां की सुन्दरता और वैभव को ही देखकर आकर्षित हुए हैं। वे यहां की प्राकृतिक सुन्दरता को देखकर आकर्षित हुए हैं।

वृक्ष हमारी सभ्यता और संस्कृति के प्रतीक हैं। वृक्षों में देवत्व होता है। वृक्ष हमारे जीवन के आधार हैं। ये हमारे धरोहर हैं। किन्तु खेद की बात है कि जिन वृक्षों की सहायता से हम जीवित हैं और जिनसे हमारे पर्यावरण का सन्तुलन बना हुआ है उन्हें हम काट रहे हैं। हमारे जीवन में वृक्षों का बहुत महत्व है। हरे वृक्षों को काटना पाप है। वृक्ष हमारी संस्कृति के प्रतीक हैं। ये शुभ लक्षण के प्रतीक हैं। हम पीपल एवं नीम के वृक्षों की पूजा अर्चना करते हैं। वृक्ष हमारे दुख-सुख में सहायक होते हैं। घनघोर बारिस से हमारी रक्षा करते हैं। भयंकर गर्मी में हमें इनके नीचे सुखानुभूति होती है। जिस प्रकार माता-पिता अपने बच्चे की रक्षा करते हैं उसी प्रकार हमारी रक्षा वृक्षों के द्वारा होती है।

तुलसी भी एक लघु वृक्ष है। हम तुलसी के पौधे की पूजा करते हैं। तुलसी का पौधा हर दृष्टि से महत्वपूर्ण है। यह हमारी संस्कृति का प्रतीक है। हमारे यहां की स्त्रियाँ व्रत के दिनों तुलसी माता की आराधना करती हैं और अपने मन को शांति प्रदान करती हैं। हम नीम की भी पूजा करते हैं। गर्मी में नीम की सघन छाया अत्यन्त सुखद लगती है। हम इसका लाभ लेते हैं। बेल का वृक्ष भी अत्यन्त महत्वपूर्ण है। बेल-पत्र भगवान शिव के मस्तक पर चढ़ाया जाता है। कदम्ब का वृक्ष भी महत्वपूर्ण है। इसमें भगवान श्री कृष्ण का वास होता है। यह शुभ और मंगलदायक है। अशोक का वृक्ष अत्यन्त महत्वपूर्ण है। माता सीता ने लंका में अशोक के वृक्ष के नीचे रहकर अपना समय बिताया। गोस्वामी तुलसीदास जी ने लिखा है—

तरु अशोक मम करहु अशोका॥

हमारी संस्कृति में वृक्षों की महत्ता का उल्लेख किया है। ऋषियों-महार्षियों की साधना सघन वन में पूर्ण हुई।

4. उपसंहार

निष्कर्ष रूप में कहा जा सकता है कि वनों से हमें विविध लाभ है। यह औद्योगीकरण और प्रबल वैज्ञानिक युग है1 इस प्रतिस्पर्धात्मक युग में हमें अपनी संस्कृति के गौरव को महत्व देते हुए वृक्षों को रक्षित करना चाहिए। वृक्ष हमारे जीवन हैं। हम वृक्षों की रक्षा करते हैं तो हमारी भी रक्षा वृक्ष करते हैं। वृक्ष हमारे धरोहर हैं। इनका योगदान हर क्षेत्र में हैं। बड़ी-बड़ी इमारतें लकड़ियों का प्रयोग वृक्षों की महत्ता को दर्शाता है। हमें वृक्षों के कटाव को रोकना चाहिए यदि हम वृक्षों के कटाव को नहीं रोंकते तो सम्पूर्ण मानवता के लिए बहुत बड़ा खतरा पैदा हो जाएगा। पृथ्वी पर जनजीवन समाप्त हो जाएगा। जिन वृक्षों की सुखद और शीतल छाया का उपयोग हम करते हैं उनके प्रति भी हमारा कुछ कर्तव्य बनता है। हमारा परम कर्तव्य है कि हम पर्यावरण को पवित्र रखने हेतु अपना योगदान प्रदान करें। बड़े पैमाने पर हो रहे औद्योगीकरण से हमारे पर्यावरण पर अत्यन्त बुरा असर पड़ रहा है। प्रतिदिन लाखों टन गन्दी गैसें यथा कार्बन डाई आक्साइड, कार्बन मोनोअक्साइड, ईथेन, मिथेन एवं अन्य विषाक्त गैसें वातावरण में अवमुक्त हो रही हैं। इनके विषैलापन प्रभाव को कम करने में हमारे वृक्षों का ही योगदान है वृक्ष इन गन्दे गैसों को अवशोषित करते हैं और स्वच्छ आक्सजीन व्युत्पन्न करते हैं जिससे धरती पर पर्यावरणीय

सन्तुलन बना हुआ है।

वनों के संरक्षण के क्षेत्र में विविध कार्य किए जा रहे हैं। सरकार ने विविध योजनाएं चलायी है। वृक्षारोपण कार्यक्रम से अधिक से अधिक संख्या में वृक्ष लगाये जा रहे हैं। वृक्षों की मनमानी कटाई पर प्रतिबन्ध लगाया जा रहा है। चिपको आन्दोलन के नेतागण इस दिशा में महत्वपूर्ण कार्य सम्पन्न कर रहे हैं। वर्तमान समय में वृक्षों का संरक्षण करना अति आवश्यक है। एक वृक्ष बराबर दस पुत्र। हम वृक्षों को संरक्षित करेंगे तभी हम संरक्षित रहेंगे।

स्वतंत्रता दिवस

अथवा

राष्ट्रीय पर्व के रूप में स्वतंत्रता दिवस

1. प्रस्तावना
2. स्वतंत्रता की प्राप्ति—15 अगस्त सन् 1947
3. महत्व
4. उपसंहार

1. प्रस्तावना

मनुष्य स्वतंत्र रूप से पैदा हुआ है। वह स्वतंत्र एवं गरिमामय वातावरण में रहना भी चाहता है। उसे सभी आवश्यकताओं की भांति स्वतंत्रता भी आवश्यक है। छोटा सा बालक भी स्वतंत्र एवं गरिमामय वातावरण में रहना चाहता है। स्वतंत्रता में किसी भी प्रकार का हस्तक्षेप अनुचित कृत्य है। अंग्रेजों ने हमारे देश पर शासन किया और हमें गुलामी का जीवन जीने के लिए मजबूर किया। हम गुलामी के पाश में जकड़े हुए थे। परतंत्रता का जीवन बहुत कष्टमय जीवन होता है। अंग्रेज हमें परतंत्र करके हमारे साथ पशुवत् व्यवहार करते थे। बक्सर और प्लासी की प्रमुख ऐतिहासिक लड़ाई लड़ने के पश्चात् अंग्रेजों का भारत में आधिपत्य स्थापित हुआ। उन्होंने यहां की राजनीति इस प्रकार संचालित किया कि वे शासन व्यवस्था में सफल रहे। उन्होंने फूट डालने और राज्य करो "Devide and rule" के आधार पर हमें विच्छिन्न करके शासन किए।

गुलामी के जीवन में अंग्रेजों ने हमारा भरपूर शोषण किया। हम हर प्रकार से उनके द्वारा सताये जाते थे। उन्होंने हमें हर तरीके से शोषित किया है। उन्होंने न केवल हमारा आर्थिक शोषण किया अपितु हमारी साहित्य और संस्कृति को भी नष्ट करना चाहते थे। अंग्रेजों ने जिस नीति का अनुसरण किया उसके तहत हमारा हर प्रकार से शोषण हुआ हम उनके शिकार बने रहे। गुलामी की जंजीरों में बंधकर हम पीड़ा की अनुभूति करते रहे। यहां की अर्थव्यवस्था के शोषण के विषय में अंग्रेजों का कहना था कि—

"हमारी प्रणाली स्पंज की भांति कार्य करती है जो गंगा से हर अच्छी वस्तुओं को प्राप्त करके टेम्स के मुहाने पर निचोड़ती है।"

किन्तु अत्याचार की भी अपनी सीमा होती है। अंग्रेजों के अत्याचार के विरुद्ध स्वतंत्रता का प्रथम बिगुल सन् 1857 में बजा जब झांसी की रानी ने स्वतंत्रता के संग्राम में कूदकर अपने प्राणों की आहूति दिया। रानी लड़ते हुए वीरगति को प्राप्त हुई किन्तु उसने अंग्रेजों के छक्के छुड़ा दिए। 1857 की क्रांति का प्रभाव सम्पूर्ण उत्तर भारत और पश्चिम बिहार में रहा। शायद सिन्धिया और गायकवाड़ की मदद मिल गयी होती तो उसी समय देश आजाद हो जाता।

किन्तु लोगों में स्वतंत्रता की लहर व्याप्त हो गयी थी। लोग स्वतंत्रता प्राप्ति की ओर अग्रसर हो गये थे। हमारे देश के नौजवानों ने देश को आजादी दिलवाने के लिए राष्ट्रीय एकता की भावना से प्रेरित होकर देश की रक्षा के लिए आगे आए और आजादी की प्राप्ति में योगदान प्रदान किए। देश को आजाद कराने में वीर भगत सिंह, सुखदेव, महात्मा गांधी, रवीन्द्रनाथ टैगोर, सुभाष चन्द्र बोस जैसे महापुरुषों ने अपना योगदान दिया।

इस दिशा में सत्येन्द्र नाथ टैगोर का नाम गर्व के साथ लिया जा सकता है। उन्होंने देश को आजादी प्रदान करने के लिए महत्वपूर्ण योगदान प्रदान किया। उन्हें ब्रिटिशकालीन भारत का प्रथम आई० सी० एस० अफसर बनने का श्रेय था किन्तु इन्होंने नौकरी करना नहीं पसन्द किया और पद से त्याग पत्र देकर स्वतंत्रता आन्दोलन में कूदना ज्यादा महत्वपूर्ण समझे। इसी प्रकार अनेक होनहार नवयुवकों ने भारत माता को आजाद कराने के लिए अपना महत्वपूर्ण योगदान प्रदान किया है।

2. स्वतंत्रता की प्राप्ति—15 अगस्त सन् 1947—

हमारे देश के शूर-वीरों ने प्रण किया कि हम देश को आजाद कराके छोड़ेगें चाहे इसके लिए हमें जीवन को कुर्बान ही क्यों न करना पड़ जाय। हमारे स्वतंत्रता संग्राम के अमर सपूतों ने योजनाबद्ध तरीके से अपना कार्यारम्भ कर दिया। महात्मा गांधी सत्य एवं अहिंसा के बल पर आजादी प्राप्त करना चाहते थे। उन्होंने असहयोग आन्दोलन 'Non co-operative movement' का श्री गणेश किया। अंग्रेज लोग भारतीयों को गुलाम बनाने के लिए दृढ़ प्रशासनिक व्यवस्था कायम किए थे। स्वयं पं० जवाहर लाल नेहरू ने लिखा है—

कानून एवं व्यवस्था अंग्रेजी शासन की शानदार उपलब्धियां थीं।

"Law and Order are the great achievement dursing the period of British rule."

किन्तु धीरे-धीरे अंग्रेजी शासन व्यवस्था की जड़ें हिलने लगीं। भारतवासियों में जागरूकता की लहर दौड़ी और उन्होंने भारत माता की सेवा के लिए पूरे श्रम और मनोयोग से प्रयास करने लगे। इस दिशा में बाल गंगाधर तिलक, लाला लाजपत राय एवं विपिन चन्द्र पाल का महत्वपूर्ण योगदान है। ये लोग गरम दल के थे। इनका यह सुझाव था कि अंग्रेजों के दमन और अत्याचार को रोंकने हेतु तथा भारत माता को आजाद कराने हेतु हमें कड़ाई के साथ पेश आना चाहिए। यदि हम ऐसा नहीं करेंगे तो हमें आजादी की प्राप्ति नहीं हो सकेगी। चन्द्रशेखर आजाद वीर भगत सिंह जैसे लोगों ने अपने प्राणों की आहूति देकर इस देश को आजाद कराया है। आजाद जी ने अपने शौर्य के बल पर दुश्मन के छक्के छुड़ा दिए थे। किसी देशद्रोही ने जब उनके बारे में यह सूचना अंग्रेजों को दिया कि आजाद जी अल्फ्रेड पार्क में छिपे हुए हैं तो अंग्रेज पुलिस ने उनका पीछा किया। आजाद जी ने पीठ पीछे करके भागना उचित न समझा वे अदम्य साहस एवं शौर्य का परिचय देते हुए अंग्रेज पुलिस का सामना किया और एक वृक्ष की आड़ में होकर अपनी रिवाल्वर से उनका मुकाबला किया और कई सिपाहियों को धराशायी किया। जब एक गोली उनके रिवाल्वर में शेष रही तो उन्होंने अपनी कनपटी पर स्वयं को गोली मारी। उनका प्रतिज्ञा थी कि अंग्रेज लोग उन्हें जीते जी पकड़ नहीं सकते। उन्होंने अपनी प्रतिज्ञा को पूर्ण किया और धरती मां का यह बलिदानी सपूत मां की गोद में सदा के लिए सो गया। अल्फ्रेड पार्क का नाम बदल कर आजाद पार्क रखा गया और वहां उनकी भव्य मूर्ति स्थापित की गई जिसमें उनके जीवन्त व्यक्तित्व का दर्शन होता है।

चन्द्रशेशर आजाद की ही भांति वीर भगत और सावरकर ने भी देश को आजाद करने में महत्वपूर्ण योगदान दिया है। वीर भगत सिंह को फांसी की सजा सुनाई गयी और सुखदेव को भी उनके साथ फांसी की सजा दी गई। लाला लाजपत राय कठोर रुख वाले नेता थे। जलियां वाले बाग में 25 फरवरी सन् 1919 को विशाल सभा का आयोजन करके उन्होंने देश को स्वतंत्र कराने की लहर फैला रहे थे कि सहायक पुलिस कप्तान जनरल डायर ने भीड़ पर अन्धाधुन्ध गोलियां चलवाई जिसमें काफी संख्या में लोग हताहत हुए। लाला जी पुलिस की लाठी से गम्भीर रूप से घायल हुए। वीर उधम सिंह बड़ा होने पर इस घटना की जानकारी से अवगत हुए तो उन्होंने जनरल डायर से बदला लेने की सोची और वे इंजीनियरिंग की शिक्षा लेने इगलैंड गये

और समय अनुकूल पाने पर उन्होंने ब्रिटिश पार्लियामेंट में घुसकर जनरल डायर को बम के प्रहार से अपना निशाना बनाया। यह उनके अदम्य साहस का परिचायक है।

सुभाषचन्द्र बोस ने देश को आजाद कराने के लिए आजाद हिन्द फौज "Indian National Army" का गठन किया था। किन्तु हवाई दुर्घटना में उनकी मृत्यु हो गई। वे देश के एक नक्षत्र थे। उन्होंने भी आई० सी० एस० की परीक्षा उत्तीर्ण करने के पश्चात् पद से त्याग पत्र देकर भारत मां की सेवा किया। जिन लोगों में समर्पण का भाव था उन्होंने देश को आजाद करने के लिए अपना सर्वस्व त्याग किया। किन्तु क्रांतिकारियों के साथ भी अंग्रेजों ने बड़ा अत्याचार किया उन पर दिन दहाड़े गोलियां चलवाई गयीं और उनके आवासों को जलाया गया तथा उनके बाल बच्चों को यातनाएं दी गई किन्तु मातृभूमि की रक्षा के लिए उन्होंने अपने प्राण तक गवां दिए किन्तु अंग्रेजों के सामने उन्होंने आत्म समर्पण नहीं किया।

धीरे-धीरे अंग्रेजों को इस बात का आभास हो गया कि अब उनका शासन तंत्र जर्जर हो चुका है और वे अधिक दिनों तक राज नहीं कर सकते तो लार्ड माउण्टबेटेन की मध्यस्थता में पण्डित जवाहर लाल नेहरू को सत्ता सौंपी गयी और इसके हर्षोल्लास में घर-घर स्वतंत्रता प्राप्ति की खुशी में उत्सव मनाये गये और दीप जलाये गये, मिष्ठान्न वितरण किया गया और सभी ने एक दूसरे का साथ दिया। आजादी प्राप्त करने में मुस्लिम भाइयों का भी महत्वपूर्ण योगदान रहा क्योंकि उन्होंने आजादी की लड़ाई में साथ दिया और अंग्रेजों को खदेड़ भगाया। किन्तु अंग्रेज बुद्धि के तीव्र थे उन्होंने स्थिति को परख कर कार्य किया। वे भली प्रकार जानते थे कि उनका शासन अब भारत में स्थायी नहीं रह सकता फलतः उन्होंने आजादी सौपी। उस समय अन्तर्राष्ट्रीय परिवेश भी हमारे पक्ष में था। द्वितीय विश्व युद्ध होने के पश्चात् इंग्लैंड की आर्थिक स्थिति खराब हो चुकी थी क्योंकि उसे जर्मनी के खिलाफ युद्ध करना पड़ा था और उसकी अपार जन और धन की हानि हुई थी। इसका परिणाम यह हुआ कि इंग्लैंड अपने औपनिवेशक राज्यों पर शासन करने में अपने को सक्षम नहीं पा रहा था। इसके अलावा अन्तर्राष्ट्रीय परिदृश्य भारतीय स्वतंत्रता का अमेरिका सहित सभी ने भारतीय स्वतंत्रता का समर्थन किया। इसका परिणाम यह हुआ कि हमारा देश आजाद हुआ। किन्तु अंग्रेजों के भारत और पाकिस्तान का दो स्वतंत्र राष्ट्रों में बंटवारा कराया और इस प्रकार उन्होंने

अखण्ड भारत के दो टुकड़े करके भारत माता के सीने पर काली रेखा खींचा।

3. महत्व

स्वतंत्रता का महत्व शब्दों से नहीं आंका जा सकता है। स्वतंत्रता अनुभूति का विषय है। स्वतंत्रता के महत्व के विषय में जितना कुछ कहा जाय वह कम है। स्वतंत्र और उल्लासपूर्ण वातावरण भला किसको नहीं प्रिय है। आजादी मिलने के पश्चात् लोगों को स्वतंत्रता की अनुभूति हुई। 15 अगस्त को विद्यालयों, स्कूलों और कालेजों में हम धूम-धाम के साथ मिष्ठान्न बांटते हैं और स्वतंत्रता की खुशी मनाते हैं। संस्थाओं के मुख्य अतिथि से हमको सीख और प्रेरणा मिलती है। संस्था का आचार्य हमें स्वतंत्रता का महत्व बताता है। हम तिरंगा झंडा फहराते हैं। हमारे देश का प्रधानमंत्री लाल किले के प्राचीर पर राष्ट्रीय तिरंगे झंडे का ध्वजारोहण करने के पश्चात् राष्ट्र के नाम अपना सन्देश प्रशासित करता है। वह राष्ट्रीय भावना को प्रेरित करता है और देशवासियों को राष्ट्र की मुख्य धारा में जुड़ने का संदेश देता है।

4. उपसंहार

स्वतंत्रता दिवस के रूप में 15 अगस्त से हमें केवल खुशहाली मनाने की सीख नहीं मिलती है अपितु हमें इस महत्वपूर्ण दिवस से त्याग, कर्मठता एवं अनुशासन की शिक्षा मिलती है। यदि हम अनुशासित रहेंगे तो हमारा राष्ट्र उन्नत होगा। हम अपने राष्ट्र की सेवा के लिए मुख्य धारा में शामिल होकर एक साथ कार्य करें तभी स्वतंत्रता दिवस की सार्थकता है अन्यथा स्वतंत्रंता का कोई महत्व न होगा। स्वतंत्रता दिवस से हमें राष्ट्र के विकास की प्रेरणा मिलती है। राष्ट्र का विकास तभी होगा जब हम अपनी उन्नति करने के लिए अनुशासित हो कर कार्य करेंगे। आज हम आजाद देश के वासी हैं। हम प्रत्येक रचनात्मक कार्य करने के लिए स्वतंत्र है। हमारी आजादी तभी सार्थक होगी जब वह आजाद भारत के विकास के प्रत्येक क्षेत्र में विश्व में अग्रगण्य बना दें।

अहिंसा
अथवा
अहिंसा का महत्व

1. प्रस्तावना।
2. अहिंसा एवं विश्व बन्धुत्व
3. उपसंहार।

1. प्रस्तावना

सत्य और अहिंसा हमारी गौरवमयी संस्कृति का एक महत्वपूर्ण मार्ग है। हम सत्य और अहिंसा के पुजारी रहे हैं। गोस्वामी तुलसी दास जी ने लिखा है—

"धर्म न दूसर सत्य समाना।"

अर्थात् सत्य सबसे बड़ा धर्म है। किन्तु अहिंसा परम धर्म है—

"अहिंसा परमोधर्मः"।

महात्मा गांधी ने कहा था सत्य और अहिंसा हमारे आदर्श है। सत्य और अहिंसा धर्म है। जो धर्म की रक्षा करता है धर्म उसकी भी रक्षा करता है—

"धर्मो रक्षति रक्षितः।"

स्वामी महावीर ने भी अहिंसा का उपदेश दिया है। उनके अनुसार प्रत्येक मनुष्य के लिए निम्नलिखित आवश्यक है—

सत्य

अहिंसा

ब्रह्मचर्य

अपरिग्रह एवं

अस्तेय।

अहिंसा सद्भावना में अभिवृद्धि करती है। हिंसा की भावना भड़कने पर अशांति की स्थिति समाज में व्याप्त हो जाती है। हम अशांत वातावरण में भला कैसे विकास कर सकते हैं। यदि हमें विकास करना है तो सत्य और अहिंसा के साथ-साथ ईमानदारी पर

बल देना होगा। ईमानदारी मिला है। अशोक एक महान सम्राट था उसने कलिंग विजय हासिल करके भीषण रक्तपात किया था किन्तु उसके मन को उस विजय से कोई शांति न प्राप्त हुई थी। अत: उसने अपने जीवन काल के अंतिम समय में बौद्ध धर्म स्वीकार करके बुद्ध की शरण में गया, जहां उसे सत्य और अहिंसा का बोध कराया गया। सत्य और अहिंसा का पालन करना स्वयं में एक तप है। तप से तेज में अभिवृद्धि होती है। जितने तेजस्वी मनुष्य इस धरती पर अवतरित हुए हैं सबने सत्य और अहिंसा का पालन किया।

सत्य और अहिंसा का व्रत करने वाले महापुरुष कहलाये हैं। भगवान बुद्ध के तेज के सामने अंगुलिमाल जैसा हिंसक डाकू आत्मार्पण कर गया था अर्थात् भगवान बुद्ध की ओजस्वी शक्ति के सामने वह टिक न सका और उसकी मानसिक शक्ति अभिभूत हो गई और वह भगवान बुद्ध का शिष्य बन गया।

2. अहिंसा का महत्व

अहिंसा का पालन करना परम धर्म है। भगवान महात्मा बुद्ध का सबसे बड़ा धर्म अहिंसा ही था। अहिंसा से सद्विचार उत्पन्न होता है। हमें मन, कर्म और वचन से अहिंसक होना चाहिए। यदि हम किसी पर कटु वचनों का प्रहार करते हैं तो यह हिंसा माना जाएगा। अत: अहिंसा का भाव हमें यह संदेश देता है कि हम मन, वाणी और कर्म से किसी को कोई कष्ट न दें। यही अहिंसा का मूलमंत्र भी है। सत्य और अहिंसा के विषय में जितना कहा जाय वह कम है। कहा गया है सत्य की विजय होती है—

"सत्यमेव जयते।"

अहिंसा का मूलमंत्र यह है कि हम—

(1) प्राणियों पर दया करें।

(2) उनकी रक्षा करें।

(3) उनके प्रति सहानुभूति रखें।

(4) उनकी हत्या न करें।

हमारी संस्कृति सत्य-अहिंसा पर विशेष बल देती है। प्राणियों में सद्भावना और विश्व कल्याण की शिक्षा हमें अपनी संस्कृति से मिलती है। हमारे ऋषियों, महार्षियों एवं विचारकों का नारा है—

धर्म की जय हो।

अधर्म का नाश हो।

प्राणियों में सद्भावना हो

गोहत्या बन्द हो

विश्व का कल्याण हो।

विश्व की ऐसी कोई संस्कृति नहीं है जहां ऐसा उद्घोष देखने को मिलता हो। हमारी संस्कृति विश्व के सभी संस्कृतियों से श्रेष्ठ है। हमारी संस्कृति धर्म की महत्ता को स्थापित करती है। हमारा धर्म अहिंसा एवं विश्व कल्याण की भावना से ओत-प्रोत है—

यतो अन्यद्भिः निःश्रेयसः धर्मः।

अर्थात् धर्म वह है जिससे अभ्युदय और निःश्रेयस की प्राप्ति हो। धर्म की यह परिभाषा विश्व कल्याण की भावना से अभिप्रेरित है। हमें प्राणियों में सद्भावना की सीख अपनी संस्कृति से मिलता है। हमारे ऋषियों एवं विद्वानों ने प्रेम और करुणा की वर्षा की है और इसका सन्देश विश्व के अन्य भागों तक पहुंचाया है।

संसार में हिंसा का कोई स्थान नहीं है। अहिंसा हमें सत्य पथ पर चलने के लिए प्रेरित करती है। सत्य और अहिंसा का जो संदेश महात्मा बुद्ध ने दूर-दूर तक पहुंचाया वह उनके जीवन की सार्थकता को प्रमाणित करता है। उन्होंने अहिंसा और शांति का संदेश दूर-दूर तक प्रसारित किया। अशोक ने अपने राजकुमार महेन्द्र और राजकुमारी संघ मित्रा को बौद्ध भिक्षु और भिक्षुणी बनने का आदेश दिया और वे इस निमित्त सिंहल द्वीप गये।

महात्मा बुद्ध के विचारों से प्रेरित होकर महात्मा गांधी ने सत्य और अहिंसा का मार्ग अपनाया। उन्होंने भगवान बुद्ध के सत्य, अहिंसा और अपरिग्रह कार्य प्रचार किया। महात्मा गांधी का सन्देश विश्व शांति और सद्भावना की निम्न शिक्षा हम अपनी सस्कृति से प्राप्त करते हैं—

"असतो माँ सद् गमय"।

हम सम्पूर्ण विश्व के कल्याण की कामना करते हैं। सबको सुखी रहने की कामना का संदेश देता है—

सर्वे भवन्तु सुखिनः

———

सर्वे सन्तु निरामया।
सर्वेभद्राणि पश्यन्तु
मां कश्चिद् दुगभागभवेत्॥

3. अहिंसा एवं विश्व शांति

विश्व शांति में अहिंसा की भावना एवं शिक्षा का महत्वपूर्ण स्थान है। किन्तु प्रथम विश्व युद्ध एवं द्वितीय विश्व युद्ध में भीषण रक्तपात हुआ जिससे हमारी भावनाएं आहत हुई। वर्तमान युग में होने वाला युद्ध हमारे लिए चुनौती का विषय है। हम शांति के पुजारी हैं किन्तु हमें भी अहिंसा करने के लिए विवश कर दिया जाता है। करगिल युद्ध से सभी अवगत हैं जिसमें हजारों जाने गई। पड़ोसी राष्ट्र के लिए अहिंसा एवं सत्य का कोई महत्व नहीं है। वह अपनी आदत और बुरी हरकतों से बाज नहीं आ रहा है और राष्ट्र विरोधी भावनायें भड़का कर हमें हिंसा करने के लिए विवश कर रहा है जब हम शांति स्थापना करने का प्रयास करेंगे तो हमें मजबूर होकर विरोधियों का दमन करने हेतु हिंसा का पथ अपनाना पड़ेगा। किन्तु हिंसा का लोकतंत्र में कोई स्थान नहीं है। हिंसा और रक्तपात से राष्ट्र की अपूरणीय क्षति होती है।

हिंसा और रक्तपात से सम्पूर्ण विश्व आतंकित है। हिरोशिमा और नागासाकी जापान देश के दो महत्वपूर्ण नगर थे वे बुरी तरह नष्ट हुए क्योंकि वहां परमाणु बम गिरा दिया गया था। इस त्रासदी में लाखों लोगों की मृत्यु हुई और लाखों की संख्या में लोग अपाहिज हो गये थे। हिंसा को बढ़ावा देने में विज्ञान का भी योगदान है। दोनों विश्व युद्धों में अपार जन और धन की क्षति हुई थी। दुनिया के सभी विकसित राष्ट्रों ने परमाणु बम बना लिए हैं। यह शांति के लिए भीषण खतरे का संकेत है। इससे पूरी तरह अशांति का वातावरण तैयार है। कभी भी विश्व युद्व होने पर विशाल जन और धन की क्षति हो सकती है।

करगिल में होने वाले युद्ध से सभी परिचित हैं। इसी प्रकार हिंसा की छिट-पुट घटनाएं निरन्तर घट रही है जिससे हम त्रस्त हैं। विश्व शांति की स्थापना हमारा परम धर्म है।

4. उपसंहार

संसार में हमें यदि अहिंसा का वातावरण तैयार करना है तो इसके लिए हमें त्याग करना पड़ेगा। गांधी जी ने अहिंसा और सत्य की जो शिक्षा हमें दिया है उसका प्रचार और प्रसार करना होगा।

विश्व शांति की तभी स्थापना हो सकती है जबकि हम प्रेम और अहिंसा को अपना केन्द्र बिन्दु बनाये। गांधी जी ने हमारे देश में अहिंसा का सफल प्रयोग किया है। हमको उन्हीं के पदचिन्हों का अनुसरण करना चाहिए। विश्व के सभी राष्ट्रों का यह कर्तव्य है कि वे गांधी जी द्वारा मानवता के लिए दिये गए सुझावों का अनुसरण करें। विश्व के सभी राष्ट्र यदि हमारी संस्कृति से प्रेरणा लेकर कार्य करेंगे तो हमारे यहां ही नहीं अपितु सम्पूर्ण विश्व में शांति का वातावरण बना रहेगा और विश्व कल्याण की भावना सबल रहेगी। किन्तु महायुद्धों की विभीषिकाओं ने हमें आतंकित कर दिया है। विश्व का कल्याण चाहने के लिए हमें सर्व प्रथम अपने मनोवृत्ति में बदलाव लाना पड़ेगा। हमें सत्यानुरागी बनना पड़ेगा। सत्य, अहिंसा और विश्व बन्धुत्व का भाव पैदा करके ही हम सम्पूर्ण राष्ट्र को दिव्य ज्ञान से आलौकित कर सकते हैं। जब दुनियां में शांति का वातावरण निर्मित रहेगा तो हम विकास के पथ पर अग्रसर रहेंगे और रचनात्मक कार्य सम्पादित करेंगे।

अहिंसा शांति का द्योतक है। अहिंसा का पालन स्वयं में एक तप है। यह एक प्रबल अनुष्ठान है। शांति काल में ही विकास का कार्य सम्पन्न होता है। श्रेष्ठ साहित्य का सृजन होता है उत्कृष्ट कार्यो का सम्पादन होता है। सुख एवं सुविधाओं में वृद्धि होती है। यदि हम शांति चाहते हैं तो हमें अहिंसा का मार्ग अपनाना होगा। हम शांति के पुजारी हैं। हमें हिंसा में विश्वास नहीं है। हमें अहिंसा का पाठ पढ़ाया जाता है। अहिंसा एक तप, साधना और व्रत है। अहिंसा से सम्पूर्ण विश्व शांति की शिक्षा प्राप्त करता है। पंडित जवाहर लाल नेहरू शांति के पक्ष धर थे। वे चीन के साथ पंचशील सिद्धान्त पर हस्ताक्षर किए थे। हमें अपने संस्कृति से शांति का बोध होता है। हम शांतिमय वातावरण की कामना करते हैं। शांति में विकास का बीज समाहित है। शांति में श्रेष्ठ कार्य सम्पन्न होते हैं। शांति का मार्ग अपनाने वाला व्यक्ति ही समाज में आगे जाता है। सत्य, अहिंसा एवं शांति का आपस में गहरा सम्बन्ध है। शांति में सुख है। अहिंसा परम तप है। हिंसा एक घृणित कार्य है। हिंसा अपराध है। हिंसा चाहे मानव का हो अथवा मानवेतर प्राणियों का यह पाप है। हमें इसका प्रबल विरोध करना चाहिए और इस बात का प्रसार-प्रचार करना चाहिए कि मानव एवं मानवेतर प्राणी सभी ईश्वर की कृति है। इनके प्रति दया भाव रखना चहिए।

विजयदशमी का त्यौहार

अथवा

भारतीय पर्व के रूप में विजयदशमी

1. प्रस्तावना
2. विजयदशमी का महत्व
3. प्रभाव
4. उपसंहार।

1. प्रस्तावना

भारत वर्ष विविध त्यौहारों, आयोजनों एवं उत्सवों का देश है। हमारी संस्कृति से विभिन्न पर्व जुड़े हुए हैं और इन पर्वो का अपना विशिष्ट महत्व है क्योंकि ये विशिष्ट प्रभाव से युक्त हैं। प्रत्येक उत्सव अपना धार्मिक अथवा सांस्कृतिक महत्व रखता है। विजयदशमी एक पवित्र त्यौहार है। यह हमारी संस्कृति का द्योतक है। यह सत्य का असत्य पर विजय का त्यौहार है। यह पर्व हम प्रति वर्ष हर्षोल्लास के साथ मनाते हैं। यह त्यौहार आस्था एवं विश्वास का त्यौहार है। भगवान राम आस्था एवं विश्वास के प्रतीक थे। यह त्यौहार प्रत्येक हिन्दू के लिए गर्व का त्यौहार है। इससे नवीन आशा, विश्वास एवं भाव जागृत होता है। यह त्यौहार आश्विन मास के शुक्ल पक्ष में दशमी तिथि के दिन भारत वर्ष में मनाया जाता है। भगवान राम को गोस्वामी तुलसीदास जी ने मर्यादा पुरुषोत्तम की संज्ञा दी है। यह जागृति एवं प्रेरणा का त्यौहार है। इसी समय में सम्पूर्ण विश्व में रहने वाले हिन्दू इस पर्व पर हर्षोल्लास प्रकट करते हैं। इसी समय दुर्गापूजा का भी त्यौहार बड़े उल्लास से मनाया जाता है। बिहार के पूर्वी हिस्से एवं पश्चिम बंगाल में दुर्गापूजा का त्यौहार बड़े हर्षोल्लास के साथ मनाया जाता है। यह त्यौहार विशेष खुशी का त्यौहार होता है। देवी मां की विशाल एवं भव्य प्रतिमाओं को इस दिन सजाया जाता है।

विजयदशमी का त्यौहार हम क्यों मनाते हैं? दर असल सत्य एवं असत्य में हुए संघर्ष में सत्य ने असत्य को पराजित किया। भगवान राम जो सत्य के प्रतीक थे, ने रावण जो दुराचारी था एवं जो असत्य का प्रतीक था को पराजित कर उसका वध किया। राम एक सत्यवान पुरुष की भांति आजीवन मर्यादाओं की सीमा में बंधे रहे।

इसके विपरीत रावण अपने कुकृत्यों से धरती के प्राणियों, योगी, यतियों, ऋषियों, महर्षियों एवं सामान्य जनता को पीड़ा देता रहा। वह भगवान राम को भी नहीं छोड़ा क्योंकि उनकी पत्नी सीता मां को भी चुरा ले गया और उन्हें नाना प्रकार के कष्ट देने लगा। भगवान राम धरती पर मानवता की समग्र रूप में रक्षा करने हेतु अवतरित हुए थे। वे आदर्श महापुरुष थे। उनका धरती पर इसलिए पदार्पण हुआ क्योंकि उन्होंने नर लीला करके आसुरी शक्तियों का विनाश किया है। मां जानकी का हरण करने के पीछे रावण का प्रयोजन राम को परेशान करना था। राम जी ने माता सीता को वापस पाने हेतु विभिन्न दूतों को लंका में रावण के पास भेजा किन्तु उस पर कोई असर नहीं रहा। राम मर्यादा की सीमा से बंधे थे। वे बराबर शांतिपूर्ण वार्ता के पक्ष में थे किन्तु रावण उनका प्रस्ताव ठुकराता गया। रावण के पास अंगद भी गये। अंगद रावण संवाद प्रसिद्ध है। किन्तु अंगद को कोई सफलता न मिली। हनुमान जी भी गये किन्तु उनकी बातों का रावण पर कोई असर न रहा। उनकी पूंछ में उसने आग लगवा दिया फलतः उसकी स्वर्ण नगरी हनुमान जी ने नष्ट कर दिया और विविध अत्याचार व उत्पात किये और उसके पुत्र अक्षय कुमार को मार डाला। हनुमान जी ने प्रभु प्रताप का विशद् वर्णन रावण के सम्मुख किया था किन्तु उस पर कोई असर न रहा।

रावण को अपने बुद्धि और सम्पदा पर विशेष गर्व था। वह अहंकारी एवं दम्भी व्यक्ति था। उसे अपने वैभव पर बड़ा घमण्ड था। उसने भगवान शिव से अनेक वरदान प्राप्त किये थे। वरदानी होने के कारण उसके यश और प्रतिष्ठा में अभिवृद्धि हुई। वह संस्कार का हीन था। वह ऋषियों-मुनियों को सताता था और अशोक वाटिका में सीता माता को भी त्रास देता था।

शांतिवार्ता के सारे प्रयास जो भगवान राम की ओर से किए गये थे वे विफल हो गये। अंत में श्री राम ने समुद्र पर सेतु बांधकर लंका की ओर प्रस्थान किया। लंका में अपना डेरा गिराने के बाद भी भगवान रावण को समझाने हेतु अथक प्रयास किये किन्तु उस पर कोई असर न हुआ। रावण के त्रास से दुःखी होकर उसका छोटा भाई विभीषण रामादल में आकर शामिल हो गया। वह रावण के व्यवहार से तंग आ चुका था। उसने भी रावण से कहा कि सीता माता को राम को वापस करके श्रीराम चरणों में गिरे, वे सारे अपराध माफ करेंगे।

किन्तु रावण दम्भ से भर चुका था। उसमें अज्ञान का भाव प्रबल था और वह राम से युद्ध करने के लिए तैयार था। फलस्वरूप भगवान राम ने मां सीता को प्राप्त करने हेतु एवं धरती पर असुरों का संहार करने हेतु रावण से युद्ध करना स्वीकार किया। दोनों ओर से लड़ाई आरम्भ हुई। राम की ओर से सुग्रीव, हनुमान, अंगद, लक्ष्मण एवं अन्यान्य कपि एवं भालुओं ने लड़ाई लड़ी। रावण की ओर से उसका पुत्र मेघनाथ, भाई कुम्भ कर्ण और विभिन्न राक्षस योद्धाओं ने लड़ाई लड़ी। इस महायुद्ध में रावण का नाश हुआ। उसके सभी पुत्र मार दिए गये स्वयं रावण मारा गया। राम ने जीत के पश्चात् विभीषण को वहां का राजा बनाया।

सत्य की विजय होती है

"सत्यमेव जयते।"

सत्य हमारे भारतीय समाज का आदर्श रहा है। यदि हम सत्य से विमुख होंगे तो हमारा पराजय होगा और यदि हम असत्य की ओर भागेंगे तो हमारा पतन होगा। भगवान राम मर्यादा पुरुषोत्तम थे। उनके बारे में गोस्वामी जी ने लिखा है—

"धर्म हेतु अवतरेहुं गोसाईं।"

अर्थात् धर्म की प्रतिष्ठा करने हेतु भगवान राम धरती पर आए। भारत भूमि धन्य है जहां राम जैसे सत् पुरुष ने जन्म लिया। भगवान राम हमारी गौरवमयी संस्कृति के प्रतीक हैं। वे धर्म की स्थापना हेतु जन्म लिए थे। उन्होंने धरती पर साधु समाज की रक्षा की है। मानवता के मूल्यों की रक्षा करने हेतु उन्होंने रावण जैसे पराक्रमी एवं महान योद्धा को मारा। जब भगवान राम ने रावण का वध किया तो वह दिन बहुत ही शुभ माना गया और इसे हम तभी से एक पर्व के रूप में मनाने लगें।

2. विजयदशमी का महत्व

विजयदशमी हर्षोल्लास का पर्व है। यह हमारी आस्था एवं विश्वास का पर्व है। यह मानव को मानव से जोड़ने का त्यौहार है। यह सीख एवं सत्प्रेरणा का त्यौहार है। शरद ऋतु में अद्भुत प्राकृतिक सुन्दरता के दृश्य में इस त्यौहार को मनाते हैं। यह मंगल एवं शुभ में अभिवृद्धि करने वाला त्यौहार है। गोस्वामी जी ने लिखा है—

मंगल भवन अमंगल हारी।

द्रवहुं सो दशरथ आजिर विहारी ॥

विजय दशमी के दिन हम यह देखते हैं कि लोगों के द्वारा रावण एवं कुम्भकर्ण के पुतले जलाये जाते हैं। इस त्यौहार को भली प्रकार मनाये जाने हेतु हम रामलीला का आयोजन करते हैं। गांव एवं नगर विविध भांति सजाये जाते हैं। रामकथा के सुन्दर उच्चारण से सम्पूर्ण वातावरण राममय हो जाता है। विविध आयोजनों एवं कार्यक्रमों की सुन्दर झांकी प्रस्तुत की जाती है। लोग सर्वत्र सुख और शांति की कामना करते हैं। नगरों एवं गांवों का सुन्दर दृश्य देखने में मनमोहक लगता है। विजय दशमी खूब अच्छा लगने वाला त्यौहार है।

यह परम पवित्र पर्व हमें पवित्र संदेश देता है। हमें अपने जीवन में भगवान राम के आचरण को अपनाना चाहिए। भगवान राम राष्ट्रीय चेतना के प्रतीक थे। हमें इस पवित्र पर्व से प्रेरणा और सीख लेकर भगवान जैसा आचरण करना चाहिए ताकि समाज में सुख और शांति में अभिवृद्धि हो सके। यह महान त्यौहार हमारी सांस्कृतिक महत्ता को झलकाता है। यह पुण्य एवं सत्कर्मों का संदेश देता है। यह त्यौहार यहां के नागरिकों के लिए ही नहीं अपितु सम्पूर्ण विश्व के नागरिकों को प्रेरणा प्रदान करता है। यह गौरव एवं आध्यात्मिक शांति का त्यौहार है। यह विविध आयोजनों एवं कार्यक्रमों का त्यौहार है। यह पारस्परिक ईर्ष्या के परित्याग का त्यौहार है।

3. प्रभाव

इस पर्व से हमें यह प्रेरणा मिलती है कि सत्य का असत्य पर विजय होता है। यह हमें अन्याय एवं अत्याचार के विरुद्ध आवाज उठाने की प्रेरणा देता है, यह समाज को सुसंगठित करने का त्यौहार है। यह अत्याचार और दुराचार को उन्मूलित करने के प्रभाव से युक्त है। यह नवीन चेतना जागृत करने का त्यौहार है। हमें पाप के उन्मूलन के लिए सदैव तत्पर रहना चाहिए। यह त्यौहार हमारी सांस्कृतिक धरोहर पर प्रकाश डालता है। यह पापियों, दुराचारियों और दुष्कर्म करने वाले लोगों को समाप्त करने का त्यौहार है। कतिपय स्थानों पर इस तिथि को शमी नामक वृक्ष की पूजा होती है। इस सन्दर्भ में एक पौराणिक कथा प्रचलित है जिसके अनुसार रघु नामक राजा ने एक बार विश्वजीत यज्ञ का आयोजन किया और याज्ञिक क्रियाओं को सम्पादन करने हेतु ब्राह्मणों एवं ऋषियों तथा आचार्यों को बड़े पैमाने पर दान किया गया जिससे राजा का कोष खाली हो गया। तभी वरतन्तु के

आश्रम में शिक्षा प्राप्त करके लौटा एक शिष्य चौहद करोड़ स्वर्ण मुद्राओं की मांग की। रघु के पास तो पहले से ही खजाना खाली हो चुका था। फलतः उन्होंने धन के स्वामी कुबेर पर आक्रमण करना चाहा। कुबेर भय में पड़कर आकाश मार्ग से शमी नामक वृक्ष पर आरूढ़ होकर असंख्य स्वर्ण मुद्राओं की वर्षा की। महाराज रघु अत्यन्त प्रसन्न हुए और उन्होंने उक्त स्वर्ण मुद्राओं को उस शिष्य को प्रदान किया जो महाराज वरतन्तु के आश्रम से आया था। परिणामतः शमी की पूजा का प्रचलन है।

4. उपसंहार

हम विजय दशमी का त्यौहार हर्ष उल्लास का त्यौहार कम किन्तु प्रेरणा का त्यौहार ज्यादा है। हमें इस प्रमुख पवित्र पर्व से प्रेरणा लेकर समाज की रक्षा का संकल्प लेना चाहिए। इस पर्व की सार्थकता तभी है जबकि निम्न कर्तव्य इस पर्व से प्रेरणा प्राप्त करें—

1. देश में शांति सुव्यवस्था स्थापित करने हेतु कार्य करें।
2. गरीबों दुखियों एवं दीन जनों की सेवाएं करें।
3. मानव को मानव से जोड़ने का कार्य करें।
4. दुष्टों से समाज की रक्षा करें।
5. सत्य एवं निष्ठा को अपनाएं।
6. सदाचार एवं शिष्टाचार को अपनाएं।
7. प्राणियों में सद्‌भावना का भाव विकसित करें।
8. जीवों पर दया करें।
9. माता-पिता की सेवा करें।
10. गुरुजनों के प्रति आस्था रखें और उनकी सेवा करें।

उपरोक्त समस्त बातें भगवान में थी तभी तो वह मर्यादा पुरुषोत्तम कहलाये। भगवान भक्तों के हृदय में वास करते हैं। भगवान स्वयं कहते हैं—

निर्मल मन जन सो मोहि पावा।

मोहि कपट छल छिद्र न भावा॥

अर्थात् प्रभु को वही पा सकते हैं जिनका मन पवित्र है। ईश्वरत्व की प्राप्ति तभी सम्भव है जबकि हम सद्‌कर्मों का विकास करें।

सिनेमा एवं हमारा समाज

अथवा

सिनेमा का महत्व

1. प्रस्तावना
2. सिनेमा का आविष्कार
3. लाभ
4. प्रभाव
5. उपसंहार

1. प्रस्तावना

वर्तमान युग विज्ञान के चमत्कार का युग है। विकास का कोई ऐसा कोना नहीं है जो विज्ञान से अछूता हो। सिनेमा विज्ञान की ही देन है। विज्ञान प्रकृति के गूढ़ से गूढ़ रहस्यों का पर्दाफाश करता है। विज्ञान जिज्ञासा अथवा कौतूहल का विषय है। सिनेमा विज्ञान का एक महत्वपूर्ण आविष्कार है। चलचित्र का आविष्कार विज्ञान की अत्यन्त महत्वपूर्ण देन है। सिनेमा के माध्यम से हमें विविध जानकारी प्राप्त होती है। राजा, प्रजा, धनी, गरीब सभी वर्तमान समय में इससे लाभान्वित हो रहे हैं। दुनिया का ऐसा कोई कोना नहीं है जहां सिनेमा का प्रभाव देखने को न मिले। भारत की जनता के लिए यह विशेष आकर्षण बन गया है क्योंकि हमारे यहां नगरों से लेकर छोटे कस्बों तक में भव्य सिनेमा हाल देखने को मिलते हैं। किन्तु यह ध्यान देने की बात है कि हमारे लिए यह कोई नवीन घटना नहीं है क्योंकि हमारे यहां मनोरंजन के विविध साधन रहे हैं जिससे हमारे यहां की जनता का आमोद-प्रमोद होता रहा है। नाटक खेलने का अति प्राचीन झलक हमें मिलती है। ऐसी-ऐसी नाटक मंडलियां थीं जिसमें कलाकार अपने कला से जनता एवं श्रोता के मन पर अमिट छाप छोड़ते थे। नाटकों का कथानक वही रहता था जो आज के सिनेमा में दर्शाये गये पात्रों से सम्बन्धित होता है। यद्यपि यह सत्य है कि पहले ऐसी सुविधाएं न थीं किन्तु कलाकारों में अपनी कला के प्रदर्शन के प्रति रुझान थी। पहले के कलाकार और अभिनेता भी इतने प्रवीण न थे जैसी प्रवीणता और वाक्‌पटुता आज के कलाकारों में है।

नाटकों के अभिनयों को बाद में छाया चित्रों द्वारा दर्शानि का प्रयास हुआ किन्तु ये छाया चित्र सफल न रहे क्योंकि इनकी आकृति सुस्पष्ट न थी। इनमें वह आकर्षण और सजीवता न थीं जो अपेक्षित थी। धीरे-धीरे चलचित्रों के विकास की ओर जनता का ध्यान गया।

2. सिनेमा का आविष्कार

सिनेमा के क्षेत्र में अमेरिका के वैज्ञानिकों ने पहले कार्यारम्भ किया। प्रकाश पट्टी के माध्यम से उन्होंने चित्रों को दर्शाने की कोशिश किया। इस दिशा में निरन्तर कार्य होता रहा। हमारे यहां सबसे पहले हरिश्चन्द्र नामक फिल्म बनी किन्तु यह मूक पिक्चर थी फिर भी इसमें मानव की गतिशीलता थी। इस दिशा में नियमित रूप से प्रयास होता रहा फलतः 1931 में आलम आरा नामक पिक्चर बनी। यह फिल्म जनता में काफी लोकप्रिय हुई और इसी समय से बोलने वाले चलचित्रों का आरम्भ हुआ। जनता का अपना प्रयास इसके पश्चात् भी जारी रहा और उसने अभिनय के क्षेत्र में अच्छे कलाकारों को तलाश करना आरम्भ किया। धीरे-धीरे देश के विविध भागों से भिन्न-भिन्न प्रकार का अभिनय करने वाले कलाकार भी मिलने लगे और इस क्षेत्र में दिन प्रतिदिन परिवर्तन दृष्टिगोचर होने लगा। बाद में फिल्म जगत से सम्बन्धित कई प्रसिद्ध कम्पनियां भी खुलीं। प्रतिभा सम्पन्ना कलाकारों को अभिनय करने का अवसर मिला। इन कम्पनियों को जनता का पूर्ण सह्योग और सद्भाव प्राप्त हुआ। धीरे-धीरे देश में तेजी से गतिशील होने वाले चलचित्र का प्रसार हुआ जो आगे चलकर काफी महत्वपूर्ण सिद्ध हुआ।

धीरे-धीरे सिनेमा देखने वाले लोगों की संख्या में अभिवृद्धि हुई। जगह-जगह सिनेमा हाल एवं थिएटर खोले गये। लोगों को सिनेमा का भाव पूरी तरह से समझ में आने लगा और वे पात्रों की भूमिकाओं को भी भली प्रकार समझने लगे। अब सिनेमा के द्वारा जनता का मनोविनोद होने लगा। वर्तमान समय में ये मनोरंजन के अच्छे साधन के रूप में विकसित हो गए हैं।

3. सिनेमा से लाभ

सिनेमा से हमारे समाज को लाभ ही लाभ है। हम सिनेमा के माध्यम से समाज में घटने वाले विविध घटनाओं का दर्शन करते हैं। समाज की गतिविधि और मनोवृत्ति पर सिनेमा द्वारा भली प्रकार प्रकाश पड़ता है। सिनेमा के द्वारा शिक्षाप्रद बातों का भी प्रसार हो रहा है। इसके द्वारा हम अपने सांस्कृतिक मूल्यों का भी प्रचार एवं प्रसार कर सकते हैं। एक स्वस्थ समाज के लिए जिन बातों की महत्ता है वे सभी चलचित्र के माध्यम से दर्शाये जा सकते हैं। सामाजिक कुप्रथाओं,

रूढ़ियों आदि को उन्मूलित करने में भी सिनेमा का सराहनीय योगदान है। सिनेमा के द्वारा अच्छी फिल्मों के माध्यम से निर्माता समाज को विविध प्रकार की अच्छी बातों से अवगत कराता है। चलचित्रों के माध्यम से घटनाओं का सुसम्यक क्रम दर्शाया जाता है। गांधी जी पर बनी फिल्म के माध्यम से उनके विषय में सम्पूर्ण जानकारी हम प्राप्त करते हैं।

सिनेमा का लाभ सभी वर्ग के लोगों के लिए है। जनता नवीन जानकारियों से सिनेमा के ही माध्यम से अवगत होती है। सिनेमा के ही माध्यम से अन्य जानकारी प्राप्त कर सकते हैं जैसे—इतिहास, भूगोल, विज्ञान, टेक्नोलाजी आदि। समाज को स्वस्थ वातावरण में ले चलने के क्षेत्र में भी सिनेमा का योगदान है।

4. प्रभाव

वर्तमान समय में सिनेमा का प्रभाव सर्वत्र व्याप्त है। सिनेमा के माध्यम से हमें सभी प्रकार का ज्ञान घर बैठे मिल जाता है। समाज में व्याप्त समस्याओं पर सिनेमा द्वारा भली प्रकार प्रकाश पड़ता है। उदाहरण के लिए दहेज से होने वाली मौतों आदि से सम्बन्धित घटनाओं की विधिवत् वर्णन सिनेमा के माध्यम से विदित होता है तथा समाज में व्याप्त उस प्रकार की बुराइयों पर गम्भीरता से विचार किया जाता है। आज कल टी० वी० पर ज्ञानवर्धक बातों को दिखया जा रहा है जिससे हम ज्ञानार्जन करते हैं। संगीतमय साहित्य के सृजन के फलस्वरूप संगीत का सुन्दर तान भी हमें इसके माध्यम से सुनने को मिलता है। विज्ञान, कला, साहित्य आदि के विषय में जो प्रगति हो रहा है उसके बारे में हमें पर्याप्त जानकारी का माध्यम टी० वी० है।

5. उपसंहार

चलचित्रों में विकास के लिए जो प्रयास वर्षो से हुआ वह पूर्णतः सार्थक है क्योंकि इस वैज्ञानिक प्रतिस्पर्धात्मक युग में ज्ञान विज्ञान से सम्बन्धित नवीन बातों को दिखाया जाने का एक मात्र माध्यम सिनेमा है। हमें इससे प्रेरणा लेकर अपने समाज को विकास के पथ पर ले जाना चाहिए। टी० वी० के संदर्भ में यह कहा जा सकता है कि अब विविध प्रकार के टी० वी० चैनल आ रहे हैं जैसे जी० टी०.वी०, स्टार टी० वी०, केबिल टी० वी० आदि किन्तु सभी का प्रयोजन लगभग एक है। यद्यपि आजकल गन्दे साहित्य से सम्बन्धित बातों को भी इन माध्यमों से दिखाया जा रहा है किन्तु हमें केवल अच्छी बातों को ही ग्रहण करना चाहिए।

युद्ध
अथवा
युद्ध—एक अवश्यम्भावी घटना
अथवा
युद्ध एक वरदान या शाप

1. प्रस्तावना
2. युद्ध का न टाला जा सकना
3. परिणाम
4. उपसंहार

1. प्रस्तावना

गोस्वामी तुलसीदास जी ने लिखा है—

"विधि का लिखा को मेटन हारा।" अर्थात् विधाता ने जो कुछ लिखा है वही होगा। न चाहने पर भी युद्ध करना ही पड़ता है। अर्जुन युद्ध के पक्ष में कदापि न थे किन्तु भगवान श्रीकृष्ण ने अर्जुन को युद्ध करने के लिए प्रेरित किया। भगवान श्रीकृष्ण ने अर्जुन को यह उपदेश दिया कि हे अर्जुन इस युद्ध भूमि में तुम युद्ध करो। पहले धर्म की स्थापना हेतु, मर्यादा की रक्षा हेतु एवं मानव समाज को दुर्जनों से रक्षा हेतु युद्ध किया जाता था। इस सन्दर्भ में संस्कृत का निम्न श्लोक प्रासंगिक है—

"परित्राणाय साधूनां बिनाशाय च दुष्कृताम्।"

साधु समाज की रक्षा के लिए धर्म की स्थापना के लिये किया जाने वाला युद्ध महत्वपूर्ण माना जाता था। भगवान श्रीकृष्ण ने युद्ध का आदेश उस स्थिति में दिया जबकि यह धर्म की स्थापना हेतु आवश्यक था। गोस्वामी तुलसीदास जी ने लिखा है—जब असुरों की संख्या बढ़ जाती है तब भगवान विविध रूप में प्रकट होते हैं और धर्म की स्थापना हेतु युद्ध करते हैं—

जब जब होहिं धर्म की हानी।
बाढ़ैं असुर अधम अभिमानी॥

भगवान तभी प्रकट हो कर असुरों का वध करते हैं जब उनकी संख्या और अत्याचार में अभिवृद्धि हो जाती है।

पहले देवासुर संग्राम हुआ करता था। असुर बड़ी बहादुरी से लड़ते थे। वे देवताओं को भी परास्त कर देते थे और उनका राज्य अधिग्रहीत कर लेते थे और जब उनका अत्याचार बहुत ज्यादा बढ़ जाता था तो साक्षात् परम ब्रह्म परमेश्वर भिन्न-भिन्न रूपों में अवतरित हो कर उन्हें पराजित करते थे और उनका वध करते थे। हमारे यहाँ दो महायुद्ध अति प्रसिद्ध थे। प्रथम रामायण कालीन युद्ध और द्वितीय महाभारत काल का युद्ध। भगवान राम ने मानवता की रक्षा एवं ऋषियों-मुनियों को सुरक्षित करने हेतु रावण से भयंकर युद्ध किया। महाभारत के युद्ध में अत्याचारी दुर्योधन और कंस का वध हुआ। यह एक प्रकार का विश्व युद्ध ही था जिसमें करोड़ों लोग मौत के घाट उतरे थे और भिन्न-भिन्न प्रान्तों एवं दूरस्थ स्थानों के योद्धा लड़ने आये थे।

वर्तमान समय में भी अति भयंकर युद्ध हुए हैं। आधुनिक काल में दो विश्व युद्ध धरती पर लड़े गये। पहले का युद्ध धर्म की स्थापना के लिए होता था किन्तु आज का युद्ध विकसित राष्ट्रों द्वारा स्वयं के अहं को तृप्त करने के लिए लड़ा जा रहा है। आज का युद्ध पूर्णतः स्वार्थ से प्रेरित है। एक राष्ट्र अपने पड़ोसी राष्ट्र को सुखी नहीं देखना चाह रहा है। हमारा पड़ोसी राष्ट्र पाकिस्तान सदैव हमारे राष्ट्र को परेशान करने की ताक में रहता है करगिल का भयंकर युद्ध इस बात का स्पष्ट प्रमाण है।

दोनों महायुद्धों के जो परिणाम हुए थे उससे हम सब पूरी तरह अवगत हैं। जापान पर परमाणु बम गिराया गया था और उसके दो शहर पूर्णतः नष्ट हो गये थे। ये शहर थे हिरोशिमा और नागासाकी। किन्तु युद्ध को टालना बुद्धिमानी है।

2. युद्ध का न टाला जा सकना

आधुनिक काल में भी ऐसी स्थितियाँ आ गई हैं कि महाभारत के युद्ध की भांति वर्तमान काल के युद्ध को नहीं टाला जा रहा है। यदि दुनिया के सभी राष्ट्रों ने मिल-जुलकर बुद्धि चातुर्य से काम लिया होता तो प्रथम एवं द्वितीय विश्वयुद्ध क्यों होते ? करोड़ों की संख्या में लोग हताहत हुए। विभिन्न देशों की अर्थव्यवस्थाएं तबाह हो गई। संसार के कई राष्ट्र भुखमरी के कगार पर आ गये।

किन्तु जब भगवान कृष्ण जैसा महापुरुष युद्ध को नहीं टाल सका और कौरव एवं पाण्डवों के मध्य शांति स्थापित न कर सका तो आज के मानव युद्ध की होनी को कैसे टाल सकेंगे। दुनियाँ के सारे राष्ट्र एक दूसरे से टकराते रहते हैं। उदाहरण के लिए अरब-इजराइल का युद्ध, भारत और पाकिस्तान का युद्ध, भारत और चीन का युद्ध, उत्तरी और दक्षिणी वियतनाम का युद्ध, करगिल युद्व आदि यह दर्शाते हैं कि यहां लड़ाई एवं युद्ध आम बात हो गई है जिसे टाला नहीं जा सकता।

इस प्रकार हम यह कह सकते हैं कि युद्ध एक अवश्यम्भावी घटना बनकर हमारे सामने प्रकट होती है। संसार के विकसित राष्ट्र यह नहीं चाहते कि विकासशील राष्ट्र भी विकसित हो सके और वे विकासशील राष्ट्रों के आंतरिक मामलों में हस्तक्षेप करते रहते हैं और गृह युद्ध भड़काना चाहते हैं और अन्य षड्यंत्रों के माध्यम से इनकी अर्थव्यवस्थाओं को चौपट करना चाहते हैं।

3. युद्ध का परिणाम

युद्ध का अत्यन्त दुष्कर परिणाम सामने आता है। हम उसका अनुभव प्रथम एवं द्वितीय विश्व युद्ध के दुष्परिणाम से कर सकते हैं। प्रथम एवं द्वितीय विश्व युद्ध में भीषण नर संहार हुआ। कई देशों की अर्थव्यवस्थाएं चौपट हो गईं, स्वयं इग्लैण्ड की आर्थिक हालत जर्जर हो गयी थी क्योंकि उसका ऊपार रूप में जन और धन की हानि हुई थी। कई हजार सुन्दर भवन नष्ट हुए। सम्पूर्ण संसार महंगाई की चपेट में आ गया। संसार में त्राहि-त्राहि मच गई। परमाणु बम ने जापान के कई शहरों को नष्ट कर दिया था जिसमें अरबों की सम्पदा नष्ट हो गई थी। परमाणु बम का इतना विषाक्त असर रहा कि तरह-तरह की बीमारियां फैल गई लोग मौत के मुंह में जाने लगे। विश्व के सभी राष्ट्रों में अस्त्रों-शस्त्रों को जुटाने की होड़ मची हुई है। लोग स्वार्थ वश आपस में टकराते रहते हैं। शक्तिशाली राष्ट्र निर्बल राष्ट्रों की मनोदशा को शासित करना चाहते हैं। अब तो युद्ध के क्षेत्र में ऐसे-ऐसे अस्त्र-शस्त्र और मिसाइलें निर्मित की गई हैं कि यदि युद्ध हो जाता है तो अत्यन्त विनाशकारी परिणाम सामने आ सकता है। परमाणु बम, हाइड्रोजन बम, वेगवान राकेट आकाश मार्ग से वार करने वाली मिसाइलें एवं प्रक्षेपास्त्र बड़े-बड़े तोप और टैंक युद्ध की तस्वीर बदल देंगे। वर्तमान समय में जल, नभ एवं थल तीनों क्षेत्रों में युद्ध के तरीके में परिवर्तन आया है।

युद्ध में होने वाला नरसंहार अत्यन्त दुखद स्थिति को जन्म देता है। कितनी महिलायें विधवा हो जाती हैं, कितनी माताएं पुत्र हीन हो जाती हैं और कितने नौजवान काल के गाल में चले जाते हैं और कितने परिवारों की रोशनी बुझ जाती है। असंख्य लोगों का प्राणोत्सर्ग एवं नर संहार होता है। इस दुष्परिणाम का प्रभाव सब पर पड़ता है। शिल्पी, कलाकार, पशु, वैज्ञानिक, डाक्टर, इंजीनियर एवं विशेषज्ञ आदि सभी प्रभावित होते हैं। आपातकालीन स्थिति में इनकों भी लड़ाई के मैदान में जाना पड़ता है। युद्ध में होने वाले विध्वंसक विस्फोटों का यह प्रभाव होता है कि देश के मिट्टी की उर्वरा शक्ति क्षीण हो जाती है। फसल एवं पौधे धीरे-धीरे नष्ट होने लगते हैं। तरह-तरह की बीमारियां फैल जाती है। अन्धों, लूलो, लंगड़ों और अपाहिजों की संख्या में वृद्धि हो जाती है। बमों की वर्षा से बहुत बड़ी हानियां होती हैं। बड़े-बड़े मकान धराशायी हो जाते हैं लाखों लोग अकाल ही काल के गाल में चले जाते हैं। सम्पूर्ण वातावरण विषाक्त हो जाता है। कल कारखाने बन्द हो जाते हैं। संचार सुविधाएं एवं यातायात सुविधाएं दुष्प्रभावित हो जाती है। सम्पूर्ण अर्थव्यवस्थाएं विकलांग हो जाती हैं और दुनियां के सभी राष्ट्रों को आर्थिक तंगी का सामना करना पड़ता है। उत्पादन कार्य शिथिल पड़ता है महंगाई आसमान छूने लगती है, जो उत्पादन होता भी है उसे सेना के लिए भेज दिया जाता है। सामान्य उपयोग की वस्तुओं का अभाव उत्पन्न हो जाता है, युद्धकालीन और युद्ध के बाद की दोनों प्रकार की स्थितियाँ देश को तबाह करती हैं।

किन्तु यह स्थिति सम्पूर्ण जनता के लिए कष्टकर है, इससे घोर तबाही आ जाती है। दुनियां के सभी राष्ट्रों को इस पर गम्भीरता के साथ विचार करना चाहिए कि हर परिस्थिति में युद्ध को टालें।

4. उपसंहार

युद्ध के परिणाम से हम भली प्रकार अवगत हैं। राष्ट्रीय अर्थव्यवस्था और मानवता पर युद्ध का अत्यन्त बुरा असर पड़ता है। हम युद्ध की बुराई से बच नहीं सकते। इसका परिणाम सब को झेलना पड़ता है। इराक और कुवैत का जो युद्ध एक दशक पहले हुआ था उसमें अमेरिका ने कुवैत की ओर से इराक पर कई राकेटी हमले किए और इराक के तेल के बड़े-बड़े टैंकर नष्ट हुए उसका दुष्परिणाम दुनियाँ के सभी राष्ट्रों के सम्मुख आया क्योंकि पेट्रोलियम पदार्थो के मूल्य में तेजी से वृद्धि हुई। जब पेट्रोलियम पदार्थों के मूल्य में वृद्धि होती है

तो स्वाभाविकतया अन्य पदार्थों के मूल्य में आनुपातिक रूप में और वृद्धि हो जाती है।

युद्ध कभी भी अच्छे परिणाम नहीं छोड़ता। इसका परिणाम बहुत बुरा होता है। युद्ध को रोकने के लिए विश्व स्तर पर जागृति उमड़नी चाहिए। भ्रातृ भाव पर बल देना चाहिए। शांति के क्षेत्र में भारत का महत्वपूर्ण योगदान है। भारत कभी भी युद्ध का पक्षधर नहीं है। पं० जवाहार लाल नेहरू और चीन के प्रधान मंत्री के बीच पंचशील सिद्धान्तों पर हस्ताक्षर किए गये और दोनों देशों के प्रधानमंत्रियों ने अपने मैत्रीपूर्ण सम्बन्धों को प्रगाढ़ करने की कामना किए। हमें अपने देश के महापुरुषों से प्रेरणा लेकर ही कोई काम करना चाहिए। हमें विश्व शांति का प्रयास करना चाहिए। हमारी संस्कृति विश्व कल्याण की भावना से प्रेरित है। हमारा यह नारा है कि—

"प्राणियों में सद्‌भावना हो अरैर विश्व का कल्याण हो।"

प्राणियों में सद्‌भावना कैसे होगी? यह गूढ़ प्रश्न है। प्राणियों में सद्‌भावना तभी स्थापित होगी जबकि दुनियाँ के सभी राष्ट्र हमारी संस्कृति से प्रेरणा लेकर विश्व कल्याण की भावना से प्रेरित होकर कार्य करें और विषम से विषम परिस्थितियों में भी शांति का पथ न त्यागें। हमारे देश के महापुरुषों ने विश्व शांति की कामना की है। महात्मा गांधी सदैव विश्व बन्धुत्व और विश्व शांति पर बल देते रहे। अतः हमें सदैव जन कल्याणकारी भावना का विकास करके सदैव रचनात्मक कार्यों में संलग्न रहना चाहिए।

हमारा राष्ट्र एवं पाश्चात्य संस्कृति

अथवा

भारतीय जीवन पर पाश्चात्य संस्कृति का प्रभाव

1. प्रस्तावना
2. पाश्चात्य संस्कृति का प्रभाव
3. पाश्चात्य संस्कृति अपनाने का दुष्परिणाम
4. उपसंहार।

1. प्रस्तावना

संस्कृति का तात्पर्य जीवन के विविध क्षेत्रों के क्रियाकलापों से है। इसमें जीवन सम्बन्धी दृष्टिकोण की झलक मिलती है। इसके अन्तर्गत भाषा, वेशभूषा, खान-पान, रहन-सहन, आचार-विचार एवं वैज्ञानिक प्रगति आदि सभी कुछ आता है। जब भिन्न-भिन्न संस्कृति एक दूसरे के करीब आते हैं तो उनमें कुछ प्रतिक्रिया के पश्चात् सामंजस्य होता है। यह सामंजस्य उनके रीति-रिवाजों, खान-पान एवं रहन-सहन आदि सब को प्रभावित करता है। संस्कृति में सामंजस्य तब स्थापित होता है जब दो संस्कृति के लोग आपस में आते हैं। दो संस्कृति के लोग शनैः शनैः एक दूसरे के विचारों से सामंजस्य स्थापित करते हैं। जब सामंजस्य स्थापित हो जाता है तो वे एक दूसरे के विचार की ओर आकर्षित हो जाते हैं। अर्थात् क्या भाषा का क्या रहन-सहन का आचार-विवचार आदि सभी कुछ प्रभावित होता है। मानव एक जिज्ञासु प्राणी है। वह निरन्तर कुछ न कुछ सीखता रहता है। सीखना भी संस्कृति का ही एक भाग है। जो संस्कृति जितनी प्राचीन होती है वह उतना ही सम्पन्न मानी जाती है। उदाहरण के लिए भारत में सिन्धु संस्कृति अत्यन्त महत्वपूर्ण है।

भारतीय संस्कृति की विशेषताओं से दुनियाँ के सभी राष्ट्रों ने प्रेरणा लिया है। पाश्चात्य देश के लोग हमारी संस्कृति से प्रेरणा लिए हैं। हमारे यहां वैदिक काल में जब उच्चकोटि की संस्कृति का विकास हुआ था तो उस समय यूरोपियन देशों के लोग अन्धकार के गड्ढे में थे, उनकी संस्कृति का कोई सुव्यवस्थित रूप न था, अर्थात् यह गर्व की बात है कि हम जिस राष्ट्र के वासी हैं उस देश की संस्कृति कितनी धनी है। किन्तु हमारे देश में जब विदेशियों के द्वारा कदम रखा गया

तो हमारी संस्कृति पर विदेशियों की संस्कृति का प्रभाव पड़ना स्वाभाविक ही है। स्वाभाविक है कि अंग्रेजों ने प्राचीन भारतीय संस्कृति से प्रेरणा और सीख लिया।

हमारे राष्ट्र की संस्कृति में प्रमुख हैं—

दया

तप

सन्तोष

दान

शांति।

महात्मा बुद्ध का उपदेश था—सत्य, अहिंसा एवं अपरिग्रह। हमें सत्य अहिंसा एवं सच्चाई के मार्ग का अनुसरण करने की शिक्षा हमारी संस्कृति देती है। वैदिक संस्कृति के पृष्ठभूमि में दया, दान, तप, सच्चाई, परोपकार, संयम, सहनशीलता एवं सदाचार पर बल दिया गया है। विदेशियों ने हमारी संस्कृति से प्रेरणा एवं सीख लिया है। किन्तु हमें खेद है कि हम पाश्चात्य संस्कृति का अन्धानुकरण कर रहे है। हम स्वयं के गौरवशाली संस्कृति को भूल रहें हैं और विदेशियों के विचार की ओर आकर्षित हो रहे हैं। हमारे यहां ऋषियों एवं मुनियों की परम्परा रही है। हमारा आचार एवं विचार बहुत ऊंचा रहा है। हम जीवों पर दया एवं प्राणियों में सद्भावना की बात करते हैं। दुनिया के सभी राष्ट्र हमारी शिक्षाओं से सीख एवं प्रेरणा लेते हैं। हमने जो पद्धति अपनाया उसका सम्पूर्ण विश्व ने नकल किया है। हम सत्य को सर्वोपरि माने हैं। गोस्वामी तुलसीदास जी ने कहा है—

"धर्म न दूसर सत्य समाना"।

हमारा साहित्य एवं हमारी संस्कृति विश्व में अद्वितीय है। ऋग्वेद दुनियां का सबसे प्राचीन ग्रंथ है, यह हमारी संस्कृति का धरोहर है। हमने भातृत्व भाव का सन्देश एवं अहिंसा की शिक्षा सम्पूर्ण विश्व को दिया है। हमने अपनी संस्कृति में विश्वकल्याण की भावना को सर्वोपरि माना है, हमारी संस्कृति अनेकता में एकता "Unity within diversity" पर बल देती है। हमारी ईश्वर में अटूट श्रद्धा रही है। हम उसी को समस्त घटनाओं का कारण मानते हैं। हमारे सभी क्रिया कलापों का केन्द्र बिन्दु ईश्वर ही है। हम भी उसी को समर्पित हैं और हमारा सब कुछ उसी ईश्वर की देन है। गोस्वामी तुलसीदास जी के

अनुसार—

नाथ सकल सम्पदा तुम्हारी।

मैं सेवक समेत सुत नारी॥

अर्थात् हमारी संस्कृति समर्पण के भाव पर बल देती है। हमें ईश्वर के प्रति समर्पित होने की प्रेरणा अपनी संस्कृति से ही प्राप्त होती है। भारत की गौरवशाली संस्कृति का गुणगान सम्पूर्ण विश्व में है।

2. पाश्चात्य संस्कृति का प्रभाव

वर्तमान समय में हमारे राष्ट्र के वासी विदेशी संस्कृति का अन्धानुकरण कर रहे हैं। हमारे यहां बक्सर और प्लासी की ऐतिहासिक लड़ाई लड़ने के पश्चात् अंग्रेजों ने अपना पैर फैलाया और शनै: शनै: वे हमारी संस्कृति और हम उनकी संस्कृति के नजदीक आते गये। संस्कृत भाषा और हिन्दी का स्थान अंग्रेजी ने ले लिया। अंग्रेजी शिक्षा का माध्यम बनी। भारतीय संस्कृति में भोगवाद का प्रवेश हुआ। भौतिकवाद की तरफ लोगों का रूझान बढ़ा। विदेशियों का प्रभाव स्थापित हुआ। यह दुर्भाग्यपूर्ण स्थिति का द्योतन करता है। इसका परिणाम यह हुआ कि हमारी संस्कृति में पाश्चात्य संस्कृति का मिश्रण होने लगा। अंग्रेजी की शिक्षा के प्रति लोगों में रूझान पैदा हुई हम अपने वैदिक ज्ञान को भूलते गये। अंग्रेजी शासन काल में अंग्रेजी जानने वाले लोगों की बड़ी इज्जत थी इसका परिणाम यह हुआ कि हर जगह अंग्रेजियत की बू आने लगी। भारतीयों का आचार-विचार वेशभूषा आदि सभी कुछ प्रभावित होने लगा।

अंग्रेज लोग हमारी बौद्धिक सम्पदा नष्ट करना चाहते थे। वे हमारे साहित्य को बर्बाद करना चाहते थे और हमें सब दिन के लिए गुलाम बनाना चाहते थे किन्तु वे इस षडयंत्र में सफल न हुए। हमारे देश में प्राचीन काल में ही एक उच्चकोटि की संस्कृति विकसित हुई थी किन्तु हम उससे प्रेरणा न लेकर विदेशियों को अपना आदर्श मान रहे हैं।

हमारे तो आदर्श हैं—रामकृष्ण परमहंस, स्वामी दयानंद सरस्वती, आचार्य विनोबा भावे एवं रवीन्द्रनाथ टैगोर। किन्तु इन महापुरूषों के सुझाव मार्गों पर हम न चलकर विदेशियों के विचार की ओर आकृष्ट हो रहे हैं। हमें अपने ऋषियों एवं महर्षियों के द्वारा बताये गये मार्ग

का अनुसरण करना चाहिए। कहा गया है—

"महाजनो येन गतः सपन्था।"

अर्थात् हमें उसी मार्ग का अनुसरण करना चाहिए जिस मार्ग का अनुसरण महापुरुषों ने किया है। महात्मा गांधी स्वदेशी पर बल देते थे। उनका कहना था कि स्वदेशी में पवित्रता है। अर्थात् हमें विदेशी संस्कृति के प्रवाह में नहीं बहना चाहिए अपितु हमें अपने राष्ट्र में निर्मित वस्तु का उपयोग करना चाहिए। किन्तु हम यह देख रहे हैं कि देश की बहुसंख्यक जनता विदेशी संस्कृति की ओर आकर्षित हो रही है जबकि विदेशी भारतीय संस्कृति की ओर आकृष्ट हो रहे हैं।

3. पाश्चात्य संस्कृति का दुष्परिणाम

पाश्चात्य संस्कृति के अन्धानुकरण का दुष्परिणाम भी है। हमें पाश्चात्य संस्कृति का अनुकरण एक सीमा तक ही करना चाहिए। भारतीय लोग सादा एवं सरल जीवन व्यतीत करना पसन्द करते हैं। उनकी वेश-भूषा भी अति सामान्य होती थी। वे ज्यादा दिखावे में नहीं रहते थे। उनकी पोशाक साधारण होती थी किन्तु जबसे हम पाश्चात्य संस्कृति में प्रवेश किए। हमें महंगे वस्त्र खरीदने पड़ते हैं। पैंट, शर्ट, टाई, कोट आदि में अपव्यय करना पड़ता है। अर्थात् अंग्रेजों के शासन से प्रभावित होकर हमने पाश्चात्य संस्कति को महत्व दिया है। हमारी संस्कृति आज पूरी तरह विदेशी चमत्कार के प्रभाव से युक्त है। विदेशी हमें अपनी संस्कृति की ओर आकर्षित कर रहे हैं। किन्तु हमें किसी चमक-दमक अथवा आकर्षण में लिप्त नहीं होना चाहिए। हमारी संस्कृति एक महान संस्कृति है। विश्व के सभी विद्वानों में हमारी संस्कृति की सराहना की है। हमारे देश का आचारण, आचार-व्यवहार, वेशभूषा, चिन्तन एवं मनन आदि सभी अद्वितीय रहा है। माता-पिता एवं गुरुओं की सेवा हमारा परम कर्तव्य है।

हमें पाश्चात्य देशों का अन्धानुकरण कदापि नहीं करना चाहिए। हमारा देश महान है। हमारे पास बौद्धिक सम्पदा की कमी नहीं है अतः हमें दूसरे देश का अनुकरण करने की कोई जरूरत नहीं है। यदि हम विदेशी संस्कृति की ओर आकर्षित होंगे तो हमारी भौतिक संस्कृति विनष्ट हो जाएगी। हम पतित हो जाएंगे और हम अपनी मौलिकता से वंचित हो जाएंगे अतः हमें सावधान होकर विश्व को प्रेरणा देने वाली भारतीय संस्कृति से शिक्षा लेकर जीवन-यापन करना चाहिए।

4. उपसंहार

आज विश्व संस्कृति काल (Period of Transition) से गुजर रहा है। हम प्रतिस्पर्धा में किसी भी राष्ट्र से पीछे नहीं है। यह प्रबल प्रतिस्पर्धा का युग है और इस समय विश्व के सभी राष्ट्र एक दूसरे के समीप आ रहे हैं। ऐसी परिस्थिति में सांस्कृतिक सामंजस्य स्थापित होना स्वाभाविक ही है। किन्तु यह सांस्कृतिक सामजस्य हमारे जीवन को प्रभावित कर रहा है क्योंकि इसके माध्यम से भी हमारा झुकाव पाश्चात्य जीवन की ओर बढ़ता जा रहा है। हमारे देश में अनेक महापुरुष हुए उनकी शिक्षाओं एवं संस्कृति से यह देश बना था किन्तु आज हम उसे विस्मृत कर रहे हैं। हमें सत्य की सीख हरिश्चन्द्र से मिलता है। हरिश्चन्द्र जैसे सत्यवादी का उल्लेख विश्व के किसी साहित्य में नहीं मिलता। हमें सदाचार की प्रेरणा भगवान राम से मिलती है जिन्हें मर्यादा पुरुषोत्तम राम की संज्ञा दी गई है। राम जैसा आदर्श पुरुष इस धरती के अलावा कहीं नहीं पैदा हुआ। संयम की शिक्षा हमें समीर सुत हनुमान से मिलती है। हनुमान जैसा पराक्रमी और संयमी को पैदा करके भारत की मिट्टी स्वयं को पवित्र किया है। अहिंसा की शिक्षा हमें स्वामी महावीर जैन एवं गौतम बुद्ध से मिलती है।

हमारी संस्कृति विश्व के सभी संस्कृतियों से श्रेष्ठ है। हमारे महापुरुषों ने अपने जीवन के श्रेष्ठ अनुभवों से दुनिया के सभी राष्ट्रों को सत्य के पथ पर अग्रसर होने को कहा है। हमारी संस्कृति विश्व के सभी संस्कृतियों को आत्मसात् करती है। दुनियां की सभी संस्कृतियां हमारी संस्कृति में उसी प्रकार होती है जिस प्रकार सरिता का जल समुद्र में—

जिमि सरिता सागर मह जाही।
जद्यपि ताहि कामना नाहीं॥

प्राकृतिक आपदा

अथवा

प्राकृतिक आपदा के रूप में भूकम्प

1. प्रस्तावना
2. भूकम्प क्या है ?
3. भूकम्पन के कारण
4. परिणाम
5. उपसंहार

1. प्रस्तावना

प्राकृतिक आपदाएं विविध रूप में आ सकती हैं यथा—वर्षा, आंधी, तूफान ज्वालामुखी का फटना एवं भूस्खलन तथा भूकम्पन आदि। ये प्राकृतिक विपदायें धीमी गति के साथ प्रभावी नहीं होती अपितु ये आकस्मिक रूप में अपनी विनाश लीला प्रस्तुत करती है और जन जीवन पर अत्यन्त बुरा असर छोड़ती है। हमारे जो भी विकास कार्य हैं वे बुरी तरह प्रभावित हो जाते हैं। प्राकृतिक अपदायें हमें अपना ग्रास बनाती हैं। प्रकृति की मार कोई भी व्यक्ति सह नहीं सकता। ज्वालामुखी का फटना, बाढ़, समुद्री तूफान आदि सभी अत्यन्त बुरे प्रभाव से युक्त होते हैं। इस प्रकार की विध्वसंक कार्यवाहियां हमारे ऊपर अत्यन्त बुरा असर छोड़ती हैं किन्तु ईश्वर यदि हमें उजाड़ता है तो वहीं बसाता भी है। किन्तु यह कटु सत्य है कि हम प्रकृति के रहस्य को अभी तक दो प्रतिशत भी नहीं समझ पाए हैं। प्रकृति के ही योगदान से हम विज्ञान के क्षेत्र में आगे बढ़ रहे हैं जिस दिन प्रकृति हमारा साथ छोड़ देगी सम्पूर्ण विश्व काल कवलित हो जाएगा जबकि प्रकृति क्षण भर में विनाश का वातावरण तैयार कर सकता है।

प्रकृति के साथ मनुष्य का संघर्ष आज से नहीं अनादिकाल से हो रहा है और संघर्ष की गति वर्तमान युग में तो और तीव्र हुई है। इस संघर्ष में ही मानव ने कुछ प्राप्त किया है। यद्यपि हमने प्रकृति का शोषण खूब किया है किन्तु हम प्रकृति पर विजय नहीं प्राप्त कर सकते। हमारी सफलता हमारे विजय का द्योतक नहीं है अपितु हमारी सफलता में प्रकृति का महान योगदान है। हमने प्रकृति के साथ सदैव छेड-छाड़ किया है। उदाहरण के लिए वर्तमान में वायुमंडल में ओजोन

की परतों में छेद हो रहा है। ओजोन गैस एक अत्यन्त महत्वपूर्ण गैस है जो वायुमंडल की ऊपरी सतह पर छाया हुआ है। यह सूर्य से प्रस्फुटित होने वाली परावैगनिक किरणों को अवशोषित करता है धरती पर मानवता की रक्षा करता है। यदि पराबैगनी किरणें सीधे धतरी पर आयें तो यहां जनजीवन का अस्तित्व पूरी तरह समाप्त हो जाएगा और तरह-तरह की बीमारियाँ फैल जाएंगी। किन्तु हम वैज्ञानिक प्रगति की प्रतिस्पर्धा में और अपने क्रिया कलापों से इन ओजोन की पर्तों को नुकसान पहुंचा रहे हैं। मिल-फैक्ट्रियों से उत्सर्जित होने वाले धुएं और वाहनों के प्रदूषित धुएं जिनमें नाइट्रोजन, कार्बन डाई आक्साइड ईथेन और मिथेन जैसी जहरीली गैसे मिश्रित है ये ओजोन की परत को काफी नुकसान पहुंचा रही हैं। कहने का अभिप्राय यह है कि मानव अपने क्रिया कलापों से प्रकृति को क्षति पहुंचा रहा तो प्रकृति तो अपना बदला उससे एक क्षण में ले सकती है और विनाशकारी परिणाम दे सकती है। यह परिणाम भयंकर बाढ़, सूखा, भूस्खलन, भूकम्प एवं भीषण तूफान के रूप में हो सकती है जिसमें सम्पूर्ण मानव जगत एवं जीव-जन्तु काल के गाल में जा सकते हैं।

मनुष्य एवं प्रकृति दोनों को एक दूसरे का सहयोग करना चाहिए। मनुष्य को प्रकृति के प्रति प्रेम रखना चाहिए। प्रकृति का दोहन मनुष्य अनादिकाल से कर रहा है, मनुष्य को प्रकृति से आर्शीवाद और प्रेरणा लेनी चाहिए। सम्पूर्ण व्यवसथाओं में प्रकृति का सहयोग है यदि प्रकृति हमारी व्यवस्थाओं के अनुरूप अपना प्रभाव न छोड़े तो हम कोई भी कार्य सफलतापूर्वक नहीं कर पाएंगे। हम प्राकृतिक उपद्रवों को सहन नहीं कर सकते। हमारी खुशियों को प्रकृति क्षण मात्र में गम में बदल सकती है। हम ईश्वर और प्रकृति के उपासक हैं, हमें उससे सामंजस्य तो स्थापित करना ही पड़ेगा।

किन्तु मनुष्य प्रकृति के प्रकोप को सहने के बाद फिर से पुनः निर्माण की ओर प्रेरित होगा और वह अपने कार्य कलाप को नवीन गति देगा। वह कभी हताश होकर नहीं बैठेगा वह चुनौतियों का सामना करने को तत्पर रहता है और विशेष परिस्थितियों में साहस के साथ कार्य करता है। यह मनुष्य की जीजीविषा (Strong desire to live) के कारण है।

वर्तमान समय में मनुष्य एवं प्रकृति के मध्य संघर्ष हो रहा है। किन्तु हमें 'मनुष्य बनाम प्रकृति' पर भली प्रकार विचार करना चाहिए। यह मनुष्य की तुच्छता है कि वह प्रकृति पर विजय पा रहा है। उसे

प्रकृति से आर्शीवाद लेकर आगे बढ़ना चाहिए। वह प्रकृति के एक क्षण की भी नाराजगी को सह नहीं सकता है। भला मनुष्य की क्या औकात है कि वह प्रकृति से टकराये। वह प्रकृति की मार को नहीं बर्दाश्त कर सकता है। यह तुच्छ मानवीय दम्भ है। सम्पूर्ण जड़ और चेतन प्रकृति के हाथ का खिलौना है। निर्माण एवं स्टजन प्रकृति की इच्छा पर निर्भर है।

2. भूकम्पन क्या है?

यह पृथ्वी निरन्तर होने वाली विनाश एवं सृजन की प्रक्रिया से गुजर कर अपने वर्तमान रूप को प्राप्त हुई है। यह चक्रवातीय प्रक्रिया (Cyclonic Process) से गुजरते हुए आज अपने इस रूप तक पहुंची है। प्राकृतिक अपदाएं विनाशकारी चक्र से ही सम्बन्धित हैं। आपदाएं आती ही रहती है, पृथ्वी गतिशील है भूपर्पटी की गतिशील प्लेटों में जब पारस्परिक टकराव होता है तो भूकम्प आता है। पृथ्वी की इस परत के नीचे पिघली हुई चट्टाने है जिनमें खिसकाव होना स्वाभाविक है। पृथ्वी के आंतरिक भाग पिघले रूप मे है और यह ज्वलनशील है जिसमें भाप और आग की मात्रा अत्यन्त प्रबल है। वायु और जल का जो वर्तमान रूप देखने को मिलता है वह पुननिर्माण के प्रतीक के रूप में है।

3. कारण

पृथ्वी के सतह पर आने वाला आकस्मिक हलचल अथवा कम्पन भूकम्प है। इसके फलस्वरूप धरातल कहीं-कहीं पर फट जाता है अथवा धरातल का स्वरूप परिवर्तित हो जाता है। भूकम्पन के समय ध्वनि भी सुनवाई पड़ती है भूकम्पन ध्वनि है। वैज्ञानिकों के अनुसार यह एक सेकण्ड में 16 बार या उससे अधिक बार आता है। भूकम्पन से सम्बन्धी ज्ञान-विज्ञान की जो शाखा है वह भूकम्प विज्ञान (Seismology) है। भूकम्पन के कारणों का पता लगाने के सन्दर्भ में भूकम्प विज्ञान बहुत सहायक होता है। भूकम्प की उत्पत्ति के बारे में अनेक धारणायें अस्तित्व में है। इसे दैवी प्रकोप के रूप में माना जाता है। इस सन्दर्भ मे भिन्न-भिन्न धर्मों का विभिन्न प्रकार का विचार है। किन्तु इस सन्दर्भ में वैज्ञानिक अनुसन्धान ज्यादा प्रमाणिक माने जाते हैं। पृथ्वी की चट्टानों व पर्तो में गति आने के कारण ही भूकम्प आते हैं। इस प्रकार की हलचल से विवर्तनिक भूकम्पन आते हैं। भूगर्भ वेत्ताओं का यह विचार है कि पर्वतों के निर्माण क्रिया के समय और विशेष

रूप से वलित पर्वतों की रचना के समय भ्रंशों के पास में शैलों में ऊपर की ओर अथवा नीचे की ओर गतियां होती हैं यही गतियां भूकम्प का कारण हैं। यह सिद्धान्त बताता है कि पृथ्वी का बाहरी परत 80 किलोमीटर की मोटाई का है जिसमें दर्जनों मजबूत चट्टानों वाला परत है। ये चट्टान आपस में एक दूसरे के सटे होते हैं। इन्हीं चट्टानों के कारण ही र.मुद्री खाइयों पहाड़ और ज्वालामुखी आदि बनते हैं। इन चट्टानों में गति होता है। इनमें आपेक्षिक गति और घर्षण गति में जब तनाव की स्थिति आती है तो भूकम्पन आता है। ये चट्टान टूटते हैं फलत: ऊपर सतह पर झटके का अनुभव होता है।

भूकम्प आने का दूसरा कारण ज्वालामुखी प्रस्फुटन भी है। ज्वालामुखी विस्फोट अपना उद्भेदन के साथ मैग्मा धरती से पिघल कर निकलता है फलत: पिघली शैलें बाहर निकलती हैं और धरातल पर फैलती है जब ये धरती पर आ जाती हैं तो वह स्थान रिक्त हो जाता है जहां से ये ऊपर आती हैं। किन्तु इस प्रकार के भूकम्प द्वारा अत्यन्त सीमित क्षेत्र ही प्रभावित होता है। अर्थात् इस प्रकार का भूकम्पन स्थानीय क्षेत्र को ही प्रभावित करता है।

4. परिणाम

प्राकृतिक विपदाओं में भूकम्पन सबसे ज्यादा विनाशकारी होते हैं। भूकम्प क्षण मात्र में अपनी लीला से लाखों जाने एक सेकण्ड में ले सकता है। यह एक अभिशाप है। इसका दुष्परिणाम यह होता है कि इसके प्रभाव में करोड़ों-अरबों रुपये की लागत से निर्मित इमारतें क्षण मात्र में नष्ट हो जाती हैं और उनमें रहने वाले लोगों की क्या दशा होगी इसका सहज अनुमान आप स्वयं लगा सकते हैं। भूमियां जगह-जगह धंस जाती हैं। सड़कों और पथों में बड़ी-बड़ी दरारें पैदा हो जाती हैं। नदियों का प्रवाह रुक जाता है और नदियां अपना मार्ग बदल देती हैं। हजारों-लाखों की संख्या में लोग मृत होते हैं। सड़ी लाशों की गन्ध आती हैं। अनेक बीमारियों और महामारी का रोग फैलता है। विद्युत आपूर्ति बाधित हो जाती है खम्भे और तार धराशायी हो जाते हैं। संचार सेवायें समाप्त अथवा बाधित हो जाती है। वृक्षों का धराशायी होना भी स्वाभाविक है। अर्थात् यह कहा जा सकता है कि धरती पर विनाशलीला का वातावरण दिखाई पड़ता हैं। लोग बेघर हो जाते हैं। आश्रयहीन हो जाते हैं। अपने परिजनों से बिछुड़ कर मृत हो जाते हैं। जो लोग जीवित बच जाते हैं किन्तु उनके सभी परिजन मर

जाते हैं उनका जीवन भी मृतक समान ही रहता है। सबसे बदहाल जिन्दगी उनकी रहती है जो अपाहिज अथवा अपंग हो जाते हैं। भूकम्पन के विनाशकारी परिणाम के बारे में जितना कहा जाय वह कम है। ईश्वर न करे कि यह विनाशलीला आये। समय-समय पर भूकम्प आते रहते हैं। हमारे यहां दक्षिण भारत में 1 दशक के पूर्व भीषण भूकम्प आया जिससे उस्मानबाद और लाटूर पूर्णतः बर्बाद हो गये थे। धन और जन की आपार रूप में क्षति हुई। लोग बेघर हो गये। कितने लोग अपाहिज और लंगड़े-लेर हो गये और कितनी विधवाएं आज भी विलख रहीं हैं। इसी प्रकार विनाशकारी भूकम्प हाल ही में गुजरात प्रांत के भुज कस्बे और समीपवर्ती क्षेत्र में आया जिसमें 1 लाख लोगों के मरने का अनुमान है। अरबों रूपये की सम्पदा के नष्ट होने का अनुमान है। सरकारी सहायताएं जारी हैं। विश्व के स्वयं सेवी संगठनों का कार्य हो रहा है। केन्द्र ने 250 करोड़ रूपये और राहत सामग्री की मदद दिया है इसके अलावा जगह-जगह से लोग पीड़ितों की सेवा हेतु पहुंच गये हैं। दुर्गन्धयुक्त लाशों को निकाला जा रहा है।

5. उपसंहार

भूकम्प एक अभिशाप है। यह अभिशाप मानवीय प्रयत्नों से रोके जाने के परे है। हम रिक्टर स्केल पर इसके पूर्वानुमान को ग्रहण कर सकते हैं। यह एक विनाशलीला का कारण है। यह तबाही का प्रतीक है। भूकम्प में अरबों की सम्पदा नष्ट होती है और असंख्य लोग मृत होते हैं अर्थव्यवस्था पर इसका बुरा असर होता है। हम केवल ईश्वर को केन्द्र बिन्दु मानकर उससे ही यह प्रार्थना कर सकते हैं कि यह विनाशकारी लीला कभी धरती पर न दिखे।

धर्म एवं विज्ञान

अथवा

धर्म एवं विज्ञान का पारस्परिक सम्बन्ध

1. प्रस्तावना
2. धर्म का स्वरूप
3. विज्ञान एवं धर्म
4. उपसंहार।

1. प्रस्तावना

धर्म का प्रभाव प्रत्येक युग में रहा है। नास्तिकता अच्छी बात नहीं है, प्रत्येक व्यक्ति अपने धर्म के प्रति आस्था रखता है। हमारे ऋषियों, महर्षियों एवं मनीषियों ने धर्म के स्वरूप पर प्रकाश डाला है जिसके अनुसार धर्म वह है जिससे अभ्युदय एवं निःश्रेयस की प्राप्ति होती है—

यदोऽभ्युदनि श्रेय : ससिद्धिः सः धर्म :।

हमारा धर्म सनातन धर्म है जो विश्व कल्याण की भावना से अभिप्रेरित है। इसी प्रकार विश्व में भिन्न-भिन्न धर्म हैं और विभिन्न विचार धारायें हैं। वर्तमान काल विज्ञान की उन्नति का काल है। विज्ञान का प्रभाव सर्वत्र देखा जा सकता है। वैज्ञानिक अनुसन्धान दिन प्रतिदिन हो रहे हैं।

धर्म और विज्ञान दोनों में सामंजस्य स्थापित होना जरूरी है। दोनों का ही मानव जाति के उत्थान एवं कल्याण में महत्वपूर्ण योगदान है। धर्म से हमारी आध्यात्मिक उन्नति होती है जबकि हमारी भौतिक उन्नति तो पूर्णतः विज्ञान पर आधारित है। धर्म ने मानव हृदय का परिष्कार किया है जबकि विज्ञान ने बौद्धिक स्तर पर करामात दिखाया है। धर्म मानसिक शांति के लिए अति आवश्यक है। मनुष्य भौतिक विज्ञान के क्षेत्र में चाहे जितना विकास क्यों न करा ले किन्तु उसे पूर्ण मानसिक शांति तो आध्यात्म विज्ञान में ही प्राप्त होगी। संसारिक सुख का साधन तो विज्ञान है। विज्ञान के आविष्कार मानव सुख सुविधा में वृद्धि कर रहे हैं। धर्म मानव जीवन में आध्यात्म का संचार करता है, कहा गया है—

धर्मो रक्षति रक्षितः।

अर्थात् हम धर्म की रक्षा करेंगे तो धर्म हमारी रक्षा करेगा। धर्म और विज्ञान का एक दूसरे से गहरा सम्बन्ध है क्योंकि दोनों एक साथ मिलकर मानव कल्याण में अभिवृद्धि करते हैं, दोनों एक दूसरे के पूरक हैं। धर्म मानव हृदय की एक अभिव्यक्ति है। यह उसके अन्तःकरण से सम्बन्धित है। यह मनुष्य के हृदय की एक पवित्र भावना है। हमें दया, परोपकार, सहयोग, सहानुभूति एवं समाज सेवा का बोध धर्म से मिलता है। धर्म से सात्विक प्रकृति एवं गुणों का विकास होता है। धर्म सहयोग एवं सहानुभूति के कृत्यों में योगदान प्रदान करता है। धर्म शुभ का प्रतीक है। धर्म हमारी चिन्तन शक्ति का द्योतक है। यह हमारे नैतिक उत्थान का प्रतीक है। धर्म अशुभ कर्मों के परित्याग पर बल देता है। मनुष्य कितना धनवान और वैभवशाली क्यों न बन जाये किन्तु उसे मानसिक शांति तो धर्म अथवा आध्यात्म से ही प्राप्त होगा। धर्म से हमें विविध कार्यों को करने की प्रेरणा मिलती है।

2. धर्म का स्वरूप

धर्म को हमारे ऋषियों एवं मनीषियों ने विविध रूपों में देखने का प्रयत्न किया है। उदाहरण के लिए कुछ विद्वान अभ्युदय और निःश्रेयस की प्राप्ति को धर्म का आधार मानते हैं, कुछ लोग धर्म को आस्था के रूप में देखते हैं, तो कुछ विद्वान धर्म को सद्कर्म मानते हैं। कुछ विद्वान सत्य को धर्म मानते हैं, कुछ विद्वान तो परहित और परोपकार को सच्चा धर्म मानते हैं। गोस्वामी तुलसीदास जी के अनुसार—

परहित सरिस धर्म नहिं भाई।
पर पीड़ा नहिं सम अधभाई॥

अर्थात् दूसरों की भलाई धर्म है और दूसरों को पीड़ा पहुंचाना पाप।

दान, पुण्य, परोपकार, गरीबों, असहायों एवं दीन-दुखियों की सेवा आदि धर्म है। धर्म को किसी निश्चित शब्दजाल तक सीमित नहीं किया जा सकता। धर्म का विविध रूप है। धर्म मानव को मानव से जोड़ने का काम करता है। यह शुभ कर्मों की प्रेरणा है। धर्म भौतिक विज्ञान का मार्ग दर्शक है। धर्म का गहरा सम्बन्ध हमारी आस्था से है। धार्मिक भावना से प्रेरित व्यक्ति अपने अल्प जीवन काल में सुख भोग को ज्यादा महत्व न देकर परलोक की चिन्ता करता है।

महापुरुषों का दर्शन, उनकी सेवा सत्संग संयम आदि सभी हमारे धर्म से जुड़े हुए हैं। धर्म का सम्बन्ध हमारे अन्तःकरण से है। धर्म का प्रभाव संसार के कोने-कोने में व्याप्त है। महापुरुषों का जीवन धर्म से ओत प्रोत होता है। रामकृष्ण परमहंस, स्वामी विवेकानन्द जैसे महापुरुष हमारे धर्म के स्तम्भ थे। उनकी वाणी में ओज था। उन्होंने अपने प्रभावशाली भाषण से धर्म पर जो व्याख्यान प्रस्तुत किया वह अद्वितीय था उनके इस वक्तव्य की सराहना सम्पूर्ण संसार में हुई। हमारे सन्तों ने समाज को आस्थावान बनाने हेतु धार्मिक शिक्षाओं का संचार किया है। धर्म एवं मानवता की रक्षा के लिए ही कितने महापुरुषों ने अपना जीवन समर्पित कर दिया। हमारे सनातन धर्म का प्रभाव विश्व के कोने-कोने में व्याप्त है। हमारे यहां ऋषियों-मुनियों की परम्परा रही है। हमने सम्पूर्ण संसार को सुखी देखना चाहा है—

सर्वे भवन्तु सुखिनः

सर्वे सन्तु निरामया,

सर्वे भद्राणि पश्यन्तु।

मां कश्चिद् दुःखभागाभवेत्॥

हमारी संस्कृति और हमारा धर्म विश्व के श्रेष्ठ धर्मों एवं संस्कृतियों में से है। हमारे यहां त्याग की भावना पर बल दिया गया है। ऋग्वेद हमारी अमूल्य धरोहर है। यह सर्व प्राचीन ग्रंथ है। किन्तु अब स्थिति बदलती जा रही है। लोग विज्ञान के चकाचौंध में लीन हैं। धर्म को श्रद्धा और विश्वास के प्रतीक में देखने का प्रयास करना चाहिए। धर्म ग्रंथों में उल्लिखित बातों का हमारे अन्दर बोध होना चाहिए। उपदेशकों की बातों पर हमको मनन करना चाहिए। हमें अपने इष्ट की पूजा करनी चाहिए। धर्म की रक्षा के प्रति हमें सजग रहना चाहिए। भगवान तभी प्रकट होते हैं जब धर्म की हानि होती है और असुरों की वृद्धि—

जब जब होहिं धर्म की हानी।

बाढ़ैं असुर अधम अभिमानी॥

3. विज्ञान एवं धर्म

विज्ञान एवं धर्म का एक दूसरे से गहरा सम्बन्ध है। विज्ञान भौतिक उन्नति एवं सुख सुविधा का प्रतीक है जबकि धर्म हमारी आस्था का प्रतीक है। हम कितने उन्नत हैं इसका पैमाना तो विज्ञान है

किन्तु हम कितना धार्मिक हैं इसका पैमाना आध्यात्म विज्ञान है। विज्ञान तर्क से अनुप्रेरित है जबकि धर्म अन्त:करण एवं अनुभूति का विषय है। हमें धर्म ग्रंथों में उल्लिखित बातों को सच्चा नहीं मानना चाहिए अपितु उन पर गम्भीर रूप से चिन्तन एवं मनन करना चाहिए। हमें अन्धविश्वास में कभी विश्वास नहीं रखना चाहिए। विज्ञान उसी बात को सत्य मानता जिस बात को वह प्रैक्टिकल के द्वारा सत्य मानता है। धर्म की आड़ में विज्ञान की भी आलोचना करना उचित नहीं है क्योंकि हमारे वैज्ञानिक भी एक प्रकार से ऋषि और महर्षि ही हैं जो अपने अथक परिश्रम से और मानसिक एकाग्रता के परिणामस्वरूप अनुसंधान कार्यों को पूर्ण करते हैं।

किन्तु वर्तमान समय में धर्म का स्वरूप विकृत होता जा रहा है। पाप बढ़ता जा रहा है। जब पृथ्वी पर पाप बढ़ता है भगवान धर्म की रक्षा हेतु धरती पर अवतरित होते हैं। धर्म के स्वरूप में विकृति आने में बाह्याडम्बरों का भी योगदान कम नहीं है। विज्ञान भी कभी-कभी धर्म की मान्यताओं को चुनौती देता है। किन्तु धर्म के प्रति आस्थावान होना हमारा नैतिक कर्तव्य है। धर्म का तात्पर्य सत्कर्मों से है। यह मानवीय मूल्यों में अभिवृद्धि करता है। धर्म और विज्ञान में परस्पर कोई विरोधाभास नहीं है। ये एक दूसरे के पूरक हैं। बिना धर्म के विज्ञान अधूरा है और धर्म भी विज्ञान के अभाव में पूर्णता को नहीं प्राप्त कर सकता। नवीन ज्ञान-विज्ञान सम्बन्धी बातों में भी धर्म निहित है। धर्म और विज्ञान एक दूसरे पर निर्भर हैं। इनका परस्पर अन्योन्याश्रित सम्बन्ध है। केवल धर्म से भी काम नहीं चल सकता जब धर्म और विज्ञान दोनों का साहचर्य होता है तो निम्नवत् की प्राप्ति होती है—

सत्यम् शिवम् सुन्दरम्।

4. उपसंहार

धर्म एवं विज्ञान परस्पर आन्योन्याश्रित हैं। इनका अपृथक सम्बन्ध है। विज्ञान में तर्क प्रधान है तो धर्म में आस्था प्रबल है। विज्ञान प्रयोग की गई, आंखों देखी और परखी हुई बातों पर विश्वास करता है जबकि धर्म में इतनी गहराई में जाये बिना केवल अन्त:करण की पवित्रता से ही काम चल जाता है। मानव कल्याण के लिए दोनों का सहयोग अपेक्षित है। दोनों के मध्य सन्तुलित सम्बन्ध होना परम आवश्यक है किन्तु वैज्ञानिकों की तपस्या को भी इन्कार नहीं कर सकता है क्योंकि इन्होंने विश्व में ऐसे कार्य सम्पादित किया है जो अद्वितीय है। वैज्ञानिकों का दृष्टिकोण रचनात्मक होना चाहिए तभी वे देश के

सच्चे सपूत सिद्ध हो सकेंगे। वैज्ञानिकों को कोई भी काम वसुधैव कुटुम्बकम् की भावना से प्रेरित होकर करना चाहिए। दुनियां के सभी राष्ट्रों के वैज्ञानिकों को मिलजुल कर यह प्रयास करना चाहिए कि विश्व में शांति एवं व्यवस्था स्थापित हो। वैज्ञानिक अपने क्रिया कलापों से प्रकृति पर विजय प्राप्त करने की कोशिश कर रहा है दिनकर जी ने ठीक ही कहा है—

आज का दुनियां विचित्र नवीन।
प्रकृति पर सर्वत्र विजयी पुरुष आसीन॥
हैं बंधे नर के करों में वारि विद्युत, भाव।
हुक्म पर चढ़ता उतरता है पवन को ताव॥

यद्यपि यह सत्य है कि विज्ञान ने जीवन यापन के क्षेत्र में अपना महान योगदान प्रदान किया है। पहले की अपेक्षा सुख-सुविधाओं में काफी विकास हुआ है किन्तु वैज्ञानिकों के द्वारा निर्मित आयुधों से सम्पूर्ण विश्व के लिए खतरे का वातावरण भी तैयार हो गया है। प्रत्येक राष्ट्र केवल अपनी तरक्की के बारे में सोच रहा है। यही प्रतिस्पर्धा और होड़ लगी रही तो वैज्ञानिक उपलब्धियां ही विनाश का कारण भी बनेगी। दिनकर विज्ञान की उपलब्धियों के प्रति मानव को सजग करते हुए कहते हैं—

सावधान मनुष्य! यदि विज्ञान है तलवार,
तो इसे फेंक तजकर मोह स्मृति के पार
हो चुका है सिद्ध है तू शिशु अभी अज्ञान,
फूल कांटों की तुझे अभी कुछ नहीं पहचान।
खेल सकता तूं नहीं ले हाथ में तलवार,
काट लेगा अंग, तीखी है बड़ी यह धार।

कहने का अभिप्राय यह है कि विज्ञान के क्षेत्र में जो प्रतिस्पर्धा है वह विनाश का कारण भी बन सकता है। आयुधों को जुटाने की जो होड़ लगी है उससे हमें सिर्फ खतरे का संकेत मिलता है। परमाणु बमों हाइड्रोजन बमों का निर्माण खतरे के संकेत हैं। अतः विज्ञान पर धर्म और आस्था को प्रभावी करने की जरूरत है ताकि विज्ञान धर्म के प्रभाव में रचनात्मक कार्य की ओर अग्रसर हो।

भारत का संविधान
अथवा
भारतीय संविधान की विशेषताएं

1. प्रस्तावना
2. विशेषताएं
3. प्रभाव
4. उपसंहार

1. प्रस्तावना

आजादी प्राप्त होने के पश्चात् हमें हमारी शासन प्रणाली के अनुरूप संविधान की अपेक्षा महसूस हुई। सन् 1947 में हमें आजादी प्राप्त हुई। शासन का कार्यभार हमारे ऊपर आया। पं० जवाहरलाल नेहरू देश के प्रथम प्रधानमंत्री के रूप में अपना कार्यारम्भ किए अब भारत के सामने जो सबसे महत्वपूर्ण चुनौती आयी वह संविधान के निर्माण से ही सम्बन्धित था और संविधान के बिना काम भी चलने वाला न था। शासन-प्रशासन का काम गवर्नमेंट आफ इंडिया एक्ट, 1935 के अधिनियम के अनुसार चलने लगा क्योंकि वही एक मात्र कानून था जिसकी सहायता भविष्य में हमारे संविधान निर्माण में भी था। हमारे सामने अनेक बाधाएं आयीं किन्तु हम विचलित न हुए। संविधान कार्य आरम्भ हुआ और प्रारूप समिति बनाई गयी जिसके सभापति डॉ० भीमराव अम्बेडकर हुए उन्होंने अथक परिश्रम किया फलतः संविधान निर्माण कार्य पूर्ण हुआ। हमारा संविधान 26 जनवरी सन् 1950 को लागू हुआ। हमारे संविधान की प्रस्तावना निम्नवत् है—

हम भारत के लोग भारत को एक सम्पूर्ण प्रभुत्वसम्पन्न
समाजवादी पंथ निरपेक्ष लोकतंत्रात्मक गणराज्य बनाने के
लिए तथा उसके समस्त नागरिकों को सामाजिक, आर्थिक
और राजनैतिक न्याय, विचार अभिव्यक्ति, विश्वास, धर्म
और उपासना की स्वतंत्रता, प्रतिष्ठा और अवसर की समता
प्राप्त करने के लिए तथा उन सबमें व्यक्ति की गरिमा
और राष्ट्र की एकता और अखण्डता सुनिश्चित करने वाली

बन्धुता को बढ़ाने के लिए दृढ़ संकल्प होकर अपनी इस
संविधान सभा में आज तारीख 26 नवम्बर, 1949 को
एतदद्वारा इस संविधान को अंगीकृत, अधिनियमित और
आत्मार्पित करते हैं।

2. विशेषताएं

हमारे संविधान को विश्व का सबसे बड़ा संविधान होने का गर्व प्राप्त है। वर्तमान समय में उसमें 444 अनुच्छेद हैं जो 26 भागों में बांटा गया है और जिसमें 12 अनुसूचियां हैं। संविधान इतना विशाल है कि इसमें दुनिया के संविधानों में की अच्छी बातों को शामिल किया गया है। उदाहरण के लिए हमारे संविधान में मौलिक अधिकारों को अमेरिका से लिया गया है। संसदीय शासन प्रणाली ब्रिटेन के संविधान से लिया है, नीति निदेशक तत्व आयरलैंड के संविधान से लिया है। हमारा संविधान इतना बड़ा है कि इसे वकीलों का स्वर्ग (Lawyers paradise) कहा गया है। हमारे यहां संविधान का निर्माण देश की परिस्थिति को ध्यान में रख कर किया गया है। संविधान में विविध कल्याणकारी बातों पर भी प्रकाश डाला गया है।

हमने प्रभुत्वसम्पन्न, लोकतंत्रात्मक, धर्मनिरपेक्ष, समाजवादी गणराज्य की स्थापना की है। क्योंकि संविधान की प्रस्तावना में कहा गया है—

"हम भारत के लोग भारत को एक सम्पूर्ण प्रमुत्व सम्पन्न, पंथ निरपेक्ष, समाजवादी गणराज्य बनाने के लिए—दृढ़ संकल्प होकर इस संविधान को अंगीकृत, अधिनियमित और आत्मार्पित करते हैं"

प्रमुत्व सम्पन्न राज्य का तात्पर्य उस राज्य से है जो बाहरी दबाव एवं किसी भी प्रकार के बाहरी नियंत्रण से मुक्त हो अर्थात् जो अपनी इच्छानुसार आचरण करने के लिए पूरी तरह स्वतंत्र है। भारत अपनी आंतरिक नीति निर्माण एवं वैदेशिक नीति को निर्मित करने के सन्दर्भ में पूरी तरह स्वतंत्र है। उस पर कोई बाहरी दबाव नहीं है। इसका तात्पर्य यह है कि यह सम्प्रभुता किसी विदेशी सत्ता में नहीं स्वयं भारत की जनता में निहित है। हमारे संविधान की प्रस्तावना में प्रयुक्त लोकतंत्रात्मक शब्द का तात्पर्य यह है कि समूचा प्राधिकार हमारे देश की जनता में निहित है। अर्थात् हमारी सरकार जनता द्वारा जनता के लिए है। श्रीमती गांधी के अनुसार—

"Government of people by the people and for the people"

हमारे देश का प्रशासन जनता द्वारा निर्वाचित प्रतिनिधियों द्वारा किया जाता है और शासन के लिए प्रत्येक पांच वर्ष बाद जनता नये प्रतिनिधियों का चुनाव करती है। यही कारण है कि हमने वयस्क मताधिकार (Adult franchise) को स्वीकार किया है। लोकतंत्रात्मक सरकार का परम कर्तव्य निम्नलिखित पर टिका हुआ है—

समानता

न्याय

स्वतंत्रता और

बन्धुत्व की भावना।

हमारे संविधान की प्रस्तावना में समाजवाद शब्द का प्रयोग किया गया है। इसका तात्पर्य ऐसी व्यवस्था से है जिसमें उत्पादन के मुख्य साधन सरकार के नियंत्रण में होता है और यह मिश्रित अर्थव्यवस्था (Mixed economy) पर बल देता है।

हमारी सरकार संसदीय ढंग की सरकार है, जबकि अमेरिका की सरकार अध्यक्षात्मक है। हमारे यहां कार्यपालिका का प्रधान प्रधानमंत्री होता है जबकि अमेरिका में राष्ट्रपति ऐसा इसलिए कि वहां अर्थात् अमेरिका में अध्यक्षीय ढंग की सरकार है। अमेरिका में राष्ट्रपति का निर्वाचन सीधे जनता द्वारा होता है जिसकी अवधि 4 वर्ष होती है। अमेरिका में संसदीय प्रणाली नहीं है। हमने संसदीय प्रणाली अपनाया है। हमारे यहां कार्यपालिका का वास्तविक प्रधान प्रधानमंत्री होता है। अर्थात् मंत्रिपरिषद का प्रधान हमारे यहां प्रधानमंत्री होता है। यद्यपि संविधान की शब्दावली के अनुसार सम्पूर्ण कार्यपालिकीय शक्ति राष्ट्रपति के हाथों है किन्तु वह कार्यपालिका का वास्तविक प्रधान नहीं है।

यद्यपि इस समय यह चर्चा का विषय बना है कि भारत में संसदीय शासन प्रणाली के स्थान पर राष्ट्रपति को वास्तविक कार्यपालिकीय प्रधान मानते हुए अध्यक्षीय शासन प्रणाली अपनया जाय। अर्थात् ऐसी मांग की जा रही है कि जिस प्रकार की शासन व्यवस्था अमेरिका में है उसी प्रकार की व्यवस्था हम भी अपनायें। अध्यक्षात्मक शासन प्रणाली के समर्थकों का यह कहना है कि हमारे

देश में संसदीय शासन प्रणाली की उपायदेयता समाप्त है और अब हमें अध्यक्षीय शासन प्रणाली ही अपनाना चाहिए। अध्यक्षीय शासन प्रणाली में कार्यपालिका का प्रधान दलगत विवादों से मुक्त रहता है। वह अपने मंत्रिमंडल में देश के योग्यतम लोगों को रख सकता है और वह दल बदल की बुराई से पृथक रहेगा और चूंकि उसकी सरकार में स्थायित्व होगा इसलिए विकास कार्य में रुचि लेगा।

हमारे संविधान के भाग तीन में मूलाधिकारों का विशद् वर्णन मिलता है। ये मूलाधिकार अमेरिका के संविधान से लिए गये हैं। लोकतांत्रिक शासन व्यवस्था में मूलाधिकारों का विशद् वर्णन संविधान की एक प्रमुख विशेषता होती है। मूल अधिकार पूर्ण अधिकार होते हैं। इन अधिकारों को शासन द्वारा किसी भी प्रकार से कम नहीं किया जा सकता क्योंकि इन पर अनावश्यक निर्बन्धन नहीं लगाया जा सकता है। मूलाधिकार बहुमुखी विकास के लिए अति आवश्यक है। मूलाधिकारों के अतिक्रमण होने की दशा में हमें संवैधानिक उपचार भी प्राप्त हैं।

भारतीय संविधान के भाग 4 में नीति-निदेशक तत्वों का उल्लेख किया गया है। ये कल्याणकारी प्रयोजन से युक्त होते हैं। लोक कल्याण की उन्नति हेतु इन्हें हमारे संविधान में समाविष्ट किया गया है। इसके अन्तर्गत हम अपेक्षा करते हैं कि राज्य हमारे कल्याण का मार्ग प्रशस्त करेगा।

हमारा संविधान नम्यता और अनम्यता का अनोखा मिश्रण है। अर्थात् हमारा संविधान नम्य भी है और अनम्य भी है। संघात्मक संविधान की एक प्रमुख विशेषता उसकी नम्यता है। जरूरत पड़ने पर हम अपने संविधान को लचीला होने के कारण आवश्यकतानुरूप संशोधित कर सकते हैं। यद्यपि हमारा संविधान एक लिखित संविधान है और लिखित संविधान होते हुए भी परिवर्तनशील है। संविधान के कुछ भी उपबन्ध ऐसे हैं जिनमें परिवर्तन की विशेष प्रक्रिया अपेक्षित होती है।

हमारा संविधान केन्द्रोन्मुख संविधान है। आपातकालीन परिस्थितियों में यह एकात्मक रूप धारण कर लेता है। हमने स्वतंत्र न्यायपालिका की स्थापना की है यह हमारे संविधान की प्रमुख विशेषता है।

3. प्रभाव

हमारे संविधान निर्माण का सर्व प्रमुख प्रभाव यह रहा कि हम आजादी के बाद अपने सांविधानिक शासन व्यवस्था से शासित होने लगे। संविधान देश की सर्वोच्य विधि है। अर्थात् यह सर्वाधिक महत्वपूर्ण कानूनी दस्तावेज है। इसमें उल्लिखित बाते सर्वोच्च हैं उन्हें विधि के किसी न्यायालय में चुनौती दी जा सकती है। हमने अपने संविधान में तीन प्रकार के न्याय अर्थात्

सामाजिक

आर्थिक और

राजनैतिक न्याय की व्यवस्था की है।

4. उपसंहार

निष्कर्ष रूप में यह कहा जा सकता है कि हमने दुनियां के सभी संविधानों में की अच्छी बातों को ग्रहण करके अपने संविधान को सम्पन्न बनाया है और उसको इस प्रकार व्यवस्थित किया है कि इसमें भविष्य से सम्बन्धित/आपातकालीन निर्णय लेने में भी कोई समस्या न होगी। हमने भारत को सेकुलर स्टेट अर्थात् धर्म निरपेक्ष राज्य का दर्जा दिया है। धर्मनिपेक्षता का तात्पर्य यह है कि हमारे राष्ट्र का कोई धर्म नहीं है। यहां सभी धर्मो को समान सम्मान प्राप्त है। हमारे संविधान में मूल कर्तव्यों को भी समाविष्ट किया गया है। मूल संविधान में तो केवल नागरिकों के मूलाधिकार को समाविष्ट किया गया था किन्तु 42वें संविधान संशोधन द्वारा 10 मूल कर्तव्यों का समावेश किया गया जो हमारे संविधान संशोधन को और परिपूर्ण बनाते हैं। हमारा संविधान हर प्रकार से परिपूर्ण है। हमने स्वतंत्रता, समानता और भाईचारे की भावना का मार्ग अपनाया है। हमारे संविधान में स्त्रियों और बच्चों को भी पर्याप्त महत्व दिया गया है।

भारतीय संविधान की प्रकृति
अथवा
संविधान का संघात्मक लक्षण

1. प्रस्तावना
2. संघात्मक लक्षण का अभिप्राय
3. संघात्मक प्रकृति
4. उपसंहार।

1. प्रस्तावना

संविधान विशेषज्ञों ने संविधान को मुख्य रूप से दो भागों में विभाजित किया है—

1. संघात्मक
2. एकात्मक।

संघात्मक संविधान का अभिप्राय उस संविधान से है जिसके अन्तर्गत सभी शक्तियां एक ही सरकार में निहित न होकर सम्पूर्ण शक्तियां केन्द्रों एवं राज्यों में विभाजित रहती है। इसके विपरीत एकात्मक संविधान वह संविधान है जिसके अन्तर्गत सारी शक्तियां एक ही सरकार में निहित होती हैं। भारतीय संविधान की प्रकृति के बारे में कानूनविदों में मतैक्य नहीं है। कुछ कानूनविद् संविधान को संघात्मक मानते हैं तो कुछ एकात्मक।

अमेरिका के संविधान को सर्वसम्मति से एक संघात्मक संविधान माना जाता है। यह संघीय और प्रान्तीय दो सरकारों की स्थापना करता है। इसी प्रकार हमारे यहां भी केन्द्रीय एवं प्रान्तीय दो सरकारों की स्थापना की गयी है। हमारे संविधान की सबसे बड़ी विशेषता यह है कि आपातकालीन समय में हमारा संविधान एकात्मक रूप धारण कर लेता है।

2. संघात्मक लक्षण का अभिप्राय

संघात्मक लक्षण के अभिप्राय को हम निम्न शीर्षकों के माध्यम से समझ सकते हैं—

क. शक्तियों का विभाजित होना

ख. संविधान की सर्वोच्चता

ग. लिखित संविधान

घ. संविधान की अपरिवर्तनशीलता एवं

ड. न्यायपालिका का प्राधिकार।

क. शक्तियों का विभाजन

केन्द्रीय एवं प्रान्तीय सरकारों के बीच शक्तियों का विभाजन संघीय संविधान का सर्व प्रमुख लक्षण है। यह विभाजन संविधान के उपबन्धों के अनुसार ही किया गया है। प्रत्येक सरकारों का महत्व है और वे अपने-अपने क्षेत्र में सार्वभौमिक रूप से स्वतंत्रतापूर्ण कार्य करते हैं। कहने का तात्पर्य है कि संघीय सरकार में राज्य की शक्तियों का विभाजन होता है और यह विभाजन अनेक सहयोगी संस्थाओं में होता है।

ख. संविधान की सर्वोच्चता

संविधान सर्वोच्च है। सरकार के सभी अंगों अर्थात् कार्यपालिका, विधायिका और न्यायपालिका का स्रोत संविधान ही है। सरकार के स्वरूप, संगठन और शक्तियों से सम्बन्धित सभी उपबन्ध संविधान में ही निहित होते हैं। संघीय व्यवस्था में संविधान को सर्वोच्च कानूनी दस्तावेज माना गया है। यह सर्वोच्च विधि होता है। केन्द्रीय और प्रान्तीय सरकारों का स्रोत एवं उनकी कार्य प्रणाली आदि के बारे में संविधान में दिया रहता है। संविधान के उपबन्धों के विरुद्ध कोई कार्यवाही विधि शून्य मानी जाएगी।

ग. लिखित संविधान

संघात्मक संविधान आवश्यक रूप में लिखित संविधान होता है। संघ एवं राज्य एक संविदात्मक सम्बन्ध (Contractual relationship) द्वारा जुड़े होते हैं। केन्द्र एवं राष्ट्रों के मध्य समझौतों का लिखित रूप में होना आवश्यक है। यदि शर्तें लिखित नहीं हैं तो संविधान की सर्वोच्चता प्रभावित हो जाएगी। जब संविधान लिखित रहेगा तो किसी भी प्रकार की भ्रांति नहीं रहेगी और केन्दींय एवं प्रान्तीय सरकारें अपने-अपने क्षेत्र में मिलजुल कर कार्य करेंगे। वे अपने-अपने अधिकारों से भली प्रकार अवगत रहेंगे और एक दूसरे के प्रति सहयोगात्मक रवैया अपनाते हुए कार्य करेंगे।

घ. संविधान की परिवर्तनशीलता

लिखित संविधान स्वभावतः अननम्य होता है। देश के सर्वोच्च कानूनी दस्तावेज का अनम्य होना स्वाभाविक ही है। संविधान के नम्य और अनम्य होने की बात संविधान के संशोधन की प्रकृति पर निर्भर होता है। जो संविधान संशोधन की प्रक्रिया की दृष्टि से कठिन होता है वह अनम्य संविधान कहा जाता है। संविधान में संशोधन समय और परिस्थितियों के अनुसार ही किया जाना चाहिए।

ङ. न्यायपालिका का प्राधिकार

संघीय संविधान में केन्द्रीय और प्रान्तीय सरकारों के मध्य शक्तियों के बीच पूर्णतः विभाजन रहता है। यह विभाजन इसलिए रहता है कि एक सरकार दूसरे सरकार के क्षेत्र में हस्तक्षेप न कर सके। केन्द्रीय और राज्य सरकारें एक दूसरे के सहयोग से कार्य करते हैं। सरकार की शक्तियों का विभाजन एक लिखित व्यवस्था के अन्तर्गत होता है। ऐसा भी हो सकता है कि सरकारें संविधान के उपबन्धों का निर्वाचन अपने पक्ष में स्वार्थवशात् करें अतः सम्यक निर्वाचन हेतु न्यायपालिका के प्राधिकार की अपेक्षा होती है। विवाद की स्थिति में न्यायालय के प्राधिकार के अधीन दिया गया निर्णय महत्वपूर्ण माना जाता है। संविधान के उपबन्धों के विषय में व्याख्या प्रस्तुत करने का कार्य न्यायपालिका द्वारा ही सम्भव है। न्यायपालिका संविधान में अत्यन्त महत्वपूर्ण भूमिका निभाता है। संघीय व्यवस्था में संविधान की सर्वोच्चता को सुरक्षित रखने का महान कार्य न्यायपालिका पर ही निर्भर है।

न्यायालय का निर्णय सर्वोपरि है। इस प्रकार की सभी बातें हमारे संविधान में पायी जाती हैं। हमने दोहरी शासन पद्धति को अपनाया है। ये हैं—

केन्द्रीय सरकार एवं

राज्य सरकारें।

प्रत्येक सरकार अपने-अपने क्षेत्र में सर्वोपरि हैं। ये एक दूसरे के सहयोगी भी हैं। हमारा संविधान एक लिखित संविधान है। यह सर्वोच्च विधि है। हमारे संविधान में वे सभी बातें पायी जाती हैं जो संघीय व्यवस्था में मौजूद हैं। किन्तु निम्न विन्दुओं से इसकी आलोचना की जाती हैं—

—राज्यपाल की नियुक्ति

—राष्ट्र हित में राज्य सूची के विषयों पर विधि बनाने की संसद की शक्ति

—नव राज्यों के निर्माण एवं वर्तमान राज्यों की सीमाओं या नामों आदि में परिवर्तन एवं फेर बदल आदि।

कुछ विद्वान हमारे संविधान को अद्र्ध संघीय मानते हैं। अर्थात् उनका यह विचार है कि हमारा संविधान संघात्मक एवं एकात्मक दोनों लक्षणों से युक्त है। हमारा संविधान वस्तुतः संघीय संविधान ही है और यह इसकी अद्‌भूत विशेषता है कि यह आपातकाल में एकात्मक रूप धारण कर लेता है। यह एकात्मक प्रकृति हमारे संविधान के लचीलापन का द्योतन करता है।

3. संघात्मक प्रकृति

उपरोक्त से संघात्मक प्रकृति पर भली प्रकार प्रकाश पड़ता है। संघात्मक संविधान वह संविधान है जहां शक्तियों का विभाजन रहता है तथा इस संघीय व्यवस्था के अधीन संविधान सर्वोपरि माना गया है। इसके अन्तर्गत संविधान लिखित है। संविधान में अनम्यता होती है। यह न्यायालय के प्राधिकार के अधीन होते हैं। यदि सरकारों के मध्य कोई विवाद उत्पन्न हो जाता है तो इसका निराकरण सामंजस्य के अनुसार होगा किन्तु इस सन्दर्भ में न्यायालय द्वारा दिया गया निर्णय सर्वोपरि होगा।

उच्चतम न्यायालय विधि के अंतिम अवधारणा को प्रस्तुत करता है और इसके द्वारा किया गया निर्णय अंतिम माना जाता है। अमेरिका का संविधान हमारे देश की संविधान की ही भांति है क्योंकि वहां भी केन्द्रीय सरकार और प्रान्तीय सरकारों अपना स्वतंत्र एवं पृथक अस्तित्व रखते हुए कार्य करते हैं। सभी संस्थाएं एक दूसरे के साथ सहयोग की भावना के साथ कार्य करते हैं।

4. उपसंहार

हमारे संविधान का स्वरूप वस्तुतः संघात्मक ही है क्योंकि इसके सारे लक्षण संघात्मक संविधान के ही पाये जाते हैं। किन्तु इसके एकात्मक रूप का दर्शन निम्न परिस्थितियों में होता है—

युद्ध

वाह्य आक्रमण

सशस्त्र विद्रोह।

जब युद्ध का वातावरण तैयार हो जाता है और हमारे राष्ट्र को शत्रु राष्ट्र से लड़ाई करनी पड़ती है तो हमारे संविधान का स्वरूप एकात्मक हो जाता है और हम बड़ी सूझ बूझ और एकता का परिचय देते हैं। इसी प्रकार बाह्य आक्रमण की दशा में हमारे संविधान का स्वरूप एकात्मक हो जाता है। सशस्त्र विद्रोह से जब राष्ट्रीय एकता एवं अखण्डता को खतरा पैदा होता है तो उस दशा में संविधान के एकात्मक रूप का दर्शन होता है। इन परिस्थितियों में राष्ट्रपति आपात् की घोषणा करता है राज्य सरकारों की शक्ति अपने हाथ में ले लेता है। आपात् स्थिति का परिणाम यह होता है कि सम्पूर्ण प्रशासन केन्द्र में निहित होता है और संसद सम्पूर्ण देश में विधि बनाने में सक्षम हो जाता है। राज्यों को आपातकालीन परिस्थिति में केन्द्र सरकार के निर्देशानुसार कार्य करना पड़ता है। सम्पूर्ण प्रशासन का स्वरूप एकात्मक हो जाता है। यद्यपि इन उपबन्धों से संघीय ढांचे पर प्रतिकूल असर पड़ता है किन्तु इससे संघीय स्वरूप नष्ट नहीं हो जाता है क्योंकि यह व्यवस्था केवल विशिष्ट प्रयोजनों से प्रेरित है। यह हमारे संविधान का गुण है कि हम आपातकालीन स्थिति में एक परिपक्व सूझ बूझ का परिचय देते हैं। किन्तु यह स्मरणीय है कि यह व्यवस्था केवल आपातकाल से जुड़ी हुई है अन्यथा हमारा संविधान पूरी तरह संघात्मक है। बदलती हुई परिस्थितियों के अनुसार हमारे संविधान में परिवर्तन होना स्वाभाविक ही है।

इस प्रकार यह कहा जा सकता है कि हमारे देश का संविधान पूर्णतः संघात्मक है क्योंकि इसमें वे सभी लक्षण मौजूद हैं जो एक संघीय व्यवस्था में होते हैं और परिसंघवाद की प्रकृति के अनुसार ही हमें कार्य करना होता है किन्तु आपातकालीन व्यवस्था परिसंघवाद के ढांचे को नष्ट नहीं कर सकती क्योंकि इसका प्रभाव अल्पकालीन होता है। यह तो हमारे संविधान निर्माताओं की सूझ बूझ है कि हमने संघीय व्यवस्था और आपातकालीन स्थिति में एकात्मक रूप भी देने में सक्षम है।

रामचरितमानस में सुन्दर कांड का महत्व

1. प्रस्तावना
2. सुन्दर कांड का महत्व
3. प्रभाव
4. उपसंहार।

1. प्रस्तावना

प्रात: स्मरणीय गोस्वामी तुलसीदास जी ने रामचरित मानस जैसा महाकाव्य प्रस्तुत करके जन मानस की जो सेवा की है उसके लिए सम्पूर्ण संसार इनका ऋणी है। रामचरित मानस में सुन्दर कांड की महत्ता सर्वाधिक है। सुन्दर कांड की शुरुआत एक पर्वत पर से हुई जिसका नाम तुलसीदास जी ने सुन्दर कांड रखा है। इस काण्ड में गोस्वामी जी ने सुन्दर पहाड़, कनक काटे, सुन्दरायतना घना सुन्दर फल आदि का उल्लेख किया है। इस काण्ड में समीर सुत हनुमान के चरित्र को भली प्रकार अप्लावित किया गया है। इसी काण्ड में सीता माता की प्राप्ति हुई जिसके लिए भगवान राम व्याकुल थे। सुन्दर कांड में 'सुन्दर' शब्द कुल मिलाकर 24 बार प्रयुक्त हुआ है अत: सुन्दर शब्द से ओत प्रोत होने के नाते सुन्दर काण्ड पड़ना स्वाभाविक है। सुन्दर होने का तात्पर्य मनमोहकता से है। इस कांड में प्रस्तुत कथा सुन्दर एवं मनमोहक हैं। उदाहरणार्थ—

जामवंत के वचन सुहाये।
सुनि हनुमंत हृदय अति भाये॥

सुन्दर कांड समस्त कामनाओं की पूर्ति करता है। यह मंगलों को प्रदान करने वाला है—

सकल सुमंगल दायक रघुनायक गुनगान।
सादर सुनहि ते तरहि नर सिन्धु बिना जलयान॥

बिना दैवी कृपा के मनुष्य का कोई भी कार्य सम्पन्न नहीं होता है। यह कांड लौकिक एवं अलौकिक दोनों लाभों को उपलब्ध कराता है। यह सुमंगलों को प्रदान करता है। रामचरित मानस के काण्डों की तुलना सप्त पुराणों से की गयी है। ये सभी मोक्ष प्रदान करने वाले हैं। सुन्दर कांड में पवनपुत्र हनुमान जी की भूमिका अत्यन्त सराहनीय

है। विभिन्न प्रकार के विघ्नों का नाश आंजनेय द्वारा ही किया जा सकता है—

पवन तनय बल पवन समाना।
बुद्धि विवेक विज्ञान निधाना॥
कवन सो काज कठिन जग माहीं।
जो नहिं होय तात तुम्ह पाहीं॥

यह काण्ड आश्वासन एवं प्रेरणा प्रदान करने वाला है। भगवद् कृपा से कठिन से कठिन कार्य भी सम्पन्न हो जाते हैं। इस कांड में सत्संग के महिमा पर भी प्रकाश डाला गया है। श्रद्धालु जन को गोस्वामी जी ने कुछ मंत्र स्वरूप चौपाइयां भी प्रदान की है जो सत्संग की महत्ता को बढ़ा देते हैं—

तात स्वर्ग अपवर्ग सुख धरिय तुला एक अंग।
तूल न ताहि सकल मिलि जो सुख लव सत्संग॥

2. सुन्दर काण्ड का महत्व

सुन्दर काण्ड में मां जानकी द्वारा हनुमान जी को अजर-अमर होने का आशीष प्रदान किया गया है। सुन्दर काण्ड की महत्ता जितना बताया जाय उतना ही कम है सुन्दर कांड में यथास्थान मंत्र स्वरूप चौपाइयों को गोस्वामी जी ने बिखेरा है। भक्तगण पर भी कभी विपत्तियां आ जाती हैं तो उन्हें घबड़ाना नहीं चाहिए। मां जानकी ने सन्देश स्वरूप कहा है—

दीन दयाल विरद सम्भारी।
हरहु नाथ मम संकट भारी॥

ईश्वर कृपा और वैभव दोनों का सुन्दर सामंजस्य इस कांड में दृष्ट्व्य है। रावण द्वारा तिरष्कृत होने पर विभीषण प्रभु की शरण में जाते हैं और उनहें श्रीराम जी की अनन्य भक्ति प्राप्त होती है।

मां जानकी ने हनुमान जी को अजर-अमर होने का आशीर्वाद निम्न प्रकार प्रदान किया है—

अजर अमर गुन निधि सुत होऊ।
करहुं सदा रघुनाथहि बोछू॥

इस कांड में प्रभु की अनन्य भक्ति की प्रेरणा मिलती है। यदि सेवक सच्चे मन से प्रभु को याद करता है तो प्रभु उसकी मदद करेंगे। प्रभु कार्य के लिए छोटा होकर अपनी जय पराजय का विचार किये बिना स्वयं को प्रस्तुत करें यही सेवक का वास्तविक लक्षण है—

करइ स्वामि हित सेवक सोई।
दूषन कोटि देइ किन कोई॥

नीति की बातों का समावेश होना इस कांड की सर्वाधिक महत्वपूर्ण विशेषता है। भगवान के कार्य के लिए हनुमान जी समर्पित थे। सुरसा के मुख में प्रविष्ट होकर बाहर निकल गये और उसे भी प्रसन्न करके उसका आशीर्वाद प्राप्त किए—

राम काजु सब करिहहु तुम्ह बल बुद्धि निधान।
आसिष देइ गई सो हरषि चले हनुमान॥

हनुमान जी सकल गुण निधान थे किन्तु उन्होंने सुरसा जैसी राक्षसी से भी आशीर्वाद प्राप्त किया।

इस काण्ड में सन्त शिरोमणि गोस्वामी तुलसीदास जी का यह मधुर संदेश है कि सत्संग द्वारा विरोधी और विपरीत कार्य करने वाले अनुकूल एवं सहयोगी हो जाते हैं। यथा—

गरल सुधा रिपु करहि मिताई।
गोपद सिन्धु अनल सितलाई॥
गरुअ सुमेरु रेनु समताही।
राम कृपा कर चितवा जेही॥

भक्ति भावना पर गोस्वामी तुलसीदास जी ने विशेष बल दिया है। यथा—

भगति तात अनुपम सुख मूला।
मिलइ जो सन्त होइ अनुकूला॥

प्रस्तुत कांड में श्री हनुमान जी के चरित्र का खूब वर्णन किया गया है और उनके कठिन धैर्य की भी परीक्षा की गई है। हनुमान जी काल तत्व के ज्ञाता थे फलतः वे परीक्षा में सफल रहे। वे अपने अतुलनीय साहस और पराक्रम पर कभी गर्व नहीं करते थे। वे सदैव भगवान राम पर आश्रित रहते थे। वे सदैव राम के गुण का वर्णन

करते थे। राम चन्द्र के प्रति उनमें असीम श्रद्धा थी—

राम चन्द्र गुन बरनै लागा।
सुनतहि सीता कर दुख भागा॥

भगवान राम के नाम की महिमा का गान गोस्वामी तुलसीदास जी ने किया है। हमें इससे प्रेरणा लेकर कार्य करना चाहिए। हमें कष्टों को झेलकर धैर्य के साथ कार्य करना चाहिए। यदि प्रभु श्रीराम जी के चरणों में समर्पित भाव से गिरेंगे तो श्रीराम जी हमारा उपकार करेगे। भगवान राम के नाम पर ही हनुमान जी आश्रित थे जबकि उनके अंदर अद्‌भुत पराक्रम था। भगवान राम जी कोमल चित्त वाले हैं—

कोमल चित कृपाल रघुराई।
कपि केहि हेतु धरी निठुराई॥

प्रभु तो कोमल चित्त वाले हैं। हम उन्हें तभी प्राप्त कर सकते हैं जबकि हमारा अन्तःकरण पवित्र हो। यदि हमारे अंदर अहं की भावना है तो हम उनको कदापि नहीं प्राप्त कर सकते। प्रभु में अपनापन ही पूर्ण लाभ है। इसी आधार पर हम उनका साक्षात्कार कर सकते हैं। प्रभु अपने भक्तों के हृदय में बसते हैं और लोगों के गर्व को खाते हैं।

श्री हनुमान जी तो ज्ञानीनाम अग्रगण्यम् थे। वे प्रभु की भक्ति ही अपने जीवन का एक मात्र लक्ष्य मानते थे। सुन्दर कांड में श्री अंजनेय की भूमिका पर गोस्वामी तुलसीदास ने खूब प्रकाश डाला है। उन्होंने हनुमान जी के शील, स्वभाव, गुण आदि सभी का वर्णन किया है। सुन्दर कांड में भक्ति का विशेष महत्व दर्शाया गया है। स्वयं तुलसीदास जी ने प्रभु जी से निवेदन किया है कि प्रभु जी मुझे भक्ति प्रदान कीजिये और मेरे अन्तःकरण को काम क्रोधादि से मुक्त करें। हनुमान जी ने भक्ति के बल पर जगद्‌जननी मां सीता से अजर-अमर होने का आर्शीवाद प्राप्त किया है। हनुमान जी लंका में पहुंचकर सीता माता को प्रभु का संदेश सुनाते हैं। मां विह्वल हो जाती हैं और अपना सुध-बुध खो बैठती हैं। मां की प्रसन्नता को देखकर हनुमान जी ने जगतजननी मां सीता से मातृत्व की स्वीकृति प्राप्त करने की इच्छा की। बार-बार मां शब्द पुकारने पर भी प्रभु शब्द सुनने को न मिला और अन्त में जब उन्होंने मां को धैर्य बंधाते हुए कहा कि मां आप कुछ दिनों तक धैर्य धरें बन्दरों के साथ स्वयं प्रभु यहां आएंगे और आप

को छुड़ा कर ले चलेंगे।

कछुक दिवस जननी धरु धीरा।
कपिन्ह सहित अइहहिं रघुवीरा॥
निसिचर मारि तोहि लै जइहहिं॥
तिहुपुर नारदादि जसु गइहहि॥

मां की ममता जाग उठी। मां ने ज्योंही पवन सुत हनुमान को नन्हें कपि के रूप में देखा तो लगा सचमुच यह बालक है। रावण की सामर्थ्य को जाने बिना मुझे छुड़ा लेने की बात कर रहा है अतः मां ने वात्सल्य भरे शब्दों में कहा कि पुत्र क्या सभी बंदर तुम्हारे समान है राक्षस बड़े योद्धा और शक्तिशाली हैं। मां की करुणा उमड़ पड़ी। वात्सल्य की विलक्षणता यही होती है कि वह असमर्थता में ही पनपती है। मां ने हनुमान जी को अजर अमर होने का आशीर्वाद दिया।

3. प्रभाव

सुन्दर कांड की महिमा जितना गाया जाय वह कम है क्योंकि सुन्दर कांड में भक्ति भावना का व्यापक संचार किया गया है। नीति परक बातों का समावेश किया गया है। लोगों पर और विशेषकर मानस प्रेमियों पर इनका प्रभाव पड़ना स्वाभाविक ही है। जिन नीति भरे शब्दों, सम्बोधनों आदि का प्रयोग इस कांड में किया गया है वे अद्वितीय हैं।

4. उपसंहार

सुन्दर कांड से प्रेरणा लेकर हमें निरन्तर सत्य के पथ पर अग्रसर होना चाहिए। हमें प्रभु जी में असीम भक्ति भाव रखना चाहिए। बिना उनके आदेश के कोई कार्य सम्पन्न नहीं होता क्योंकि समस्त शुभ कर्मों की पूर्णता में उनका योगदान है। ईश्वर भजन एवं सद्कर्मों का अनुसरण ही हमारा ध्येय होना चाहिए। प्रभु में अतुलित सामर्थ्य है। वे अद्भूत शक्ति के स्रोत हैं। हमें सदैव प्रभु जी का स्मरण करना चाहिए। वे जड़ को चेतन और चेतन को जड़ में परिवर्तित करने की शक्ति से युक्त हैं—

जो चेतन कह जड़ करइ,
जड़हिं करइ चैतन्य।
अस समर्थ रघुनाथहिं
भजहिं जीव ते धन्य॥

पुस्तकालय का लाभ
अथवा
पुस्तकालय का महत्व

1. प्रस्तावना
2. पुस्तकालय से लाभ
3. पुस्तकालय ज्ञानार्जन का एक सबल माध्यम
4. समाज कल्याण
5. उपसंहार।

1. प्रस्तावना

हमें अपने ज्ञान-विज्ञान एवं नवीन जानकारियों में अभिवर्धन हेतु पुस्तकालय की आवश्यकता पड़ती है। पुस्तकालय का हमारे शैक्षिक जीवन में अत्यन्त महत्वपूर्ण योगदान है। पुस्तकालय विविध प्रकारों के ज्ञानों का संकलन केन्द्र होता है। हमें अपने मस्तिष्क को सक्रिय बनाने के लिए ज्ञानार्जन की आवश्यकता पड़ती है और इस आवश्यकता की पूर्ति हमें ज्ञानार्जन सम्बन्धी सामग्री से होती है और यह सामग्री केवल पुस्तकालय से ही सम्भव है। मां सरस्वती की आराधना सामान्य बात नहीं है। मां सरस्वती की आराधना के लिए हमें स्कूल-कालेज की भांति एक पुस्तकालय की भी अपेक्षा होती है। स्कूल-कालेज में हमें गुरुजन जिन बातों का बोध कराते हैं वे शिक्षा के रूप में ग्रंथों में पहले से ही संकलित होते हैं और इस संकलन का हम लाभ उठाते हैं।

मां सरस्वती की आराधना सदैव एकाग्र चित्त होकर किया जाता है यह एकाग्रता हम जिस प्रकार गुरुजनों के सम्मुख स्कूल-कालेज एवं शैक्षणिक संस्थाओं में बनाते हैं ठीक उसी प्रकार हमें पुस्तकालय में भी एकाग्र मन होकर अध्ययन करना पड़ता है। पुस्तकालयों का हमारे शैक्षिक जीवन में अत्यन्त महत्वपूर्ण योगदान है। पुस्तकालयों में हमें भिन्न-भिन्न प्रकार के ज्ञान की प्राप्ति होती है। विद्यालयों में हमें गुरुजनों की वाणी प्रभावित करती है किन्तु पुस्तकालयों में हमें जो मार्ग दर्शन प्राप्त होता है वह केवल पुस्तकों से हमारे ज्ञानार्जन के कारण। पुस्तकालय एक साधना स्थल है जहां हमें ज्ञान के विस्तृत खजाने का बोध होता है। ये ज्ञान हमारे लिए महत्वपूर्ण होते हैं और इनसे हमें

रचनात्मक कार्यों को करने की प्रेरणा मिलती है। हम देखते हैं कि प्रत्येक स्कूल-कालेज एवं शैक्षणिक संस्थान में निजी लाइब्रेरियाँ होती हैं जहां विद्यार्थियों को अध्ययन की सुविधा एवं व्यवस्था होती है तथा हम ज्ञान के विविध स्रोतों से वहां अवगत होते हैं। स्कूल-कालेज एवं शिक्षण संस्थाओं से भिन्न स्थानों पर भी लाइब्रेरियाँ होती हैं। जगह-जगह उदाहरण के लिए शहरों, कस्बों एवं नगरों में राजकीय लाइब्रेरियां होती हैं। इन लाइब्रेरियों में अपेक्षित शुल्क जमा करके लोग अध्ययन करने जाते हैं। जनमानस के ज्ञान में वृद्धि करने के लिए लाइब्रेरियों का अत्यन्त महत्वपूर्ण योगदान है। शिक्षा के प्रचार-प्रसार एवं सभी क्षेत्रों में ज्ञानार्जन के क्षेत्र में लाइब्रेरियों का योगदान सराहनीय है।

जो छात्र गरीब हैं अथवा किताबों को क्रय करने में असमर्थ हैं उनके लिए पुस्तकालय तो वरदान स्वरूप है। लाइब्रेरियों में अध्ययन करने का बहुत अच्छा एवं शांत वातावरण है। हम वहां अपनी ज्ञान पिपासा को शांत करते हैं। वैसे अपनी ज्ञान पिपासा की तृप्ति हेतु लोग अपनी व्यक्तिगत पुस्तकालय भी स्थापित किए हुए हैं किन्तु राजकीय लाइब्रेरी ज्यादा महत्वपूर्ण है क्योंकि इसका दरवाजा गरीब अमीर अथवा समाज के सभी वर्गों के लिए खुला रहता है। सामान्यतः यह देखा जाता है राजकीय लाइब्रेरियां भव्य भवनों के रूप में होते हैं। ये बहुमंजिली भी होती हैं। यहां का वातावरण अत्यन्त शांत होता है और यहां लोग मन लगाकर गम्भीरतापूर्वक अध्ययन करते हैं। इस प्रकार हम देखते हैं कि पुस्ताकालयों का हमारे ज्ञान को नवीन ऊंचाई देने में महान योगदान है।

2. लाभ

पुस्तकालयों में न हम केवल अध्ययन करते हैं अपितु उचित शुल्क जमा करके पुस्तकों को अपने घर भी ले जाते हैं। विद्यानुरागी लोगों के जीवन में पुस्तकालयों से लाभ ही लाभ है। पुस्तकालयों से सभी को लाभ प्राप्त होता है। गरीब-अमीर सभी के लिए सार्वजनिक पुस्तकालयों का दरवाजा खुला रहता है। पुस्तकालयों में कोई भेदभाव नहीं है। पुस्तकालयों का उद्देश्य ही यह है कि उससे जन सामान्य को लाभ पहुंचे। व्यक्ति जिस पुस्तक का अध्ययन करना चाहता है उसे लाइब्रेरी से प्राप्त करके अध्ययन कर सकता है। उचित शुल्क की अदायगी के पश्चात् हम इसे घर पर अध्ययन हेतु ले जा सकते हैं। पुस्तकालयों पें सदस्यता शुल्क बहुत ज्यादा नहीं रखा जाता है इसका

कारण यह है कि अधिक से अधिक संख्या में लोग पुस्तकालय का लाभ उठा सकें।

पुस्तकालयों में संग्रहित पुस्तकों से प्रेरणा लेकर अपने जीवन में रचनात्मक कार्य करते हैं। यह जानकारियों का सर्वोत्तम माध्यम है। शिक्षक तो क्लास में केवल पथ प्रदर्शन करता है। सही विद्याभ्यास तो हमें चिन्तन एक मनन के फलस्वरूप ही होता है। किसी भी विषय में पूर्ण परिज्ञान प्राप्त करने के लिए बड़ी तत्परता लगन एवं परिश्रम से काम करना पड़ता है। पुस्तकालयों में हमें परिश्रमपूर्वक सद्ग्रंथों का अनुशीलन करना चाहिए। इन सद्ग्रंथों से प्रेरणा लेनी चाहिए। ज्ञानार्जन एवं ज्ञान में अभिवृद्धि करने के लिए विभिन्न साधन हो सकते हैं किन्तु पुस्तकालय हमारे ज्ञान में अभिवृद्धि करने का एक सबल साधन है। विदेशों में पुस्तकालयों का बड़ा महत्व है। इग्लैंड, अमेरिका, जापान एवं रूस जैसे देशों में बड़े-बड़े पुस्तकालय स्थापित किये गये हैं। इनमें करोड़ों अरबों की लागत लगी है। हमारा देश आर्थिक रूप से विकसित राष्ट्रों की भांति सुसम्पन्न नहीं है किन्तु हमारे यहां भी लाइब्रेरियों की संख्या कम नहीं है। पुस्तकालयों का हमारे जीवन में अत्यन्त महत्वपूर्ण योगदान है। इससे ज्ञान में तो अभिवृद्धि होती है साथ ही साथ हमें सद्कार्यो को करने की प्रेरणा मिलती है। जब हम पुस्तकालयों के सम्पर्क में रहते हैं तो हमारे मन में कुविचार नहीं उत्पन्न होते हैं। हमें श्रेष्ठ ग्रंथों का अध्ययन करने की प्रेरणा मिलती है। पुस्तकालयों से ज्ञान की प्राप्ति सरलता से होती है। पुस्तकालयों में अध्ययन करते रहने से हम मानव जीवन के श्रेष्ठ अनुभवों से लाभान्वित होते रहते हैं।

पुस्तकालयों में विभिन्न विद्वानों के चिन्तन से हमें प्रेरणा मिलती है और हम तुलसी, कबीर, सूर एवं जयशंकर प्रसाद जैसे विद्वानों के विचार से अवगत होते हैं तो हमें साहित्यिक लाभ होता है हमें यदि वैज्ञानिक ज्ञान को उन्नत करना है तो हम न्यूटन, आइंस्टीन जैसे विद्वानों के विचारों का अनुशीलन करना चाहिए। इसी प्रकार यदि हमें दर्शन विज्ञान में दक्षता हासिल करना है तो हम प्लेटो, अरस्तु और चार्वाक दर्शन से प्रेरणा लेते हैं। साहित्यानुरागी तो सूर तुलसी गेटे विलियम शेक्सपीयर की रचनाओं से ज्ञान प्राप्त करते हैं।

यदि हम धर्म और आध्यात्म के क्षेत्र में ज्ञानार्जन करना चाहते हैं तो हमको निम्न विद्वानों के विचारों से अवगत होना पड़ेगा—

स्वामी विवेकानन्द

स्वामी दयानंद सरस्वती

वेद-व्यास

रामकृष्ण परमहंस आदि।

हमें अपनी जानकारियों को नया आयाम प्रदान करने में पुस्तकालयों का अत्यंत महत्वपूर्ण योगदान है। हमें पुस्तकालयों से नीति, धर्म, दर्शन, इतिहास, पुराण आदि सभी विषयों का ज्ञान प्राप्त होता है, अतः पुस्तकालय का लाभ सर्वत्र है। पुस्तकालय हमारे लिए प्रेरणा के स्रोत हैं।

3. पुस्तकालय ज्ञानार्जन का एक सबल माध्यम

पुस्तकालय हमारे ज्ञानार्जन में अभिवृद्धि करने का एक सबल एवं सशक्त माध्यम है। इनसे सत्संग की प्रेरणा मिलती है। इनमें श्रेष्ठ अनुभवों के खजाने होते हैं। श्रेष्ठ पुस्तकों के अध्ययन से हमें आध्यात्मिक एवं मानसिक शांति प्राप्त होता है। किन्तु खेद की बात है कि पुस्तकालयों में जिस भीड़ की अपेक्षा है वह भीड़ दिखाई नहीं पड़ती क्योंकि ऐसा प्रतीत होता है कि लोगों की रुचि पुस्तकालयों में अध्ययन करने के प्रति कम है। खेद की बात है कि सिनेमा घरों, और मदिरालयों में खूब भीड़ दिखाई पड़ती है किन्तु ज्ञान के केन्द्र हमारे पुस्तकालय सूने दिखते हैं।

4. समाज कल्याण

बौद्धिक व्यक्ति अपनी भौतिक उन्नति के साथ समाज की भी उन्नति करना चाहता है। समाज कल्याण की भावना सर्वोपरि है। अपना वैयक्तिक हित चिंतन तो सभी करते हैं किन्तु समाज की भी चिन्ता हमें होनी चाहिए। प्रबुद्ध व्यक्ति राष्ट्र का जिम्मेदार व्यक्ति होता है। वह समाज की व्यवस्थाओं से भली प्रकार अवगत होता है। वह सामाजिक कुरीतियों को उन्मूलित करने का प्रयत्न करता है। वह शिक्षित व्यक्ति होने के नाते देश प्रेम की भावना से प्रेरित होकर कार्य करता है। शिक्षित व्यक्ति में स्वदेश प्रेम की भावना होती है। हमारे संविधान में कल्याणकारी राज्य की स्थापना पर बल दिया गया है। समाज-कल्याण सर्वोपरि है। हमें कोई भी काम समाज-कल्याण की भावना से प्रेरित होकर करना चाहिए। पुस्तकालयों में समाज-कल्याण से सम्बन्धित विविध पुस्तकों का संकलन होता है उनसे हमें समाज-कल्याण सम्बन्धी

बातों की जानकारी प्राप्त होती है। हम जिन बातों को ज्ञान के रूप में पुस्तकालयों से प्राप्त करते हैं उन्हें समाज में प्रचारित एवं प्रसारित करना चाहिए। उदाहरण के लिए दहेज प्रथा उन्मूलन के संदर्भ में हमें यदि कोई नवीन जानकारी प्राप्त होती है तो हमें उसे समाज में प्रचारित करना चाहिए तभी समाज का कल्याण सम्भव होगा।

5. उपसंहार

पुस्तकालयों का हमारे जीवन एवं हमारे राष्ट्र की उन्नति के लिए महत्वपूर्ण योगदान है। पुस्तकालय ज्ञान का केन्द्र एवं सत्साहित्यों का भंडार होते हैं। यहां से हमें विविध ज्ञान प्राप्त होता है। इन ज्ञानों का हमारे जीवन में अत्यन्त महत्वपूर्ण योगदान है। पुस्कालयों का दरवाजा गरीब, अमीर, छोटे-बड़े, निर्धन, धनी सभी के लिए खुला रहता है किन्तु पुस्ताकलयों से हम तभी लाभान्वित होंगे जबकि हम उनमें एक जिज्ञासु की भांति प्रवेश करें और विविध जानकारियों को प्राप्त करके इन्हें अपने समाज में प्रचारित एवं प्रसारित करें। हमारे यहां की जनता अब जागरूक हो रही है और वह ज्ञान-विज्ञान की नवीन बातों से अवगत होना चाहती है और स्वयं को लाभान्वित करने की उसमें प्रबल प्रेरणा है और यह प्रेरणा ही समाज एवं राष्ट्र को आगे ले जाती है। धनाड्य लोगों को चाहिए कि वे जनहित में स्वयं की पूंजी से लाइब्रेरियां खुलवायें और उसमें सुन्दर पुस्तकों का संग्रह करायें और देश के जिज्ञासुओं को लाभान्वित करायें। किन्तु पुस्तकालयों से लाभ प्राप्त करना स्वप्रेरणा का विषय है। यदि हमें कुछ करना है तो हमारी जिज्ञासा भी वैसी होनी चाहिए क्योंकि जिज्ञासाओं को तृप्त किये बिना हम ज्ञानार्जन नहीं कर सकते।

भारतीय नारी का स्वरूप
अथवा
आदर्श नारी

1. प्रस्तावना
2. नारी का भारतीय समाज में स्थिति
3. नारी की महत्ता
4. उपसंहार

1. प्रस्तावना

पुरुष का व्यक्तित्व स्त्री के अभाव में अपूर्ण माना गया है। हिन्दू शास्त्रकारों के अनुसार स्त्री के अभाव में पुरुष द्वारा किया गया याज्ञिक अनुष्ठान सफल नहीं होता। नारी को 'अर्धांगिनी' माना गया है। इन्हें श्री एवं 'लक्ष्मी' की उपाधि दी गई है। वह धर्म पत्नी एवं सहधर्मिणी है। हिन्दू समाज का कोई भी कार्य जो धर्म एवं आध्यात्म से सम्बन्धित है नारी के अभाव में पूर्ण नहीं हो सकता। नारी सह धर्मिणी है। पुरुष का व्यक्तित्व नारी के अभाव में अधूरा है। इन्हें शरीरार्द्ध माना गया है। ये देवी के रूप में हैं। नारी मनुष्य के जीवन एवं सुख में श्री वृद्धि करती है। नारी पुरुष के जीवन के लिए अत्यन्त महत्व की विषय है। नारी पुरुष के सुख समृद्धि एवं वैभव में अभिवृद्धि करती है। नारी का आगमन पुरुष के लिए सदैव शुभ माना गया है। परमात्मा ने सम्भवतः नारी को पहले उत्पन्न किया था। प्रकृति और पुरुष का सम्बन्ध शाश्वत माना गया है। हिन्दू समाज का कोई भी कार्य जो धर्म से सम्बन्धित है नारी के सहयोग से ही पूर्ण होता है। नारी गृह की शोभा है। यह पुरुष को हर प्रकार से सुख प्रदान करती है। पुरुष का स्त्री के लिए और स्त्री का पुरुष के लिए महत्व है। नारी को स्नेह और सौजन्य का प्रतीक माना गया है। हमें पौराणिक ग्रंथों में तारा, कुन्ती, द्रौपदी, कैकेयी, शबरी एवं गार्गी जैसी आदर्श नारियों का उल्लेख मिलता है। किन्तु नारी के महत्व को हम न समझकर उसे अपमानित करते हैं। नारी के प्रति बुरा बर्ताव रखना मानवता के प्रति अपराध है। नारी का अपमान हमारे धर्म और संस्कृति का अपमान है।

नारी का भारतीय समाज में स्थिति—

इस सन्दर्भ में हमें सबसे पहले प्राचीन काल में नारी की दशा पर प्रकाश डालना चाहिए। प्राचीनकाल में नारियों की दशा सर्वत्र एक जैसी न थी। वैदिक काल में नारियों की दशा सम्मानजनक थी। स्त्रियों को सम्मान का प्रतीक समझा जाता था और मर्यादा का प्रतीक समझा जाता था। इस सन्दर्भ में सर्वप्रमुख बात यह है कि नारियों को प्राचीन काल में आश्रित और परतंत्र रहना पड़ता था। इनके सामने स्थिति यह थी कि इन्हें बचपन, विवाहोपरान्त और बुढ़ापे में क्रमशः पिता, पति एवं पुत्र पर आश्रित रहना पड़ता था।—

"पिता रक्षति कौमारे,
भर्ता रक्षति यौवने।
रक्षन्ति स्थविरे-पुत्रा,
न स्त्री स्वतंत्र पर्महति"॥

समाज के सभी धार्मिक कृत्यों में स्त्री का महत्वपूर्ण योगदान है। स्त्रियों के अभाव में पुरुष का व्यक्तित्व अधूरा माना जाता है। समाज के समस्त शुभ कार्यों में नारियों का महत्वपूर्ण स्थान है।

किन्तु स्त्रियों की निन्दा भी बहुत हुई है। यद्यपि यह सत्य है कि वैदिक काल में नारी का जीवन सम्मानजनक था किन्तु पश्चातवर्ती साहित्य यह दर्शाते हैं कि नारी की दशा समाज में बिगड़ने लगी। इनकी दशा निरन्तर दयनीय होती गयी। धीरे-धीरे नारियों का विविध प्रकार से शोषण किया जाने लगा। विधवाओं की स्थिति तो और दयनीय थी। वे कोई श्रृंगार नहीं करती थीं सुन्दर वस्त्राभूषण आदि उनके लिए वर्जित थी। उन्हें भरण-पोषण हेतु धन दिया जाता था।

वैदिक काल में स्त्रियों की दशा सन्तोषजनक थी। इस समय पर्दा प्रथा न थी स्त्रियों पर कोई कठोर प्रतिबन्ध न थे। किन्तु मध्यकाल में परदा प्रथा और बाल विवाह जैसी कुप्रथाएं अस्तित्व में आयीं। बुद्ध के काल की स्त्रियों की दशा सन्तोषजनक थी क्योंकि उनके समय में स्त्रियों की दशा सन्तोषजनक थी। किन्तु स्त्रियों की दशा मुस्लिम आक्रान्ताओं के काल में सोचनीय हुई है। मुस्लिमों के आक्रमणों ने हमारी मान्यताओं एवं धार्मिक मर्यादाओं को चुनौती दिया। मुस्लिमों के आगमन से स्त्रियां अपनी इज्जत-आबरू बचाने हेतु पर्दा करना आरम्भ किया। इसी काल में महाकवि तुलसीदास जी का आविर्भाव हुआ इन्होंने स्त्रियों पर तीखा प्रहार किया है—

ढोल गवांर शूद्र पशु नारी।

सकल ताड़ना के अधिकारी ॥

गोस्वामी जी आगे कहते हैं कि नारियों को मन:स्थिति को विधाता भी नहीं जानते—

विधिहुं न नारि हृदय गति जानी।
सकल कपट अघ अवगुन खानी ॥

स्त्रियों को विविध दोषों एवं अवगुणों से युक्त माना गया है। कहीं-कहीं तो उपदेश के रूप में यहां तक कहा गया है कि काले भुजंग के पास भले चला जाय किन्तु कभी भी स्त्री के पास न जाय।

किन्तु आधुनिक काल में हम देखते हैं कि भारतीय नारी का सम्मानजनक स्थान है। नारियों में पृथ्वी की सी क्षमता है। उसमें उच्च मानसिकता का वास है। वह दयामयी एवं असीम करुणा की सागर है। वह पुरुषों का प्राचीन काल से साथ देती आ रही है। किन्तु गोस्वामी तुलसीदास जी ने इन्हें परखने पर भी बल दिया है—

धीरज धर्म मित्र अरु नारी।

आपति काल परिखेऊं चारी ॥

भारतीय संस्कृति में नारी का सदैव सम्मानजनक स्थान रहा है। नारी ममता का सागर है। जयशंकर प्रसाद जी नारी को श्रद्धा के रूप में देखते हैं—

नारी तुम केवल श्रद्धा हो,
विश्वास रजत पग तल में।
पीयूष स्रोत सी बहा करो,
जीवन के सुन्दर समतल में ॥

राष्ट्र कवि मैथिलीशरण गुप्त ने नारी के विषय में कहा है—

अबला जीवन हाय,
तुम्हारी यही कहानी।
आंचल में है दूध,
और आंखों में पानी ॥

नारियों की दशा केवल मध्य काल में शोचनीय हुई क्योंकि इस समय उन्हें केवल भोग विलास का साधन माना जाता था।

प्राचीन काल में स्त्रियों की दशा सन्तोषजनक थी। यद्यपि प्राचीन काल में भी इनका शोषण हुआ है। बड़े-बड़े राज्यों में सुप्रसिद्ध गणिकाएं होती थीं। ये गणिकाएं शिक्षित कलाविद और कामशास्त्र में निपुण होती थीं।

3. नारी का महत्व

नारी का अत्यन्त महत्वपूर्ण स्थान है। नारी ही हमें जन्म देती है। वह हमें पालती-पोषती है और बड़ा करती है। नारी का यह कार्य पुरुष कभी नहीं सम्पादित कर सकता है। अतः नारी का सर्वाधिक महत्व इसी वाक्यावली में निहित है। गृहस्थाश्रम का सम्पूर्ण भार नारी के बलिष्ठ कन्धों पर है। वह पुरुषों की हर प्रकार से मदद करती है। नारी के बिना कोई भी शुभ कार्य सम्पन्न नहीं हो सकता। कहा गया है—

न गृहं गृहमित्याहुः गृहिणी गृहयुच्चति।
गृहं हि ग्रहिणी हीनम् अरण्य सदृशं में मतम्॥

नारी साक्षात् देवी है। यदि हम इसे प्रसन्न रखते हैं तो हमारे सुख और वैभव में अभिवृद्धि होगी। कहा गया है—

यत्र नार्यस्तु पूज्यन्ते,

रमन्ते तत्र देवता।

अर्थात् जहां नारियों की पूजा होती है वहां देवताओं का वास होता है। स्त्रियों ने पुरुषों की हर प्रकार से सहायता की है। कहा गया है कि जब दशरथ देवासुर संग्राम में फंसे थे तो दशरथ को कैकेयी ने अद्‌भुत सहायता प्रदान की थी।

4. उपसंहार

वर्तमान समय में पाश्चात्य सभ्यता का अन्धानुसरण किया जा रहा है और हम अपनी गौरवमयी संस्कृति को भूल रहे हैं। आज आवश्यकता है कि हम नारी को देवी, मां, सहचरी और प्राण स्वरूप प्रतिष्ठित करें। मैथिलीशरण गुप्त नारियों की मुक्ति का आह्वान किया है—

मुक्त करो नारी को मानव,
चिर बन्दिनी नारी को।
युग-युग की निर्मम कारा से,
जननी, सखी, प्यारी को॥

आज की नारी हमारी हर प्रकार से मदद कर रही है। राजनीति के क्षेत्र में पं० जवाहरलाल नेहरू की पुत्री श्रीमती इंदिरा गांधी, विजय लक्ष्मी पंडित, सरोजनी नायडू आदि महिलाओं को भला कौन नहीं जानता जिन्होंने अपना महत्वर्पू योगदान दिया है।

किन्तु दहेज से होने वाली मौतों का जो ताण्डव नृत्य हो रहा है वह हमारी संस्कृति पर गहरा आघात पहुंचा रहा है। जिस नारी को हमें देवी के रूप में देखने की प्रेरणा मिल रही है हम उसे मामूली सी लालचवश जला रहे हैं। यह हमारी संस्कृति पर कुठाराघात है। हर शहर में देह व्यापार के माध्यम से नारियों का खूब शोषण हो रहा है। हमें भारतीय नारी का विकृत रूप देखने को मिलता है। हमारे यहां पश्चिम की भांति मुक्त सेक्स (Free sex) प्रबल हो रहा है। बालिकाओं का भ्रूण काल में ही हत्या कर दिया जाना सामान्य बात हो गयी है। यद्यपि इस सन्दर्भ में कोई कानून भी बना है किन्तु वह पूर्णतः प्रभावी नहीं है। स्वयं भारतीय नारी भी पाश्चात्य संस्कृति में बहना पसंद कर रही हैं। उसे अपने शोषण के विरुद्ध आवाज उठाना चाहिए और अपनी दूरदर्शिता और साहस का परिचय देना चाहिए। आज की नारियां अंग प्रदर्शन और फैशन पर मेहरबान है। कलात्मक सौंदर्य स्वाभाविक रूप में उत्तेजनात्मक होते हैं। फैशन प्रतियोगिताएं चरम पर हैं। इसी फैशन और शौक-शान में वे लुट रहीं हैं। उनके अधखुले अंगों का जो प्रदर्शन होता है उस अश्लील दृश्य से वासना जागृत होना भी स्वाभाविक है। आजकल की नारियां मादक द्रव्यों का भी सेवन कर रहीं हैं। आज वे स्वतः पतनोन्मुख हो रही हैं। अपने स्तनों की परिधि बनाये रखने हेतु अपने बच्चे को स्तनपान भी नहीं करातीं। यह सब पाश्चात्य संस्कृति के अन्धानुकरण का प्रभाव है। पुरुष ने भी नारियों को बर्बादी में झोंकने का प्रयास किया है। वह नारियों की महत्ता को भूल बैठा है। दहेज रूपी दानव नारी को निगलने का प्रयास कर रहा है क्योंकि इस दानव का आकार निरन्तर बढ़ता ही जा रहा है। वे दहेज की लालच में भस्मीभूत कर दी जा रहीं हैं। पुरुषों की कामुकता और धन लोभ की प्रवृत्ति भी उन्हें बर्बाद कर रहा है। किन्तु आज भी नारी में श्रद्धा और समर्पण है—

पुरुष विजय का भूखा है
नारी समर्पण की।
पुरुष लूटना चाहता है,
नारी लुट जाना।
'महादेवी वर्मा'

दहेज
अथवा
दहेज एक कलंक

1. प्रस्तावना
2. दहेज का मौलिक स्वरूप
3. दहेज दानव का बढ़ता आकार
4. उपसंहार

1. प्रस्तावना

महात्मा गांधी ने कहा है—"कोई युवा पुरुष जो विवाह के पूर्व दहेज की शर्त रखता है अपनी शिक्षा और सार्थकता को कलंकित करता है और औरत का अपमान करता है।"

दहेज समाज में व्याप्त एक प्रबल बुराई है। इससे समाज का स्वरूप गंदा होता जा रहा है। दहेज का लिया जाना और दहेज का दिया जाना दोनों ही एक सामाजिक बुराई (Social evil) है। विवाह एक पवित्र संस्कार है। यह एक प्रकार का परम पवित्र धार्मिक अनुष्ठान है। शास्त्र के अनुसार यह अत्यन्त पवित्र संस्कार है। कोई भी धार्मिक अनुष्ठान पत्नी के अभाव में सम्पन्न नहीं हो सकता। किन्तु शर्म की बात है कि हमारे समाज में लोग पत्नी तो प्राप्त करते ही हैं पत्नी के माता-पिता को दहेज के लिए भी परेशान एवं विवश करते हैं। वर्तमान समय में दहेज रूपी दानव का आकार निरन्तर बढ़ता जा रहा है। वर्तमान समय में यह सामाजिक सम्मान का प्रतीक बनता जा रहा है। दहेज अधिक मात्रा में प्राप्त करने वाला व्यक्ति अपने को समाज का बड़ा आदमी समझता है। वर्तमान समय में हम यह देख रहे हैं कि दहेज समाज का कैंसर बनता जा रहा है। इस कैंसर से समाज का स्वरूप गंदा होता जा रहा है। विवाह अत्यन्त पवित्र संस्कार। ऋग्वेद में दहेज प्रथा का कोई उल्लेख नहीं किया गया है। ऋग्वेदकालीन समाज में विवाह को एक अत्यंत पवित्र संस्कार माना जाता था। शतपथ ब्राह्मण में पत्नी को पति का अर्धांगिनी माना गया है।

प्राचीन काल में निम्न प्रकार के विवाह प्रचलित थे—

ब्रह्म

दैव

आर्ष

प्रजापत्य

गान्धर्व

आसुर

राक्षस एवं

पैशाच।

ब्रह्म विवाह विवाह का सर्वोत्तम रूप था। इसमें कन्या का पिता कन्या के लिए सुयोग्य वर की तलाश करता था जो शील एवं विद्वता से युक्त माना जाता था वह सुयोग्य वर को अपने गृह बुलाता था और उसको सुन्दर परिधान धारण कराता था तथा उसे दक्षिणा देता था। यह विवाह का सर्वोत्तम प्रकार था और कन्या का पिता आशीर्वाद देकर वर एवं कन्या को एक पवित्र बन्धन में बांधता था।

ब्रह्म विवाह की महत्ता पर प्रकाश डालते हुए महाराज मनु ने कहा है—

आच्छाद्य चार्चयित्वा च,
श्रीषशीते स्वयम्।
आहूय दानं कन्याय,
ब्राह्मों धर्म प्रकीर्तितः॥

2. दहेज का मौलिक स्वस्प

प्राचीन काल में दहेज का स्वरूप आज की भांति विकृत न था। कन्या का पिता अपनी खुशी से वर को सुन्दर परिधान से सुसज्जित करता थ। और दक्षिणास्वरूप सुन्दर वस्तुएं प्रदान करता था किन्तु कालांतर में यह एक जटिल समस्या के रूप में समाज के सामने आया।

विवाह के अवसर पर उपहार देने की यह प्रथा शाश्वत् है किन्तु इसके स्वरूप में जो गन्दगी समाज में आज व्याप्त हो गई वह पहले न थी। पहले माता-पिता की ओर से दहेज के रूप में अपनी इच्छानुसार सुन्दर वस्तुओं को प्रदान किया जाता था। वर्तमान समय में दहेज की समस्या समाज को कलंकित कर रही है।

विधिशास्त्रियों ने पहले की स्थिति को निम्न प्रकार व्यक्त किया है—

(क) पुत्री का उपहार उसे मूल्यवान आभूषणों के रूप में प्रदान किया जाता था जो उसके प्रति सम्मान के प्रतीक के रूप में माना जाता था।

(ख) कभी-कभी उपहार के रूप में गाय एवं बैल भी दिया जाता था।

(ग) सुन्दर वस्त्र, आभूषण एवं परिधान प्रदान किया जाता था।

मनुस्मृति में निम्न श्लोक दर्शनीय है—

एक गो मिथुने द्वैवा,
वरादाशय धर्मतः।
कन्या प्रदान विधिवदोषो
धर्मः स उच्यते।

इस श्लोक का तात्पर्य यह है कि कन्या के माता-पिता द्वारा वर को एक गाय तथा बैल प्रदान किया जाता था।

किन्तु वर्तमान समय में दहेज समाज के लिए एक अभिशाप का रूप धारण कर चुका है। यह समाज को बदहाली जीवन की ओर प्रवृत्त कर रहा है। बहुएं जलायी जा रही हैं अथवा सिसकियां भर रही हैं। यह युग भौतिकता की भावना से प्रेरित है। लड़की कितनी सुन्दर, पढ़ी-लिखी एवं भोली-भाली क्यों न हो किन्तु यदि दहेज की भरपाई नहीं की जाती है तो उसे सुयोग्य वर के हाथ नहीं पहुंचाया जा सकता। जैसे-जैसे कन्या की आयु बढ़ती जाती है वह माता-पिता की चिन्ताओं में अभिवृद्धि का एक कारण बन जाती है। कन्या जब ज्यादा उम्र की हो जाती है और उसके माता-पिता के पास धनाभाव रहता है तो ऐसी स्थिति में कन्याओं के मांग में सिन्दूर भरना एक जटिल समस्या हो जाती है।

3. दहेज दानव का बढ़ता आकार

प्रतिदिन हम समाचार पत्रों में बहुओं के जलाये जाने का समाचार पढ़ते हैं। अपर्याप्त दहेज और दहेज न लाने के सन्दर्भ में नव-विवाहिताओं को मौत की गोद में सुलाया जाना एक सामान्य बात बन चुकी है। वस्तुतः यह एक परम्परा सी बन गयी है। शायद ही

कोई ऐसा दिन होगा जबकि समाचार पत्र में दहेज लोभियों द्वारा हत्या किया जाने का रिपोर्ट न प्रकाशित होता हो। कभी-कभी तो ऐसी घटनाएं भी घटती हैं कि दामाद, श्वसुर और साले को भी दहेज की मांग को लेकर छुरा भोंकता है। दहेज की लालच दिन प्रतिदिन समाज को कलंकित कर रहा है।

दहेज सामाजिक सम्मान के लिए नहीं दिया जाता था अथवा इसलिए भी नहीं दिया जाता था कि इससे समाज में नाम अथवा ख्याति बढ़े। यह पुत्री के प्रति सम्मान का प्रतीक था। वहां कोई बुराई नहीं है जहां कन्या पक्ष की ओर से वर पक्ष को उपहार एवं कैश की कुछ मात्रा प्रदान की जाती है क्योंकि यह एक प्रकार से सम्मान का प्रतीक है। दहेज सदैव एक कारणयुक्त सीमा के अंदर होना चाहिए। यह दूसरों के लिए परेशानी का कारण नहीं होना चाहिए।

दहेज की बुराई ने हमारे समाज पर अत्यन्त बुरा असर छोड़ा है। यह बुराई हिन्दू समाज में ज्यादा है। यह संक्रामक रोग की भांति है। यह असहनीय पीड़ा के रूप में है। दहेज की मांग के ही कारण बहुत से परिवारों की लड़कियां बिना ब्याही रह जाती है। यह समाज के लिए अत्यन्त दुखद स्थिति पैदा कर रही है। दहेज स्वयं में एक अनिवार्य बुराई है जो अपने में कई बुराइयों को समाहित किए हुए है। इस बुराई को रोकने हेतु कोई कारगर उपाय भी नहीं किया जा रहा है। भारत के राष्ट्रपति महोदय ने सन् 1961 में दहेज प्रतिषेध अधिनियम जैसा कानून अधिनियमित किया किन्तु यह अधिनियम एक तरह का प्रभावहीन अधिनियम है जो अपने उद्देश्य को प्राप्त करने में असफल है।

4. उपसंहार—

संक्षेप में यह कहा जा सकता है कि दहेजगत बुराई समाज को गर्त में ले जा रही है। दहेज की लालच में निर्दोष स्त्रियां जलायी जा रही हैं । समाज से नैतिक मूल्यों का पतन हो रहा है। दहेज की समस्या विविध प्रकार की बुराइयों को जन्म दे रही हैं, जैसे—

आत्महत्या

बहुओं का जलाया जाना

अनैतिक देह व्यापार आदि।

वर्तमान समय में यह आवश्यक है कि हम उन कुरीतियों को दूर करें जो स्त्री वर्ग के लिए कष्टप्रद हैं। दहेज इसी प्रकार की एक कुरीति है। हमें समाज में सद्विचारों का संचार करना चाहिए और इसके लिए सामाजिक चेतना की आवश्यकता है। हमें भौतिकवादी सोच से परे होकर कोई कार्य करना चाहिए तभी दहेजरूपी दानव के आकार को कम किया जा सकेगा और समाज में सुख एवं शांति में अभिवृद्धि हो सकेगी अन्यथा हमारा समाज जर्जर हो जाएगा और हम पतित होकर विनष्टता के कगार पर होंगे।

करगिल युद्ध एक त्रासदी
अथवा
करगिल विवाद

1. प्रस्तावना
2. पूर्व के युद्ध
3. करगिल का अवश्यम्भावी युद्ध
4. परिणाम

1. प्रस्तावना

पाकिस्तान की यह नीति रही है कि वह भारत को अपना सबसे प्रबल शत्रु समझता आ रहा है। हमने पाकिस्तान की कोई क्षति कभी नहीं किया और न ही हम अपने पड़ोसी राष्ट्र पाकिस्तान को शत्रु समझते हैं किन्तु पाकिस्तान की भारत विरोधी यह नीति शुरू से रही है कि वह हमको परेशान करे और हमारी आर्थिक स्थिति को बदहाल कर दे। श्रीनगर भारत का अभिन्न अंग है और यह अभिन्न अंग रहेगा। करगिल श्रीनगर से लगभग 250 किलोमीटर की दूरी पर है। यहां पर विभिन्न समुदाय के लोग रहते हैं। जमायते इस्लामी शुरू से ही यहां अपनी आतंकवादी गतिविधियों को प्रश्रय दे रहा है। यहां वर्षों से पड़ोसी राष्ट्र की तोपें आग उगल रही हैं । पाकिस्तान का उद्देश्य यह था कि वह करगिल को हड़प ले। यहां पर पाकिस्तान की सैनिक छावनियां बनी हुई थीं। आतंकवादी विभिन्न स्थानों पर टिके हुए थे और समय-समय पर गोलाबारी करते थे और निर्दोषों की जानें लेते थे। भाड़े के अफगान सैनिक भी यहां छावनियों में बसेरे डाले हुए थे। इस क्षेत्र के समीपवर्ती क्षेत्र बारामूला, रजौरी, पुंछ और कर्नाह में वे अपना उपद्रवी ताण्डव करते थे। उनके इस प्रकार की कार्यवाही का पता धीरे-धीरे हमारे सैन्य अफसरों को चला परिणामतः भारतीय सेना के जवानों से उनका संघर्ष हुआ।

2. पूर्व के युद्ध

हम शांति के पुजारी हैं। अहिंसा में हमारा प्रबल विश्वास है। सभी के सुखी होने की कामना हम करते हैं किन्तु इसका तात्पर्य यह नहीं हुआ कि हम अपनी सुरक्षा हेतु दुश्मन से लड़ने के लिए

प्रतिरक्षात्मक कार्यवाही का त्याग कर दें। हमसे पाकिस्तान सदैव टकराता रहा और पराजित होता रहा। जब हमें करगिल के घुसपैठियों का पता चला तो हमारी सेना अपना अभियान दुश्मनों को खदेड़ने हेतु तीव्र किया। पाकिस्तान की खुफिया एजेंसी आई० एस० आई० दुश्मनों की जमकर मदद कर रही है। पहले तो हम शांति पथ का अनुसरण करते हैं किन्तु शांति से काम न होने की दशा में हम मजबूरन युद्ध का मार्ग अपनाते हैं।

भारत पाकिस्तान के मध्य में कई बार युद्ध हुआ जिसमें पाकिस्तान को पराजय मिली है। आजादी मिलने के पश्चात् भारत पाक के मध्य प्रथम युद्ध 1965 में हुआ जिसमें पाकिस्तान की बुरी तरह पराजय हुई। पाकिस्तान की अर्थव्यवस्था चरमरा गयी किन्तु पाक अपने भारत विरोधी रवैया को त्यागा नहीं। भारत के विरुद्ध पाकिस्तान की साजिश तभी से जारी है।

लाल बहादुर शास्त्री और पाकिस्तानी जनरल अयूब खां के मध्य शांति वार्ता पर विशद वार्ता हुई थी और दोनों राष्ट्रों ने यह प्रतिज्ञा भी किया था कि वे युद्ध के बजाय शांति को सर्वाधिक महत्व देंगे। स्वयं अयूब खां ने शांति को स्थापित करने की पेशकस किया किन्तु इसे पाकिस्तान ने अभ्यास में नहीं लाया। शास्त्री जी इस शांतिवार्ता के अनुसरण में भारतीय दो प्रमुख चौकियां 'हाजी पीर' 'टिथवाल' को पाकिस्तान को लौटा दिया था।

भारत ने सन् 1971 में पाकिस्तान से दूसरी लड़ाई लड़ी जब पाकिस्तान का विभाजन हुआ और बांगला देश नामक स्वतंत्र राष्ट्र का अभ्युदय हुआ। युद्ध के पश्चात् नियंत्रण रेखा (L.O.C.) में भी परिवर्तन किया गया। बाद में दोनों राष्ट्रों ने मित्रता पर बल दिया तथा शांतिपूर्ण मार्ग का अनुसरण किया। दोनों राष्ट्रों के विदेश मंत्रियों ने स्वतंत्र वातावरण में शांतिवार्ता किया और एक दूसरे को यह बचन दिया कि वे एक दूसरे के प्रति सद्भावना रखेंगे और कोई ऐसा कार्य नहीं करेंगे जिससे कोई दुष्परिणाम उद्भूत हो सके।

भारत और पाकिस्तान के मध्य शांतिपूर्ण सम्बन्ध कैसे स्थापित हो? यह एक जटिल समस्या है, पाक अधिकृत प्रान्तों को हम कैसे भुलायें। कश्मीर का काफी हिस्सा पाकिस्तानी कब्जे में है। पाकिस्तान अपने बुरी हरकतों से तो बाज आएगा नहीं वह भारत के विरुद्ध षड्यंत्र करता ही आ रहा है और उसको दुष्परिणाम भी मिलता आ रहा है।

अटल बिहारी बाजपेयी जब प्रधानमंत्री बने तो उन्होंने दोनों राष्ट्रों के मध्य शांतिपूर्ण वातावरण को स्थापित करने के निमित्त पाकिस्तान के लाहौर नामक स्थान पर गये। उनका सम्मान और नागरिक अभिनंदन

भी हुआ। पाकिस्तान के प्रधानमंत्री नवाज शरीफ और भारत के प्रधानमंत्री अटल बिहारी बाजपेई के मध्य वार्ताएं चलीं। उन्होंने एक दूसरे राष्ट्र को सहयोग प्रदान करने जैसी बातों पर भी विचार विमर्श किया। इस सन्दर्भ में प्रधानमंत्री इंद्रकुमार गुजराल का भी प्रयास सराहनीय था क्योंकि गुजराल जी ने पाकिस्तान को मैत्रीपूर्ण सम्बन्धों का पालन करने को कहा किन्तु पाकिस्तानी प्रधान मंत्री ने शांति के प्रति केवल मौखिक प्रतिबद्धता दर्शायी थी। वह पाकिस्तानी सेना और कुछ अफगान संगठन के आतंकवादियों को भारतीय सीमा में घुसने को प्रेरित किया और धीरे-धीरे सम्पूर्ण कारगिल क्षेत्र में पाक सैनिकों का कब्जा हो गया। यह मामला अन्तर्राष्ट्रीय स्तर पर लाया गया बिल क्लिंटन ने भी पाकिस्तान से यह आग्रह किया कि वह नियंत्रण रेखा (L.O.C.) का सम्मान करे और नियंत्रण रेखा को पार न करे। किन्तु कहा गया है कि "विनाशकाले विपरीत बुद्धिः" अर्थात् जब विनाश होने की बात आती है तो बुद्धि भी भ्रमित हो जाती है। पाकिस्तान की सेना अपनी छावनियां बढ़ाती गयी उसे किसी भी प्रकार की कोई चिन्ता और फिक्र न थी। इस बात की जानकारी अमेरिका को बहुत पहले ही था कि पाकिस्तान की सेना ने कारगिल में प्रवेश करके उसे अपने कब्जे में करना आरम्भ कर दिया है। नवाज शरीफ ने इसी बीच जब अमेरिका की यात्रा किया तो बिल क्लिंटन ने उनसे यह आग्रह किया था कि वह अपनी सेना कारगिल से वापस बुला लें क्योंकि कारगिल भारत का अंग है जिसको अधिकृत करने का पाकिस्तान का कोई औचित्य नहीं है।

3. करगिल का अवश्यम्भावी युद्ध

कारगिल भारत का अंग है और भारतीय सैनिकों ने यह दिखा भी दिया कि यह सदैव भारत का अंग बनकर ही रहेगा। हमारा राष्ट्र ही नहीं विश्व की शक्तियों ने भी पाक से यह आग्रह किया कि वह कारगिल को अधिकृत न करे क्योंकि कारगिल को हड़पने का उसका कोई औचित्य नहीं है और अमेरिका जाने पर क्लिंटन ने कहा कि वह घुसपैठियों को वापस बुला लें किन्तु पाकिस्तान ने इसकी कोई परवाह न किया। इसके पहले अमेरिकी सिनेट ने मुद्रा कोष से पाकिस्तान को मदद न देने की धमकी भी दिया। ब्रिटेन ने भी पाकिस्तान को कहा कि कश्मीर मसले पर वह अपने रवैये में परिवर्तन लाये किन्तु उस पर तो अहंकार का बादल छाया हुआ था। पाकिस्तान वास्तविक नियंत्रण का कभी भी सम्मान नहीं किया है। शांति और युद्ध कभी भी एक साथ अस्तित्व में नहीं रह सकते क्योंकि दोनों विपरीतार्थक हैं। शांति की वार्ता बन्दूक की नाल पर नहीं होती। पाकिस्तान कारगिल में अपनी

सेना को जमाये रहा। फलतः युद्ध होना अवश्यम्भावी हुआ। हजारों फिट की ऊंचाई पर हमारे सैनिक बर्फ पर कष्ट के साथ लड़ते रहे किन्तु उनमें उत्साह और शौर्य की कभी न थी उन्होंने अपने देश के प्रति प्रेम का परिचय दिया और बहादुरी के साथ महीनों लड़ते रहे। सेना के कई बड़े अफसर और जवान मारे गये किन्तु अथक प्रयास के बाद हमें सफलता मिली।

4. उपसंहार

कारगिल का युद्ध पाकिस्तान को जो परिणाम दिया उसका अन्दाजा नवाज शरीफ के देश निष्कासन से लगाया जा सकता है। नवाज शरीफ अपनी जिद पर अड़ा रहा और कारगिल की लड़ाई पाकिस्तान की अर्थव्यवस्था को पूरी तरह चौपट किया। यद्यपि इस लड़ाई का नतीजा तो हमारे पक्ष में रहा क्योंकि हमने दुश्मन को परास्त करके उसे खदेड़ भगाया किन्तु हमें भी तो परेशानियों का भीषण सामना करना पड़ा। हमारी अर्थव्यवस्था पर भी बुरा असर पड़ा। किन्तु सठ से सठता का बर्ताव तो करना ही पड़ेगा—

"सठे साठ्यं समाचरेत"

"Tit for tat"

नवाज शरीफ की यह सोच थी कि वह किसी न किसी प्रकार से कारगिल को अपने कब्जे में करके भारत के अन्य भागों को भी अधिकृत करें किन्तु उसके पाप का घड़ा फूट ही गया और उसे भीषण त्रासदी का सामना करना पड़ा। धर्म के मार्ग का अनुसरण करने वाला राष्ट्र विजयी होता है। हमने धर्म और शांति को महत्व दिया है और यही हमारी संस्कृति का आधार है किन्तु पाकिस्तान सदैव हमारी ही जड़ खोदने पर लगा हुआ है। कश्मीर में सदैव पाकिस्तानी आंतकवादी कोई न कोई हरकत करते रहते हैं और उग्रवादियों द्वारा बेगुनाहों को मौत के घाट उतारा जाता है। भारत और पाकिस्तान के मध्य इस प्रकार कुल तीन युद्ध हुए जिसमें पाकिस्तान को अपनी सैन्य शक्ति का अंदाजा भी मिल चुका है किन्तु इसके बावजूद भी उसका अहं उस पर सवार है क्योंकि वह अपनी आदतों से बाज नहीं आ रहा है। कहीं ऐसा न हो कि भारत से उसकी चौथी लड़ाई में विश्व के मानचित्र से उसका नामो-निशान ही मिट जाये।

स्वामी दयानन्द सरस्वती

1. प्रस्तावना
2. जीवन परिचय
3. सत्य की खोज एवं समाज सेवा
4. उपसंहार

1. प्रस्तावना

हमारा देश ऋषियों एवं महर्षियों का देश है। हमारे देश ने अनेक ऋषि, महर्षि एवं महापुरुषों को जन्म दिया है। इन्हीं महापुरुषों में स्वामी दयानन्द सरस्वती का नाम भी गर्व सहित लिया जाता है। स्वामी दयानन्द सरस्वती एक ओजस्वी वक्ता एवं कर्मठ समाज सुधारक थे। समाज सुधार के क्षेत्र में स्वामी जी ने अपना महान योगदान दिया है। धर्म के क्षेत्र में भी उन्होंने महत्वपूर्ण योगदान दिया है। वे प्रबल समाज-सुधारक एवं धार्मिक आस्था के व्यक्ति थे। उन्होंने देश में जिस सांस्कृतिक एवं राजनैतिक चेतना का संचार किया है वह सराहनीय है। वे आर्य संस्कृति के रक्षक थे। धार्मिक क्षेत्र में इन्होंने जो कार्य कर दिखाया है वह अत्यंत सराहनीय है। स्वामी जी ने जनमानस को कर्मठता का पाठ पढ़ाया है। उन्होंने सामाजिक कुरीतियों पर तीखा प्रहार किया है। वे आलस्य और अकर्मण्यता को जीवन का कोढ़ बताये हैं । उन्होंने जिस समय अपने विचारों का प्रसार आरम्भ किया देश गुलाम था उन्हें पग-पग पर ईसाई मिशनरियों से टक्कर लेना पड़ता था।

स्वामी जी ने अन्र्तमन की पवित्रता पर बल दिया। उनका कहना था कि हमें समरसता का भाव अपनाना चाहिए। परहित में समय देना चाहिए। अनावश्यक रूप से किसी को परेशान नहीं करना चाहिए। मानवीय दृष्टिकोण पर बल देना चाहिए। जिस समय उनका आविर्भाव हुआ देश की गरीब जनता के लोग ईसाई बनने की ओर प्रवृत्त थे और इस प्रकार धर्म परिवर्तन का एक दौर सा शुरू हो गया था। स्वामी जी ने जातिवाद सम्प्रदाय एवं सामाजिक विषमता की निन्दा की। उन्होंने कर्मकांड की भी खूब निन्दा की और उन्होंने समाज में रहने वाले लोगों को सामाजिक समरसता के सूत्र में बांधा।

स्वामी जी ने जातिगत भेद को समाप्त करने की ओर विशेष बल दिया और अनुद्योग, आलस्य और प्रमोद की आलोचना किया। उन्होंने हिन्दू धर्म को बहुत बड़ा संरक्षण प्रदान किया है। उन्होंने हिन्दुओं को

ईसाई और मुसलमान बनने से रोका। वे एक महान स्वतंत्रता सेनानी थे। उन्होंने अंग्रेजी शासन की कटु आलोचना की है।

2. जीवन परिचय

स्वामी दयानन्द जी गुजरात प्रान्त में सन् 1824 में पैदा हुए थे। उनका पालन-पोषण अत्यन्त सुसम्पन्न परिवार में हुआ था। सनातन धर्म पद्धति के अनुसार इनके बचपन का नाम मूलशंकर था। इनके पिता जी ने पांच वर्ष की आयु में इनका यज्ञोपवति संस्कार कराया और इन्हें विद्याभ्यास कराना आरम्भ कराया। इसी समय इन्होंने वैदिक ग्रंथों का अध्ययन आरम्भ किया। इनके पिता जी ने इनको संस्कृत का अध्ययन करने हेतु अध्यापक को लगाया। प्रारम्भिक काल में ही इनको 'अमर कोष' और 'लघु सिद्धान्त कौमुदी' जैसे ग्रंथ याद हो गये थे। स्वामी जी के पिता अत्यन्त उदार थे वे प्राचीन विचारों के पोषक थे। वे मूलतः शैव थे। परिवार शिवभक्ति में प्रबल विश्वास रखता था। इनके लिए 'शिवरात्रि' के पर्व का विशेष महत्व था। इस दिन स्त्रियां व्रत रखती थीं। रात्रि जागरण किया जाता था। शिवलिंग की पूजा की जाती थी। अर्थात् इनके परिवार का शिव जी की भक्ति में विश्वास था और शिव आराधना में सभी लीन रहते थे किन्तु स्वामी जी ने एक दिन अत्यन्त गम्भीरता से पाषाण मूर्तियों पर विचार किया और वे इस निष्कर्ष पर पहुंचे कि पाषाण मूर्तियों की पूजा से कोई लाभ नहीं है।

3. सत्य की खोज एवं समाज सेवा

स्वामी जी सत्य की खोज में निरन्तर लगे रहते थे। उन्होंने समाजोपयोगी बातों का संचार किया है। उन्होंने अन्धविश्वास और कुरीतियों पर तीखा प्रहार किया है। उन्होंने संसारिक सुख (Wordly pleasure) को मिथ्या बताया है। उनका दर्शन ईश भक्ति पर आधारित था। आध्यात्म के क्षेत्र में वे वैदिक एवं पौराणिक ग्रंथों से प्रेंरित थे। संसार को उन्होंने क्षणभंगुर एवं नश्वर बताया है। स्वामी जी के इस प्रवृत्ति से उनके पिता कुछ चिंतित हुए क्योंकि उनकी यह इच्छा थी कि बालक को वैभव एवं विलासिता की ओर लाया जाय। अपने पुत्र में संसार के प्रति बढ़ती हुई घृणा को देखकर पिता के मन में चिंता होना स्वाभाविक ही था। किन्तु दयानन्द पर इन बातों का कोई असर न था। ऐसा कहा जाता है कि जिस दिन मूलशंकर का विवाह था परिवार में खुशियां मनायी जा रही थीं उसी दिन रात में वे गृह से पलायित हो गये और वहां से चलकर नर्मदा तट पर आये और साधु-

सन्तों की संगति प्राप्त किये। उन्होंने इसके बाद के सम्पूर्ण जीवन को ज्ञानार्जन एवं समाज सेवा में लगाया उन्होंने ढोंगी और पाखण्डी साधु सन्तों की निन्दा किया। वे भूलते-भटकते स्वामी विरजानन्द की संगति में आये।

स्वामी जी का चिन्तन अत्यन्त प्रबल था। उन्होंने तर्क को विशेष महत्व दिया है। उन्होंने वैदिक ज्ञान की महत्ता को प्रतिष्ठित किया है। संक्षेप में उनकी प्रमुख शिक्षायें निम्नवत् हैं—

(1) सत्य पथ का अनुसरण करना

(2) अहिंसा

(3) निराकार ब्रह्म की उपासना

(4) पाखण्ड को महत्व देना

(5) सामाजिक समरसता

(6) संस्कृत भाषा को महत्व देना

(7) स्वदेश प्रेम।

स्वामी के वाणी में अद्‌भुत ओज था। उन्होंने काशी में आकर 'पाखण्ड खण्डिनी पताका' की आड़ में जनता को सत्य का बोध कराया। उन्होंने समाज में व्याप्त कुरीतियों पर तीखा प्रहार किया है।

स्वामी जी ने सन् 1875 में बाम्बे में 'आर्य समाज' की स्थापना किया। आर्य समाज के प्रमुख विचारों को स्वामी जी ने देश के कोने-कोने में फैलाया। आर्य समाज, समाज में व्याप्त पीड़ा एवं बुराइयों को उन्मूलित करने हेतु पूर्ण प्रयास किया।

स्वामी जी के सम्पूर्ण ज्ञान का स्रोत 'सत्यार्थ प्रकाश' है। उनके द्वारा दी गई सम्पूर्ण शिक्षाएं सत्यार्थ प्रकाश में निहित हैं। स्वामी जी समाज के सर्वतोत्मुखी विकास की कामना करते थे। उन्होंने मानव-मानव में प्रेम का संचार किया है। उन्होंने निम्न का प्रबल विरोध किया है—

छल

दम्भ

द्वेष

पाखण्ड

ईर्ष्या

कलुषता

मूर्तिपूजा एवं

कर्मकांड।

स्वामी जी का काल धार्मिक सुधार आन्दोलन का काल था क्योंकि इसी समय राजाराम मोहन राय ने ब्रह्म समाज के माध्यम से समाज की कुरीतियों को उन्मूलित करने हेतु प्रयास किया था। स्वामी जी संस्कृत भाषा के प्रकांड विद्वान थे। उन्होंने स्त्री शिक्षा एवं विधवा विवाह को भी प्रोत्साहित किया। उन्होंने स्त्रियों को शिक्षित करने हेतु बहुत समर्थन कार्य किया। वे यद्यपि गुजराती थे किन्तु हिन्दी में उन्होंने महत्वपूर्ण कार्य किया। हिन्दी में उन्होंने अपने विचारों का प्रचार एवं प्रसार किया। इनका काल अंग्रेजी हुकूमत का काल था। लोगों को इन्होंने अपनी प्राचीन संस्कृत का बोध कराया और निम्न नारा दिया—

"चलो वेद की ओर"

"Let us back towards vedas"

स्वामी जी सदैव सत्य की खोज में लगे थे। उन्होंने अपने ओजस्वी विचार के माध्यम से तत्कालीन जनता का मन मोह लिया था। स्वामी जी के सम्मुख शास्त्रार्थ में कोई टिक न पाता था। शिक्षा के प्रसार में स्वामी जी ने अपना महान योगदान प्रदान किया। काशी विद्वानों का मठ था। स्वामी जी वहां पहुंचकर अपने अद्‌भुत विचारों से वहां की जनता का मन मोह लिया। यहां पर स्वामी जी की कई विद्वानों से मुलाकात हुई जिनके सम्मुख उन्हें शास्त्रार्थ करना पड़ा। इन्हें शास्त्रों का बड़ा अच्छा ज्ञान था।

स्वामी जी अत्यनत प्रबुद्ध, सजग और संवेदनशील व्यक्ति थे। उन्होंने अपने जीवन के श्रेष्ठ अनुभवों से देश की जनता को लाभान्वित कराया। स्वामी जी के ओजस्वी व्यक्तित्व से सभी को प्रेरणा मिलती थी। सत्यार्थ प्रकाश में उन्होंने ज्ञान सम्बन्धी विभिन्न बातों को संकलित किया है।

4. उपसंहार

संक्षेप में यह कहा जा सकता है कि स्वामी जी असाधारण प्रतिभा के धनी व्यक्ति थे। इन्होंने अपने जीवन काल में समाज को नवीन दिशा का बोध कराया और अशिक्षित जनता को संस्कार का पाठ

पढ़ाया। उन्होंने हिन्दू धर्म की महानता को साबित करने के लिए भरपूर प्रयास किया। स्वामी जी ने आर्य समाज नामक संस्था के माध्यम से विदेशी संस्कृति को खूब फटकारा है। लोग विदेशों में शिक्षा प्राप्त करके अपने को गौरवशाली महसूस करते हैं। स्वामी जी ने ऐसे लोगों को निन्दा का पात्र कहा है। स्वामी जी आजीवन भारतीय समाज की कुरीतियों को दूर करने में लगे रहे। वे एक धर्म प्रचारक एवं समाज सुधारक थे। उनके प्रयत्नों के फलस्वरूप देश के बड़े-बड़े नगरों में आर्य समाज की संस्थाएं एवं मंदिर स्थापित हुए और डी० ए० वी० स्कूल खोले गये। स्वामी जी ने वेदों के साहित्य अध्ययन पर विशेष बल दिया। संस्कृत साहित्य के अध्ययन में उनकी विशेष अभिरुचि थी। उन्होंने अपने पूर्वजों के प्रति विशेष निष्ठा व्यक्त की है। स्वामी जी ने भारतीय समाज के नैतिक स्तर को सुधारने में महान योगदान दिया है। बालविवाह, छुआछूत, अन्धविश्वास, पाखण्ड आदि की उन्होंने घोर निन्दा की है। स्वामी जी विधवा विवाह को प्रोत्साहन प्रदान किए हैं। उनका कहना है कि विधवाओं से विवाह करना हमारा नैतिक कर्त्तव्य है क्योंकि इससे समाज में स्त्रियों के प्रति सम्मान बढ़ेगा और लोग सामाजिक समरसता के सूत्र में बंधेंगे।

लोकनायक जे० पी०
अथवा
जय प्रकाश नारायण एवं उनका योगदान

1. प्रस्तावना
2. जीवन परिचय
3. योगदान
4. उपसंहार।

1. प्रस्तावना

लोक नायक जय प्रकाश नारायण को भला कौन नहीं जानता। उनकी कर्मठता, त्याग और ईमानदारी से भला कौन अवगत नहीं है। मातृभूमि के वरदपुत्र जयप्रकाश नारायण ने हमारे देश की सराहनीय सेवा की है। लोकनायक जय प्रकाश नारायण त्याग एवं बलिदान की प्रतिमूर्ति थे। कहा गया है—

"होनहार वीरवान के होत चीकने पात"।

जय प्रकाश विचार के पक्के और बुद्धि के सुलझे हुए व्यक्ति थे। जय प्रकाश जी देश के सच्चे सपूत थे। उन्होंने देश को अन्धकार से प्रकाश की ओर लाया। लोकनायक जे० पी० ने भारतीय जनमानस पर अपना अमिट छाप छोड़ा है। उनका समाजवाद का नारा आज भी गूंज रहा है। समाजवाद के सम्बन्ध न केवल उनके राजनैतिक जीवन से था अपितु यह उनके सम्पूर्ण जीवन में समाया हुआ था।

2. जीवन परिचय

जय प्रकाश का जन्म बिहार प्रान्त के छपरा जनपद में दशहरे के दिन सन् 1902 में हुआ था। इनके पिता का नाम श्री देवकी बाबू था माता फूलरानी देवी थीं। इन्हें चार वर्ष तक दांत नहीं आया जिससे इनकी माता जी इन्हें बडल जी कहती थीं। इन्होंने जब बोलना आरम्भ किया तो वाणी में ओज झलकने लगी। 1920 में जे० पी० का विवाह प्रभा नामक लड़की से हुआ। प्रभावती स्वभाव से अत्यन्त मृदुल थी। गांधी जी का उनके प्रति अपार स्नेह था। प्रभा से शादी होने के समय और बाद भी गांधी जी से उनके पिता का सम्बन्ध था क्योंकि प्रभावती के पिता श्री ब्रजकिशोर बापू चम्पारन में जहां गांधी जी ठहरे थे प्रभा

को साथ लेकर गये थे। प्रभा विभिन्न राष्ट्रीय उत्सवों और कार्यक्रमों में भाग लेती थीं।

जे० पी० ने भारतीय स्वतंत्रता संग्राम में कूदने का निश्चय किया क्योंकि इन्हें मौलाना की एक गरज सुनाई पड़ी जिसे उन्होंने पटना में ध्वनित किया था। मौलाना ने कहा था— "नौजवानों अंग्रेजी (शिक्षा) का त्याग करो और मैदान में आकर ब्रिटिश हुकूमत की ढहती दिवारों को धराशायी करो और ऐसे हिन्दुस्तान का निर्माण करो जो सारे आलम में खूशबू पैदा करे।" जे० पी० ने इस वक्तव्य को जब सुना तो उनके अन्तर्मन में हलचल मच गया। जे० पी० पढ़ाई छोड़कर स्वतंत्रता आन्दोलन में कूद पड़े। भविष्य में जय प्रकाश जी प्रभा के साथ प्रयाग आ गये और नेहरू जी के यहां ठहरे। यहां उन्होंने देश को आजाद करने की विविध योजनाएं बनाना आरम्भ किया। एक दिन पटना में आचार्य नरेन्द्र देव की अध्यक्षता में समाजवादी कार्यकर्ताओं की राष्ट्रीय स्तर पर मीटीगं चल रही थी। नरेन्द्र देव का कहना था कि आजादी तो हमें तभी प्राप्त होगी जबकि हम समाजवादी लड़ाई का मार्ग पकड़ें। वहां यह विचार भी व्यक्त किया गया कि यह संघर्ष तभी सफल होगा जबकि हम समाज़वाद के राह का अनुसरण करें। कोई भी आन्दोलन बिना मध्यमवर्गीय लोगों के सहयोग के सफल नहीं होता। भविष्य में कांग्रेस सोशलिस्ट पार्टी का गठन हुआ तो जे० पी० को उसमें शामिल किया गया और उन्हें पार्टी का महासचिव बनाया गया। जय प्रकाश जी ने नई पार्टी की खूब सेवा की और उसका प्रचार एवं प्रसार किया। जे० पी० जी विलक्षण प्रतिभा से युक्त थे। उनकी बातों का भारतीय जन मानस पर अच्छा प्रभाव था।

जे० पी० जी आजीवन संकल्पित मन से देश की सेवा करते रहे। उनके नेतृत्व में विभिन्न आन्दोलन हुए। जे० पी० जी के निम्न आदर्श थे—

सत्य

निष्ठा एवं

ईमानदारी।

जे० पी० जी ने अपने जीवन में संयम का पालन किया। अपने क्रांतिकारी विचारों से उन्होंने देश की जानता को संघर्ष के पथ पर लाया। उनके आह्वान पर लाखों की संख्या में लोग अंग्रेजी शासन के विरुद्ध बगावत किया। भारत माता को अंग्रेजी की त्रासदी से मुक्ति

दिलाने के लिए वे संघर्ष करते रहे किन्तु 7 मार्च सन् 1940 की शाम को ब्रिटिश पुलिस ने उन्हें गिरफ्तार कर लिया और वे जेल भेज दिए गए। जे० पी० जी की गिरफ्तारी वस्तुतः एक दुर्भाग्यपूर्ण घटना थी क्योंकि वे कोई सामान्य कार्यकर्ता न थे अपितु वे शीर्ष के नेता थे। वे पाश्चात्य समाजवाद के द्वारा भारतीय स्वतंत्रता प्राप्त करना चाहते थे।

3. योगदान

जय प्रकाश जी के योगदानों के बारे में जितना कहा जाय वह कम है। ये अत्यन्त परिश्रमी व्यक्ति थे। इनकी विलक्षणता की तारीफ स्वयं गांधी और नेहरू जैसे लोग किया करते थे। भारत माता को आजाद कराने हेतु इन्होंने तरह-तरह की परेशानियां झेलीं किन्तु इन्होंने अंग्रेजों के सामने घुटने नहीं टेके क्योंकि ये दृढ़निश्चयी व्यक्ति थे। संघर्ष के इसी दौर में उनकी पत्नी प्रभावती भी गिरफ्तार कर ली गई और उन्हें दो वर्ष की सजा हुई क्योंकि वह भी स्वतंत्रता आन्दोलन में कूदी थी और जनप्रिय नेत्री बन चुकी थी। जे० पी० जी अपनी निष्ठा और चतुराई के लिए सुप्रसिद्ध थे। वे सच्चे देशभक्त एवं ईमानदार नेता थे। वे ब्रिटिश प्रशासन को समूल नष्ट करने पर तुले हुए थे।

उन्होंने विश्व स्तर पर अपनी आवाज बुलन्द करते हुए कहा है कि विश्व के संकट को मद्देनजर रखते हुए भारत को आजादी प्राप्त होना अति आवश्यक है। जब तक हम आजाद न होंगे हमारा स्वतंत्र अस्तित्व कायम न होगा और हम विकास के पथ पर अग्रसर न हो सकेंगे।

महात्मा गांधी ने अपने सारवान भाषण में कहा था—

"करो या मरो"

"Do or die"

ये वाक्यांश जे० पी० बाबू के मन में सदैव गूंजता रहता था। फलतः उन्होंने देश को आजाद करने हेतु 'करो या मरो' का निर्णय लिया। गांधी जी के इस महामंत्र का उन्होंने जमकर प्रचार व प्रसार भी किया। गांधी जी से प्रेरणा लेकर जे० पी० आगे बढ़ते गये और स्वतंत्रता का बिगुल बज उठा। जब जे० पी० की गिरफ्तारी हुई तो ठीक दूसरे दिन महात्मा गांधी की भी गिरफ्तारी हुई। सैकड़ों हजारों की संख्या में लोग अपने नेताओं की रिहाई की मांग करने लगे। अंग्रेज स्तब्ध रह गये। देश के कोने-कोने के कार्यकर्ता बन्दी बनाये

गये। क्रांति की स्थिति सम्पूर्ण देश के सम्मुख आयी हजारों की संख्या में लोगों ने गिरफ्तारियां दीं।

जय प्रकाश जी को हजारी बाग जेल में कैद किया गया था। बापू जय प्रकाश जी जेल से भागने की योजना बनाने लगे। इसी बीच दीपावली का त्यौहार आया और जेलर साहब ने जश्न मनाने हेतु नाच-गाने का भव्य प्रोग्राम किया था लोग मस्ती में झूम रहे थे। इसी बीच जब नाच-गाने का कार्यारम्भ हुआ तो जे० पी० और उनके छः सहयोगियों ने धोती बांधकर जेल परिसर लांघ गये। इसकी सूचना लन्दन तक पहुंची। कुछ दिन बाद जे० पी० और राममनोहर लोहिया दोनों लोग गिरफ्तार कर लिए गये किन्तु येनकेन प्रकारेण वे लोग फरार हो गये। भविष्य में जे० पी० रावल पिंडी पहुंचे और वहां इन्होंने अपना नाम बदला था किन्तु ट्रेन में किसी दिन सफर करते हुए इन्हें अंग्रेज पुलिस अफसर ने दो भारतीय सैनिकों की सहायता से गिरफ्तार कर लिया। इन्हें लाहौर के काल कोठरी में रखा गया तथा इनकी कुर्सी पर बांधकर पिटाई की गई। भविष्य में इन्हें वहां से आगरा सेन्ट्रल जेल भेजा गया। इसी बीच ब्रिटेन में कन्जरवेटिव पार्टी की हार हुई और लिबरल पार्टी सत्ता में आयी। सत्ता संभालने के पश्चात् लिबरल पार्टी ने अपनी घोषणा में यह वक्तव्य जारी किया कि वह भारत को शीघ्र ही आजादी प्रदान करने वाली है। जय प्रकाश नारायण का संकल्प पूर्ण हुआ। जब लिबरल पार्टी ने यह घोषणा किया कि वह भारत को आजादी प्रदान करेगी उसके कुछ समय बाद उसने भारत के सपूतों के हाथ सत्ता सौंपी। इस प्रकार अथक प्रयास के फलस्वरूप 15 अगस्त सन् 1947 को हमारा देश आजाद हुआ।

4. उपसंहार

लोकनायक बाबू जय प्रकाश नारायण ने स्वार्थलोलुपता में कोई कार्य नहीं किया है। वे देश के सच्चे सपूत थे और उन्होंने निष्ठा की भावना से देश की सेवा की है। देश को आजाद करने में उनकी महत्वपूर्ण भूमिका रही है। वे कर्मयोगी थे। वे अन्तः प्रेरणा के पुरुष थे। उन्होंने अनेक योरोपीय यात्राएं करके सर्वोदय के सिद्धान्त को सम्पूण विश्व में प्रसारित किया। वे संस्कृत के निम्न श्लोक से सम्पूर्ण विश्व को प्रेरणा लेने को कहा—

सर्वे भवन्तु सुखिनः

सर्वेसन्तु निरामया।

सर्वे भद्राणि पश्यन्तु
मां कश्चिद दुखभागभवेत् ॥

बाबू जय प्रकाश सभी से उन्नति की बात करते थे। वे ऊंच-नीच की भेद भावना से परे थे। उनका विचार अच्छी बातों से युक्त था। वे सच्चे अर्थों में आदर्श पुरुष थे। उनके व्यक्तित्व में अद्भुत ओज और तेज था। जय प्रकाश ने बिहार आन्दोलन में भी भाग लिया है। जय प्रकाश की धर्म पत्नी श्रीमती प्रभा के 13 अगस्त सन् 1973 में मृत हो जाने के पश्चात् उनको गहरा झटका लगा। किन्तु इसके बावजूद भी वे देश की सेवा में लगे रहे और एक बहादुर सिपाही की भांति कार्य करते रहे। किन्तु 8 अक्टूबर सन् 1979 को भारत का यह अमर सपूत चिर निद्रा में सो गया।

दिनकर ने लोकनायक के विषय में लिखा है—

है जय प्रकाश वह नाम
जिसे इतिहास आदर देता है।
बढ़कर जिसके पद चिन्हों की
उर पर अंकित कर देता है।
कहते हैं जो जय प्रकाश को,
नहीं मरण से जो डरता है।
ज्वाला को बुझते देख
कुंड में कूद स्वयं जो पड़ता है॥

राष्ट्र पिता महात्मा गाँधी
अथवा
गाँधी जी का व्यक्तित्व एवं कृतित्व

1. प्रस्तावना
2. अधिवक्ता के रूप में कार्यारम्भ
3. भारतीय स्वतंत्रता आन्दोलन में प्रवेश
4. उपसंहार।

1. प्रस्तावना

महात्मा गांधी ने न केवल भारत भूमि में ही सम्मान पाया अपितु विश्व के कोने-कोने में उनकी ख्याति है। गांधी जी महान व्यक्तित्व के थे। वे प्रेरणा के स्रोत हैं। उन्होंने भारतीय आन्दोलन में सराहनीय भूमिका निभायी। गांधी जी के सन्देशों से सम्पूर्ण विश्व प्रेरणा लेता है। गांधी जी की प्रतिमा ब्रिटिश पार्लियामेंट में लगायी गई है। उनका आगमन एक दैवी पुरुष के रूप में हुआ था। जिस प्रकार ईसा मसीह, महात्मा बुद्ध जैसे लोग इस धरती पर अवतरित हुए उसी प्रकार गांधी जी का भी आगमन यहां हुआ।

महात्मा गांधी में बुद्ध की त्याग, ईसा मसीह की शहादत एवं अब्राहम लिंकन का राजनैतिक व्यक्तित्व समाहित था। वे एक कर्मठ महापुरुष थे। जिस प्रकार लोकमान्य बालगंगाधर तिलक, गोपाल कृष्ण गोखले, सुभाषचन्द्र बोस आदि नेता प्रमुख थे और देश के आजादी में योगदान दिए उसी प्रकार गांधी जी के भी योगदानों के लिए हमारा राष्ट्र ऋणी रहेगा। गांधी जी का पूरा नाम मोहनदास करमचन्द गांधी था। उनके पिता जी का नाम करमचन्द्र था जो जाति से एक वैश्य थे। इनके पिता जी राजकोट के दीवान थे। इनके माता का नाम पुतलीबाई था जो एक साध्वी महिला थीं। वे अत्यन्त धर्मनिष्ठ थीं। गांधी जी का जन्म 2 अक्टूबर सन् 1869 में हुआ था। गांधी जी की आरम्भिक शिक्षा राजकोट के एक स्कूल में सम्पन्न हुआ। वे उच्च शिक्षा हेतु लन्दन गये और वहां से वकालत का अध्ययन करके आये। भारत में उनका आगमन एक बैरिस्टर के रूप में हुआ। स्वभाव से गांधी जी अत्यन्त सरल थे, इनकी उदारता, विनम्रता एवं सरसता सुप्रसिद्ध है।

2. अधिवक्ता के रूप में कार्यारम्भ

विलायत से बैरिस्ट्री की परीक्षा उत्तीर्ण करने के पश्चात् गांधी जी जब भारत लौटे तो उन्होंने बम्बई उच्च न्यायालय में अधिवक्ता के रूप में अपने कैरियर की शुरुआत की किन्तु वकालत के पेशे में उनको विशेष सफलता न मिली। वकालत के दौरान अपने एक मुकदमें में इन्हें एक फर्म की ओर से दक्षिणी अफ्रीका जाना पड़ा। दक्षिणी अफ्रीका जाने पर उन्होंने यह देखा कि वहां भारतीयों का बहुत अपमान होता था। वे भारतीयों के साथ मिलकर उन्हें आन्दोलन करने हेतु प्रेरित किए और वहां पर उन्होंने अफ्रीकी नेशनल कांग्रेस की स्थापना किया। गांधी जी ने वहां जिस आन्दोलन की शुरुआत किया वह गति पकड़ लिया और उसे विशेष सफलता मिली। परिणामतः वहां भारतीयों की रक्षा हुई और उन्हें सम्मान प्राप्त होने लगा।

3. स्वतंत्रता आन्दोलन में प्रवेश

गांधी जी जब भारत लौटे तो उन्हें यहां पर अंग्रेजों के शासन के विरुद्ध राजनैतिक आन्दोलन में भाग लेना पड़ा। प्रथम विश्व युद्ध के पश्चात् ऐसी उम्मीद थी कि अंग्रेज भारत को आजादी दे देंगे किन्तु उन्होंने देश को आजाद नहीं किया। गांधी जी ने सन् 1919 से सक्रिय रूप में राजनीति में प्रवेश किया और उन्होंने अंतिम जीवन तक देश की सेवा की। उन्होंने अंग्रेजों को यहां से खदेड़ने हेतु प्रतिज्ञा किया वे आजीवन संघर्ष करते रहे।

गांधी जी ने सन् 1921 में असहयोग आन्दोलन किया। इस आन्दोलन का मुख्य उद्देश्य विदेशी वस्तुओं का बहिष्कार करना था। अंग्रेज लोग बहुत चालाक थे। वे हर प्रकार से हमारी अर्थव्यवस्था का शोषण करना चाहते थे। इंग्लैंड की बनी वस्तुओं को वे भारत में बेचते थे क्योंकि भारत उनकी वस्तुओं के विक्रय का एक बहुत बड़ा बाजार था। गांधी जी ने स्वदेश निर्मित वस्तुओं का उपयोग करने पर बल दिया। उन्होंने स्वयं चरखा निर्मित वस्त्रों का आजीवन प्रयोग किया।

देश को आजादी दिलवाने के सन्दर्भ में गांधी जी अंग्रेजों से निरन्तर वार्ता करते थे किन्तु कोई रचनात्मक परिणाम सामने नहीं आ सका। अंग्रेजों ने द्वितीय विश्व युद्ध में भारतीय सेना का प्रयोग करना चाहा किन्तु गांधी जी ने स्पष्टतः मना किया। उन्होंने कहा कि अब हमारे देश की सेना विश्व युद्ध में लड़ने नहीं जाएगी। उन्होंने कहा कि हम अंग्रेजों की तभी मदद करेंगे जबकि वे हमें स्वतंत्रता प्रदान कर दें।

द्वितीय विश्व युद्ध में इग्लैंड की स्थिति बहुत जर्जर हो चुकी थी और अन्तर्राष्ट्रीय परिवेश भी पूरी तरह बदल चुका था। इंग्लैंड ने जर्मनी के विरुद्ध द्वितीय विश्व युद्ध में भाग लिया था नतीजा यह निकला कि उसकी धन और जन की अपार रूप से हानि हुई। इग्लैंड आर्थिक रूप से जर्जर हो चुका था। इग्लैंड के जितने भी औपनिवेशिक साम्राज्य थे वहां पर उसका शासन दृढ़ न रह सका था। परिणामत: सभी औपनिवेशिक साम्राज्य स्वतंत्र होने की स्थिति में आ चुके थे जिसमें भारत भी एक था। इग्लैंड जो विश्व शक्ति समझा जाता था। आर्थिक रूप से जर्जर हो चुका था और औपनिवेशिक राज्यों पर उसका शासनत्तंत्र ढीला हो गया था। 8 अगस्त सन् 1942 को भारत छोड़ो आन्दोलन प्रारम्भ हुआ। अंग्रेजों वापस जाओ के नारे सम्पूर्ण भारत में लगाया गया। गांधी जी सहित शिखर के सभी नेता बन्दी बनाये गये। यह आन्दोलन एक असाधारण आन्दोलन था जो अंग्रेजी हुकूमत के छक्के छुड़ा दिए। अंग्रेजी शासन की नींव हिल गई।

इस समय विश्व का शक्ति सन्तुलन भी बदल गया था। गांधी जी ने बदलती हुई परिस्थिति के अनुरूप आजादी की मांगे और तेज किया। जापान और अमेरिका विश्व शान्ति के रूप में उभर चुके थे जिन्होंने भारतीय स्वतंत्रता का खुले स्वर से समर्थन किया। फलत: गांधी जी के नेतृत्व में 15 अगस्त सन् 1947 को हमारा देश आजाद हुआ। गांधी जी ने अपना सम्पूर्ण जीवन देश की सेवा में लगाया। एक साधारण लंगोटी धारण करने वाले इस महापुरुष ने देश को आजादी दिलवाने में अत्यन्त महत्वपूर्ण योगदान दिया। गांधी जी साम्प्रदायिक दंगे के प्रतिकूल थे। उन्होंने हिन्दुओं और मुस्लिमों को समता के सूत्र में बांधने का प्रयास किया। गांधी जी ने आजादी के पश्चात् कोई पद नहीं लिया। यह उनके त्याग का सबसे बड़ा उदाहरण है। 30 जनवरी सन् 1948 को एक अविवेकी व्यक्ति नाथूराम गोड्से ने बापू को गोलियों से भून दिया और सम्पूर्ण देश शोक की दरिया में डूब गया।

4. उपसंहार

गांधी जी युग पुरुष थे। उन्होंने आजीवन राष्ट्र हित चिन्तन में अपना समय दिया। उनकी समाज सेवी होना सराहनीय है। गांधी जी का प्रमुख सिद्धान्त था—

सत्य

अहिंसा एवं

अस्तेय।

गांधी जी अत्यन्त उदार थे। वे मानवतावादी विचारों से प्रेरित थे। उन्होंने हमें सदैव सत्य और अहिंसा का पाठ पढ़ाया। वे श्रेष्ठ समाज सेवक थे। उन्होंने अस्पृश्यता उन्मूलन पर विशेष बल दिया उनके अनुसार—

"अस्पृश्यता ईश्वर एवं मानव के प्रति अपराध है"

"Untouchability is a crime against God and Men."

गांधी जी सत्य और अहिंसा के पुजारी थे। गांधी जी एक साधारण जीवन में विश्वास करते थे। स्वभाव से वे सरल थे। आत्मनिर्भरता पर वे विशेष बल देते थे। ईश्वर में उनकी असीम श्रद्धा थी। वे निम्न पाठ किया करते थे—

रघुपति राघव राजाराम
पतित पावन सीताराम
ईश्वर अल्ला तेरे नाम
सबको सन्मति दे भगवान॥

अमर सपूत पंडित नेहरू
अथवा
पंडित जवाहर लाल नेहरू एवं उनका योगदान

1. प्रस्तावना
2. जीवन परिचय
3. योगदान
4. निधन
5. उपसंहार

1. प्रस्तावना

भारत वर्ष की धरती ने अनेक महापुरुषों को जन्म दिया है जिनमें पं० जवाहर लाल नेहरू का नाम प्रमुख है। नेहरू जी देश के सच्चे भक्त एवं सेवक थे। आप को विश्व के सबसे बड़े लोकतांत्रिक राष्ट्र के प्रथम प्रधानमंत्री होने का गौरव प्राप्त हुआ। यह आपकी कर्मठता एवं त्याग का प्रतीक है। जब-जब धर्म की हानि हुई है और अधर्म में वृद्धि हुई है हमारे देश की मिट्टी ने महापुरुष पैदा किया है जो सबकी आकांक्षाओं को पूर्ण करता है। साधारण विचारक से लेकर कर्मठ मनीषी तक नेहरू को सम्मान एवं आदर देता था। उनका आचार-विचार हाव-भाव, आचरण सभी कुछ परम पवित्र था। हमारे यहां युग-पुरुषों की परम्परा है। इसी परम्परा क्रम में पंडित नेहरू का भी आविर्भाव हुआ जिन्होंने देश को आजाद कराया और राष्ट्र को उन्नति के पथ पर अग्रसर किया।

2. जीवन परिचय

पंडित जवाहर लाल नेहरू का जन्म अत्यन्त विलासमय वातावरण में हुआ था। उनके पिता पं० मोतीलाल नेहरू इलाहाबाद हाईकोर्ट के एक सुप्रसिद्ध बैरिस्टर थे। उनकी वकालत बहुत अच्छी थी। नेहरू जी को उनके पिता जी ने उच्च शिक्षा हेतु विदेश भेजा जहां से उन्होंने बी० बीएस-सी०, एल० एल० बी० की डिग्रियां प्राप्त कीं। पंडित नेहरू का व्यक्तित्व अत्यन्त उदार था। वे बच्चों से बहुत प्रेम करते थे। फलत: बच्चे उन्हें चाचा नेहरू कहते थे। विदेश से शिक्षा प्राप्त करके जब पंडित नेहरू स्वदेश वापस आये तो इलाहाबाद हाईकोर्ट में वकालत आरम्भ किया। पंडित जी का बचपन अत्यन्त उदारतापूर्ण वातावरण में

व्यतीत हुआ था। उनके परिवार में पाश्चात्य संस्कृति की झलक मिलती थी। पंडित नेहरू अत्यन्त प्रबुद्ध, सजग और संवेदनशील व्यक्ति थे। ये विलक्षण प्रतिभा के धनी व्यक्ति थे। जवाहरलाल के पिता पं० मोतीलाल नेहरू स्वयं में एक विद्वान व्यक्ति थे जिनकी छाप जवाहर लाल नेहरू पर पड़ना स्वाभाविक था।

जवाहरलाल के पास मानसिक समृद्धि तो थी ही उनके पास भौतिक सम्पदा की भी कमी न थी। इनके परिवार की पृष्ठभूमि उन्नत थी। जिस समय स्वदेश आये और वकालत आरम्भ किया उस समय लोकमान्य तिलक और गोपाल कृष्ण गोखले जैसे नेताओं का वर्चस्व था। जवाहरलाल देश को आजाद कराने हेतु स्वतंत्रता आन्दोलन में कूद पड़े। उन्होंने महलों के सुख की चिन्ता न की।

जवाहरलाल नेहरू एक उच्चकोटि के लेखक थे। आपने अपनी रचनाओं से विश्व के साहित्य को समृद्धि प्रदान की है। डिस्कवरी आफ इंडिया (Discovery of India) आप की उत्कृष्ट कृति है। इस कृति को संसार के विद्वानों ने सराहा है जिसमें आप के मौलिक चिन्तन की झलक मिलती है। डिस्कवरी आफ इंडिया के अलावा अनेक ग्रंथों की रचना आपने की है। पंडित जी ने अपनी जीवनी भी लिखा है जिसे अत्यंत चाव से लोग पढ़ते हैं। उच्चकोटि का राजनेता होने के साथ-साथ आप में लेखन शक्ति भी थी। आप ने मौलिक शैली को अपनाया है। पंडित नेहरू सचमुच एक महापुरुष थे। वे विश्व शांति एवं मानवता को प्रतिष्ठित करना चाहते थे। पूरी दुनिया उन्हें शांति-दूत के रूप में सम्मान प्रदान करती थी। नेहरू जी एशियाई देशों के आपसी एकता पर बल दिया। एशियाई देशों की रक्षा के लिए उन्होंने सराहनीय विचार प्रस्तुत किए। पंडित नेहरू सम्पूर्ण जीवन काल देश की सेवा करते रहे। उन्होंने भारत मां को आजाद कराया और भारत को विकास के पथ पर अग्रसरित किया।

3. योगदान

पंडित जवाहरलाल नेहरू के योगदान को विस्मृत नहीं किया जा सकता। आजादी की लड़ाई में इन्होंने महत्वपूर्ण योगदान प्रदान किया। वे अद्‌भुत राजनीतिज्ञ थे। बड़े-बड़े विद्वान उनका आदर करते थे। उनकी वाणी में बहुत ओज था। लोग उनके भाषण को सुनने हेतु दूर-दूर से आया करते थे। संसार के सभी राष्ट्राध्यक्षों में उनका सम्मान था।

सन् 1929 में उन्हें अखिल भारतीय कांग्रेस का अध्यक्ष बनाया गया था। उन्होंने अपने दायित्व का निर्वाह भली प्रकार किया। इस समय उनको सर्वसम्मति से अध्यक्ष पद पर चुना गया था। आप की ही अध्यक्षतता में भारतीय स्वतंत्रता का प्रस्ताव पास किया गया था। आपकी लोकप्रियता न केवल अपने देश तक ही सीमित थी अपितु इग्लैंड, अमेरिका, इटली, जापान, बेल्जियम में भी इनका सम्मान था।

जब हमारे यहां स्वतंत्रता प्राप्ति का आन्दोलन गति पर था पंडित जी उसमें सक्रिय भागीदारी निभाये। पंडित जी ने जन संगठन पर विशेष बल दिया। सन् 1921 के असहयोग आन्दोलन में पं० जवाहरलाल ने महत्वपूर्ण योगदान दिया। इस आन्दोलन में उनके द्वारा कृषकों को सुसंगठित किया गया। अवध के किसानों ने इस आन्दोलन को सफल बनाने हेतु सक्रिय भागीदारी दिया। जनता की संगठनात्मक शक्ति का नेतृत्व पं० जवाहरलाल नेहरू ने किया। आपके नेतृत्व में अवध के किसानों ने असहयोग आन्दोलन में सराहनीय भूमिका निभाई। किन्तु इस आन्दोलन में पं० नेहरू को प्रथम बार जेल यात्रा करनी पड़ी।

सन् 1929 में पंण्डित नेहरू दुबारा कांग्रेस के अध्यक्ष निर्वाचित हुए। इस समय पं० नेहरू के नेतृत्व में 'पूर्ण स्वराज्य' की मांग की गयी। सम्पूर्ण देश में स्वाधीनता प्राप्त करने की लहर दौड़ी। जब 1930 में उन्होंने नमक सत्याग्रह में भाग लिया तो उन्हें पुनः जेल में निरुद्ध किया गया। इस समय स्वतंत्रता प्राप्ति हेतु सम्पूर्ण देश में आन्दोलन व्याप्त हो गया था। इसी समय गांधी-इरविन समझौता भी हुआ था। किसानों का आन्दोलन जोरों पर था। जेल से छूटने के पश्चात् जवाहरलाल ने पुनः किसानों का नेतृत्व किया। इन्हें फिर जेल जाना पड़ा। कलकत्ता में जब इन्होंने ब्रिटिश शासन के विरुद्ध राजद्रोहात्मक भाषण दिया तो इन्हें पुनः जेल भेज दिया गया। इस बार इन्हें दो वर्ष के कारावास की सजा दी गई। अबकी बार जब वे जेल के परिसर से बाहर आए तो उनकी पत्नी कमला नेहरु का स्वर्गवास हो चुका था। सन् 1939 में द्वितीय विश्व युद्ध हुआ। पं० जवाहरलाल नेहरू को फिर कांग्रेस का अध्यक्ष बनाया गया। द्वितीय विश्व युद्व में इग्लैंड को जर्मनी के विरुद्ध युद्ध करना पड़ा था जिसके फलस्वरूप इग्लैंड की जन और धन की अपार क्षति हुई। इस समय विश्व का शक्ति संतुलन भी बदल चुका था। ब्रिटेन जो दुनिया का सबसे शक्तिशाली राष्ट्र था वह अधोगति को प्राप्त हो गया था। उसके

औपनिवेशक राष्ट्र स्वतंत्रता की ओर प्रवृत्त थे। इग्लैंड को जर्मनी के विरुद्ध लड़ने का परिणाम यह हुआ कि इग्लैंड की अर्थव्यवस्था बुरी तरह बिगड़ गई थी। जापान और अमेरिका विश्व शांति के रूप में उभर चुके थे। इन्होंने भारतीय स्वतंत्रता का समर्थन किया। अंग्रेजों के जितने भी उपनिवेश थे। वहां पर उनकी शासनिक व्यवस्था क्षीण हो चुकी थी। यही स्थिति भारत में भी थी। ब्रिटेन में इस समय लिबरल पार्टी का वादा था कि जैसे ही सत्ता में आएगी भारत को आजादी प्रदान करेगी। लिबरल पार्टी के सत्ता में आने पर भारत को पंडित जवाहरलाल नेहरू के नेवृत्व में आजादी प्राप्त हुई।

4. निधन

पं० जवाहर लाल नेहरू का निधन सम्पूर्ण राष्ट्र के लिए एक आघात था। पंडित जी का निधन दिल का दौरा पड़ने के फलस्वरूप हुआ। मृत्यु की सूचना पाकर लाखों की जन सैलाब अपने प्रिय नेता के अंतिम दर्शन हेतु उमड़ पड़ी। गरीब, मजदूर, किसान सभी आये। विभिन्न देशों के राष्ट्राध्यक्ष जनप्रिय नेता का दर्शन करने हेतु आए। भारत के लाखों घरों में चूल्हे नहीं जले और करोड़ों आंखे गीली रहीं। उनकी शव-यात्रा में लाखों लोग शामिल हुए। शव-यात्रा में शामिल होने हेतु ब्रिटिश प्रधानमंत्री एलन डगलस ह्यूम, लार्ड माउण्ट बेटेन, अमेरिका के विदेश मंत्री डीन डस्क एवं कई देशों के राष्ट्राध्यक्ष शामिल हुए। नेहरू जी का पार्थिव शरीर तिरंगे झंडे में लपेटा गया था, सेना के तीनों अध्यक्षों ने शोक व्यक्त किया। शांति घाट पर जब उनका पार्थिव शरीर रखा गया तब सुन्दर चिता चन्दन की लकड़ी के द्वारा बनायी गयी और उस पर गंगा जल का छिड़काव किया गया और उसमें देशी घी उड़ेला गया और उनके दौहित्र संजय गांधी ने मुखाग्नि दी और इस प्रकार वैदिक रीति-रिवाज और मंत्रोच्चार के साथ पंडित जी का अंतिम संस्कार सम्पन्न हुआ। जब चिताग्नि भड़की तो लोग रोने लगे। मंत्रोच्चार की गूंज से वातावरण स्तब्ध रहा। लोगों ने पं० नेहरू अमर रहे के नारे लगाये। नेहरू की अस्थि भस्मों को बटोरा गया और उसे उनके निर्देशानुसार हिमालय से कन्याकुमारी तक वायु मार्ग से बिखेरा गया और बाद में शेष अस्थि भस्मों को गंगा यमुना के पवित्र संगम इलाहाबाद में प्रवाहित किया गया।

5. उपसंहार

पं० नेहरू के निधन से राष्ट्र की अपूरणीय क्षति हुई है। पंडित नेहरु युग पुरुष थे। उन्होंने मानव कल्याण के लिए कार्य किया। वे भारत माता के सच्चे सपूत थे। भारत माता को न केवल उन्होंने आजाद कराया अपितु उनके 17 वर्षों के शासन काल में देश का अभूतपूर्व विकास हुआ। विज्ञान और तकनीकी के क्षेत्र में पं० जी का सराहनीय योगदान था। उन्होंने भारत मां की सेवा तन-मन एवं धन से किया है। जब स्वतंत्रता आन्दोलन में धन की जरूरत पड़ती थी तो वे अपना व्यक्तिगत धन खर्च करते थे। वे सच्चे अर्थो में आधुनिक भारत के निर्माता थे। देश सदैव के लिए उनका ऋणी है। उन्होंने अपने प्रधानमंत्रित्व काल में अपनी शक्ति-सामर्थ्य एवं सम्पूर्ण ऊर्जा को देश हित में लगाया। इतिहास के पन्ने में आपका नाम स्वर्णाक्षरों में लिखा है। उन्होंने दुनियां के राष्ट्रों को आपस में मैत्रीपूर्ण सम्बन्ध स्थापित करने पर बल दिया। उन्होंने पड़ोसी देश चीन से पंचशील सिद्धान्त पर हस्ताक्षर कराया और स्वयं भी हस्ताक्षर किया। पं० नेहरू विश्व के नेता थे। वे विश्व में शांति स्थापित करने की बात करते थे। न्याय प्रियता एवं सदाचार के लिए सुप्रसिद्ध थे। उनका विराट व्यक्तित्व प्रेरणा का स्रोत था। वे जनप्रिय नेता थे। उनका 16-17 वर्ष का शासन काल सराहनीय है। इस अवधि में विभिन्न भारी मिल-फैक्ट्रियों की स्थापना हुई और अन्तर्राष्ट्रीय स्तर पर भारत की ख्याति में अभिवृद्धि हुई।

देश के सच्चे सपूत : लाल बहादुर शास्त्री

अथवा

लाल बहादुर शास्त्री एवं उनका योगदान

1. प्रस्तावना
2. ज़ीवन परिचय
3. योगदान
4. उपसंहार।

1. प्रस्तावना

पंडित जवाहर लाल नेहरू के मरने के बाद सबसे बड़ी समस्या राष्ट्र की यह थी कि उनकी रिक्तता की पूर्ति किस प्रकार की जाय और किस व्यक्ति को प्रधानमंत्री के पद पर आसीन किया जाय। देश-विदेश के राजनेताओं को पं० नेहरू का निधन शोकग्रस्त कर दिया था और एक सुयोग्य व्यक्ति की तलाश थी जिसे प्रधानमंत्री के पद पर बैठाया जाना था। यह व्यक्तित्व था लाल बहादुर शास्त्री। त्याग और कर्मठता की यह प्रतिमूर्ति देश का सच्चा सपूत था जिसने पं० नेहरू के निधन के पश्चात् देश की सत्ता संभाली। लाल बहादुर शास्त्री का व्यक्तित्व विविधताओं से युक्त था। इनमें विषम परिस्थितियों में निर्णय लेने की अद्‌भुत क्षमता थी। यद्यपि मोरार जी देसाई और जगजीवन राम भी इस पद के दावेदार व्यक्ति थे। वे कठोर परिश्रम में विश्वास रखते थे। शास्त्री जी ने देश सेवा में ही अपना सम्पूर्ण जीवन खपाया और संघर्ष में विश्वास किया। यद्यपि इस धरती पर बहुत से लाल हुए हैं किन्तु लाल बहादुर शास्त्री जैसा लाल शायद ही हुआ है। जिस समय लाल बहादुर शास्त्री को प्रधानमंत्री बनाये जाने की बात सामने आयी उन्होंने स्वयं यह घोषणा किया कि उनकी प्रतिद्वन्द्विता में यदि कोई व्यक्ति आता है तो वे उसका अपना समर्थन करके स्वयं बैठ जाएंगे। इस प्रकार सर्वसम्मति से उन्हें इस पद पर आसीन किया गया।

2. जीवन परिचय

शास्त्री जी का जन्म वाराणसी के मुगलसराय नामक कस्बे में 2 अक्टूबर सन् 1904 में हुआ था। बचपन में इन्हें बहुत संघर्ष करना पड़ा। इनके पिता का नाम शारदा प्रसाद था जो एक शिक्षक थे। दुर्भाग्य की बात थी कि जब शास्त्री जी डेढ़ वर्ष के हुए तभी इनके

पिता का स्वर्गवास हो गया। माता का नाम श्रीमती रामदुलारी था। रामदुलारी ने बच्चे को पाला-पोषा और स्कूल में अध्ययन हेतु भेजा। शास्त्री जी का जीवन अत्यन्त कष्ट में गुजरा। शास्त्री जी में चरित्र बल था। जब इनके पास पैसा न रहता था तब ये गंगा नदी को तैरकर पार करके जाते थे। शास्त्री जी 15-16 वर्ष की आयु में हरिश्चन्द्र स्कूल वाराणसी में दाखिल हुए थे। उनको भारत माता की गुलामी खटकती थी। उन्होंने मां को आजाद कराने के लिए प्रतिज्ञा किया और तदनुरूप कार्य करने की सोची। धीरे-धीरे वे गांधी जी के सम्पर्क में आये और उनसे उन्हें प्रेरणा मिली। उन्होंने सन् 1921 के असहयोग आन्दोलन को गति पकड़ाई। परिणामत: उनको जेल जाना पड़ा। अध्ययन काल में उन्हें सुयोग्य शिक्षकों का सान्निध्य प्राप्त हुआ जिनमें से प्रमुख थे—

आचार्य कृपलानी

डॉ० भगवान दास

श्री प्रकाश एवं

सम्पूर्णानन्द।

इन मनीषियों का उनके व्यक्तित्व पर अत्यन्त गहरा असर था। शास्त्री जी इन्हीं विद्वानों के सान्निध्य में 'शास्त्री' की उपाधि प्राप्त की। शास्त्री जी का जीवन बहुत कष्ट में व्यतीत हुआ। सम्पूर्णानन्द जी से उन्हें सर्वाधिक प्रेरणा मिली। इनके साथ इन्होंने वेद, वेदांग, दर्शन, इतिहास, पुराण एवं संस्कृत का अच्छा ज्ञान प्राप्त किया। गरीबी में पलने के कारण उन्हें गरीब जनता की समस्याओं का पूर्ण बोध था। शास्त्री जी की कार्य प्रणाली काफी प्रभावशाली थी। उनके नजदीक जो भी व्यक्ति आता था उनका हो जाता था। पं० गोविन्द बल्लभ पंत की उन पर विशेष कृपा थी। उनकी योग्यता को देखते हुए उन्हें उ० प्र० कांग्रेस का जनरल सेक्रेटरी बनाया गया। ब्रिटिश शासन काल में उन्होंने जिस निर्भीकता और संयम का परिचय दिया वह अत्यंत सराहनीय है।

शास्त्री जी ने खुले स्वर में अंग्रेजी शासन का विरोध किया परिणामत: उनको कई बार जेल जाना पड़ा। वे कभी घबड़ाते नहीं थे और उन्हें मौत से भी भय न था। वे अपने उद्देश्य तक पहुंचने का हर प्रयास करते थे। उन्होंने वर्षों का जीवन जेल में गुजारा है। उनका परिवार घोर गरीबी भोगता रहा किन्तु इस बात का भी उन पर कोई असर न था। शास्त्री जी की कार्यशैली से सभी उन पर प्रसन्न रहते थे।

गोविन्द वल्लभ पंत ने अपने मुख्य मंत्रित्व काल में उन्हें उ० प्र० राज्य का गृह मंत्री बनाया। उनकी कर्मठता का प्रत्येक व्यक्ति तारीफ करता था। अपने अथक प्रयत्न के बल पर उन्होंने देश से अंग्रेजों को खदेड़ा और सर्वोच्च नेता बने।

पं० जवाहर लाल नेहरू शास्त्री जी को बहुत मानते थे इसका प्रमुख कारण यह था कि शास्त्री जी सच्चे देश सेवक एवं ईमानदार व्यक्ति थे।

3. योगदान

लाल बहादुर शास्त्री के योगदान को भुलाया नहीं जा सकता। उन्होंने भारत मां को आजाद कराने में अपना अमूल्य समय दिया और अपने अथक प्रयास के फलस्वरूप आजादी भी प्राप्त की गई। पंडित जवाहरलाल नेहरू शास्त्री जी की निष्ठा एवं देश सेवा की भावना से अति प्रसन्न रहते थे। पंडित जी के मंत्रि मंडल में रहकर शास्त्री जी ने अत्यन्त महत्वपूर्ण कार्य किए। शास्त्री जी अपनी ईमानदारी के लिए प्रसिद्ध थे, उनमें तनिक भी लोभ अथवा पद लोलुपता न थी। पं० नेहरू शास्त्री जी को अपना परम सहयोगी मानते थे। नेहरू मंत्रि मंडल में इन्होंने बड़ी तत्परता के साथ कार्य किया। शास्त्री जी इलाहाबाद क्षेत्र से लोकसभा चुनाव जीते थे। इसके पूर्व उन्हें नेहरू जी के प्रधानमंत्रित्व काल में रेल मंत्रालय मिला था। इन्होंने अपने काल में विभिन्न रेलवे स्टेशनों एवं सुन्दर रेलवे प्लेटफार्मों एवं कार्यालयों की स्थापना करायी। हजारों मील की दूरियों तक रेल की पटरियां बिछायी गयीं। रेलवे सुरक्षा एवं यात्रियों की सुख-सुविधा का उन्हें खूब ध्यान रहता था। उन्होंने रेलवे इंजन एवं डिब्बों के निर्माण हेतु विभिन्न प्रकार के वर्कशापों का निर्माण कराया। सन् 1952 में किसी रेल दुर्घटना के कारण उन्होंने अपना इस्तीफा दिया। बाद में उन्हें वाणिज्य मंत्रालय दिया गया जहां उन्होंने अपनी कार्य दक्षता का परिचय दिया।

सन् 1961 में उन्होंने गृह मंत्रालय का भार संभाला। गृह मंत्री के रूप में उन्होंने अपना सम्पूर्ण ऊर्जा आंतरिक प्रशासन को चुस्त-दुरुस्त करने में लगाया। पं0 नेहरू के मरने के बाद उन्होंने प्रधानमंत्री का पद भी सुशोभित किया। इस समय वे नेहरू जी के अभाव में खिन्नता महसूस करते थे क्योंकि नेहरू जी से उनका हार्दिक लगाव था। अतः उनका ज्यादातर समय नेहरू जी द्वारा प्रारूपित नीतियों को कार्य रूप में बदलने में लगता था।

डॉ० रामकुमार वर्मा की निम्न पंक्तियां शास्त्री जी के सन्दर्भ में अत्यंत प्रासंगिक हैं—

नेहरु का नेतृत्व,
नए नायक निर्णय में।
जीवित है जग की,
जन जन की ज्योति जय में॥

श्री लाल बहादुर शास्त्री देश के सच्चे सपूत थे। उन्होंने देश के विकास के लिए हर समय सोचा। सन् 1964 में उन्होंने ब्रिटेन की यात्रा की थी। प्रधानमंत्री विल्सन ने अपने देश में उनका हार्दिक अभिनन्दन किया। उन्होंने यहां अपना आधे सप्ताह का समय व्यतीत किया और भावभीनी विदाई के साथ स्वदेश वापस आये। राष्ट्र का नेतृत्व ग्रहण करने पर उनके सामने सबसे जटिल समस्या जो आयी वह गरीबी की समस्या थी। वे ऐसा समाज स्थापित करने के प्रयास में थे जहां गरीबी का नामो निशां न रहे और लोग सुखमय जीवन जीयें। शास्त्री जी लोकतंत्र की गरिमा को और अधिक प्रतिष्ठित करना चाहते थे। उन्होंने अनुसूचित जातियों और अनुसूचित जन जातियों के लोगों में विश्वास की भावना पैदा किया और उनके शिक्षा एवं विकास के लिए कार्य किया। शास्त्री जी का यह सपना था कि देश को समाजवादी लोकतंत्र के आधार पर विकसित किया जाय।

शास्त्री जी के बारे में डॉ० रामकुमार वर्मा की निम्न पक्तियां अत्यंत प्रासंगिक हैं—

जन मानस में हुआ तरंगित।
जननी का डर।
लाल बहुत हैं किन्तु,
एक हैं लाल बहादुर॥

शास्त्री जी जब स्वराष्ट्र मंत्री थे तो राष्ट्र के सामने आने वाली विभिन्न समस्याओं का उन्हें सामना करना पड़ा। उन्होंने समस्या भरे गुत्थियों को सुलझाने में अपना महत्वपूर्ण योगदान दिया। कश्मीर समस्या पर उनके द्वारा अपने श्रेष्ठ विचारों को व्यक्त किया गया। उन्हें कई भाषायी समस्याओं को भी हल करना पड़ा। उन्होंने अपने स्वराष्ट्र मंत्रित्व काल में नेपाल की सद्भावना यात्रा की। यात्रा की अवधि में उन्हें डॉ० राजेन्द्र प्रसाद के मृत्यु की सूचना मिली। वे बहुत दुखी हुए और अपने कार्यक्रम को तदनुरूप संशोधित किया।

शास्त्री जी गांधी जी के विचारों के प्रबल अनुयायी थे। उन्होंने स्वदेश निर्मित वस्तुओं के उपभोग पर बल दिया और विदेश निर्मित वस्तुओं का बहिष्कार किया। जब उन्होंने संयुक्त अरब गणराज्य की यात्रा की तो वहां के राष्ट्रपति कर्नल नासिर ने उनका दिल खोलकर स्वागत किया। शास्त्री जी ने सुप्रसिद्ध काहिरा सम्मेलन में भारतीय शिष्ट मंडल का प्रतिनिधित्व किया। काहिरा सम्मेलन में उन्होंने निम्न प्रमुख बिन्दुओं पर बल दिया—

तटस्थता
शांतिपूर्ण वार्ता
आपसी सामंजस्य
सह अस्तित्व एवं
निःशस्त्रीकरण।

4. उपसंहार

संक्षेप में यह कहा जा सकता है कि लाल बहादुर शास्त्री का आगमन एक देवदूत के रूप में हुआ था। ये अपने सम्पूर्ण जीवन काल में संघर्ष करते रहे। इन्होंने कभी कोई फिजूलखर्ची नहीं किया। सरकारी कार्यों के अलावा इन्होंने निजी कार्यवश भी सरकारी वाहनों का प्रयोग नहीं किया। यदि कभी-कभार ऐसा हुआ भी तो इन्होंने तेल का खर्च अपने वेतन में से अदा करते थे।

शास्त्री जी शांति और अहिंसा में विश्वास रखते थे किन्तु वे देश की गरीबी और निरक्षरता से बहुत चिन्तित रहते थे। इन्होंने समय-समय पर अपने अद्वितीय योग्यता का परिचय दिया है। शासन प्रशासन के कार्य में इनकी विशेष दिलचस्पी रहती थी। इन्होंने अपने प्रधानमंत्रित्वकाल में अपने समस्याओं का सटीक हल ढूंढ़ा। उन्होंने अपने समय की जनता का विश्वास हासिल किया और उनके लिए आजीवन कार्य किया।

शास्त्री जी एक ओजस्वी वक्ता थे। इनकी वाणी सरस थी। वे जहां भाषण देने जाते थे वहां क्षण भर में हजारों की भीड़ उमड़ पड़ती थी। श्रोतागण उनके विचार से मंत्र मुग्ध हो जाते थे और तालियों की गड़गड़ाहट के मध्य उनकी आवाज ध्वनित होती थी। हम शास्त्री जी के महान योगदानों के लिए ऋणी हैं।

श्रीमती इन्दिरा गांधी

अथवा

एक महान व्यक्तित्व के रूप में इन्दिरा गांधी

1. प्रस्तावना
2. जीवन परिचय
3. योगदान
4. उपसंहार।

1. प्रस्तावना

हमारे यहां पुरुषों की भांति नारियों का भी सराहनीय योगदान हर क्षेत्र में रहा है। नारियों में गार्गी, अपाला, घोषा का प्राचानी काल में अत्यन्त महत्वपूर्ण स्थान था। इसी प्रकार महाकाल में भी अनेक वीरांगनाएं हुई। आधुनिक काल में श्रीमती विजयलक्ष्मी, सरोजिनी नायडू आदि का महत्वपूर्ण स्थान है। इसी क्रम में श्रीमती गांधी को भी याद किया जाता है। श्रीमती इन्दिरा गांधी का व्यक्तित्व अमर है। वे आज भी हमारे लिए प्रेरणा की स्रोत हैं। पंडित जवाहर लाल नेहरू की एक मात्र कन्या के रूप में उन्होंने न केवल पं० नेहरू का नाम रोशन किया अपितु सम्पूर्ण भारतवर्ष का मस्तक अपने सुकृत्यों से ऊंचा किया। श्रीमती इंदिरा गांधी में दैवी तेज था। उनका व्यक्तित्व अत्यंत ओजस्वी था। उनमें राजनीतिक सूझबूझ थी। पराजय से वे कभी डरती न थीं। उनमें दूरदर्शिता की भावना प्रबल थी जिसके परिणामस्वरूप उनका आधुनिक इतिहास में नाम अमर है।

2. जीवन परियच

इन्दिरा गांधी का जन्म इलाहाबाद में आनन्द भवन में 19 नवम्बर सन् 1917 को हुआ था। सरोजनी नायडू ने इस नवजात कन्या को 'भारत की नई आत्मा' के रूप में सम्बोधित किया। जिस समय इन्दिरा जी पैदा हुई थीं। आनन्द भवन में स्वतंत्रता संग्राम सेनानियों का जमघट होता था। देश भक्ति की भावना प्रबल थी। ब्रिटिश शासन अपने चरमोत्कर्ष पर था। देश भक्ति की बातें करना तो एक अपराध माना जाता था। अंग्रेजी शासन के दम्भ से लोग भयभीत थे। लोग अनावश्यक रूप में परेशान किये जाते थे। आनन्द भवन परिसर में भी आये दिन पुलिस का छापा पड़ता था। आनंद भवन के परिसर में

राजनीति से सम्बन्धित महत्वपूर्ण निर्णय लिये जाते थे।

इन्दिरा जी का पूरा नाम इन्दिरा प्रियदर्शिनी था। इनकी आरम्भिक शिक्षा स्विट्जरलैंड में हुई। बाद में अध्ययन के उद्देश्य से इनका आगमन शांति निकेतन में हुआ। इन्दिरा गांधी ने शांति निकेतन में शिक्षा प्राप्त करने के पश्चात् उच्च शिक्षा प्राप्त करने हेतु आक्सफोर्ड विश्वविद्यालय गयीं और समर बिले कालेज में उन्हें प्रवेश मिला।

पं० नेहरू इंदिरा को बहुत प्यार करते थे। इसका कारण यह था कि इंदिरा अपने माता-पिता की इकलौती सन्तान थीं। उनका लालन-पालन अत्यन्त सुख-सुविधा में हुआ। ज्ञान संवर्धन हेतु उनके लिए सुयोग्य शिक्षिकाओं की व्यवस्था की गयी थी। इन्दिरा जी में बड़ी उत्सुकता थी। नई बातों को समझने और उसको जानने के सन्दर्भ में उनमें विशेष अभिरुचि थी और इसी अभिरुचि के बल पर ही उन्होंने विश्व की राजनीति किया। इन्दिरा जी में उच्चकोटि का विद्या व्यसन था। इन्होंने सत्साहित्य के अध्ययन में भी अपना अमूल्य समय दिया। पिता पं० नेहरू ने इनको बहुत लाड़-प्यार से पाला-पोषा था। पढ़ने के लिए सुन्दर लाइब्रेरी थी जिसमें विविध प्रकार के ग्रंथों का संग्रह था। इन्दिरा जी इन ग्रंथों का अध्ययन एवं अनुशीलन करती थीं और उनको अपने जीवन में उतारती थीं। इन्दिरा जी में उच्चकोटि की बौद्धिक प्रतिभा थी। वे बड़ों का भली प्रकार सम्मान करना जानती थीं। महात्मा गांधी उन्हें बहुत स्नेह देते थे और देवी के रूप में निहारते थे। पं० नेहरू ने इन्दिरा जी को सदैव नवीन प्रेरणा दिया जो उनके जीवन में काम आया। एक बार पं० नेहरू ने जेल में से 'पिता का पुत्री के नाम पत्र' नामक रचना प्रेषित किया जिसे पढ़कर इंदिरा जी को अद्भुत प्रेरणा प्राप्त हुई। इसके माध्यम से पं० नेहरू ने अपनी पुत्री को जीवन की कला की सीख प्रदान किया। नेहरू जी ने कहा कि यह तुम्हें 'साइंस आफ लाइफ' के सन्दर्भ में उपयोगी होगा। इंदिरा जी की मां भी इन्दिरा से उतना प्रेम करती थीं जितना प्रेम स्वयं पं० नेहरू इन्दिरा से करते थे। इन्दिरा जी की मां इन्दिरा को कभी डांटती अथवा बिगड़ती न थी।

जब आक्सफोर्ड के समर विले स्कूल में इन्दिरा जी अध्ययनरत थीं उस समय उन्होंने ब्रिटिश मजदूर दल के द्वारा आरम्भ किये गये आन्दोलन में प्रवेश किया और अपने क्रिया कलाप का परिचय दिया। पं० जवाहर लाल नेहरू इंदिरा के मन की बातों को सदैव समझने और जानने का प्रयास किया करते थे। पिता होने के नाते उनका अपनी पुत्री

से विशेष स्नेह और लगाव था तथा पुत्री से उन्हें बड़ी उम्मीदें थीं। इंदिरा गांधी सन् 1938 में 21 वर्ष की आयु में भारतीय राष्ट्रीय कांग्रेस 'INDIAN NATIONAL CONGRESS' में शामिल हुईं।

3. योगदान

इन्दिरा गांधी का भारतीय राजनीति में पदार्पण तो उसी समय हुआ जब कि उन्होंने बचपन में 'वानरी सेना' का गठन किया किन्तु उनका सक्रिय रूप से प्रवेश तो तब हुआ जब वे कांग्रेस से जुड़ीं। सन् 1942 में वे एक सुन्दर पारसी युवक फिरोज के साथ परिणय सूत्र में बंधी। विवाह के कुछ समय बाद दोनों अर्थात् पति-पत्नी सक्रिय रूप में राजनीति में भागीदारी लेने लगे। फलत: दोनों को जेल में निरुद्ध किया गया। अंग्रेजी हुकूमत इस समय चरमोत्कर्ष पर थी और किसी में साहस न था कि वह अंग्रेजी शासन का खुले स्वर से निन्दा करे। ऐसे विषम परिस्थिति में इंदिरा गांधी ने देश को आजाद कराने का संकल्प किया। उन्हें स्वतंत्रता आंदोलन में कूदने के बाद ही 13 माह के लिए जेल जाना पड़ा किन्तु जब वे जेल से छूटी तो उन्होंने स्वतंत्रता को प्राप्त कराने हेतु और उत्साह दिखाया। उनका प्रयास अनवरत रूप से जारी रहा। सारे राष्ट्रीय नेता उनकी तारीफ करते थे। फिरोज गांधी भी कदम-कदम पर उनका साथ देते रहे। दोनों ने निष्ठा के साथ एक दूसरे की सहायता की। अपने त्याग और बलिदान की भावना के आधार पर आपको सन् 1955 में कांग्रेस की वर्किग कमेटी में शामिल किया गया। वे सच्ची देश सेविका के रूप में कार्य करती रहीं। ऐसा कहा जाता है कि जब चीन ने भारत पर आक्रमण किया उस समय श्रीमती गांधी ने अपने समस्त स्वर्णाभूषण देश को समर्पित कर दिया। यह उनके असीम त्याग का जीता-जागता प्रमाण है।

श्रीमती गांधी ने देश को आजाद कराने हेतु सतत् प्रयत्न किया। फलत: वे अपने उद्देश्य की मंजिल तक पहुंचीं और भारत देश आजाद हुआ। जिस समय भारत-पाक युद्ध हुआ उस समय श्रीमती गांधी केन्द्र में सूचना एवं प्रसारण मंत्री के रूप में कार्य कर रही थीं। उन्होंने अपने ओजस्वी व्यक्तित्व से और सम्भाषणों से वीर-जवानों के हौसले बुलन्द किये और भारत ने पाकिस्तान को अच्छी शिकस्त दी। जवाहर लाल के सुन्दर सपनों को श्रीमती गांधी ने साकार किया। वे अपने पिता के बताये मार्ग का अनुसरण करती रहीं। लाल बहादुर शास्त्री के मृत होने के पश्चात राष्ट्र के लिए नेतृत्व का संकट आया ऐसी स्थिति में श्रीमती

गांधी को शासन का बागडोर सौंपा गया। श्रीमती गांधी ने अद्भुत कार्यकुशलता का परिचय दिया और आगे चलकर उन्होंने भारत का मस्तक विश्व की राजनीति में ऊंचा किया।

जिस समय पूर्वी पाकिस्तान एवं पश्चिमी पाकिस्तान के मध्य सन् 1971 में विवाद हुआ श्रीमती गांधी ने पूर्वी पाकिस्तान की मदद करके उसे पाकिस्तान के कब्जे से मुक्त कराया और इस प्रकार बांग्ला देश के रूप में पूर्वी पाकिस्तान का स्वतंत्र अस्तित्व प्रकट हुआ। श्रीमती गांधी की लोकप्रियता इस सफलता के परिणामस्वरूप सम्पूर्ण दुनियां में फैल गयी। लोग उनकी राजनीति का लोहा मानने लगे।

श्रीमती गांधी की प्रतिद्वन्द्विता में कोई टिक न पाता था क्योंकि उनमें अद्भुत शौर्य एवं साहस था। श्रीमती गांधी अपने वक्तृत्व कला के लिए सुविख्यात थीं। उनका प्रत्येक निर्णय सूझ-बूझ से युक्त होता था। वे कोई निर्णय आकस्मिक रूप में लेने में पूर्णतः सक्षम थीं। इंदिरा जी के व्यक्तित्व में दैवी प्रकाश था। उनके सामने संकट आते थे किन्तु वे कभी घबराती न थीं। सन् 1980 में चुनाव हुआ तो वे भारी बहुमत से सत्ता में आयीं किन्तु सन् 1984 में 31 अक्टूबर को उनके किसी अंग रक्षक ने उनकी क्रूरता पूर्वक हत्या किया इस कुकृत्य की सर्वत्र निन्दा की गई। सारे देश में यह घटना गूंज गई और सिक्ख समुदाय के लोगों के विरुद्ध हिंसात्मक कार्यवाहियां आरम्भ हुई। कत्ले-आम होने लगे किन्तु इस पर नियंत्रण स्थापित किया गया।

4. उपसंहार

श्रीमती गांधी ने अपने 16-17 वर्ष के शासन काल में देश की जो सेवा की वह सराहनीय है। उन्होंने देश से गरीबी और निरक्षरता दूर करने हेतु सतत् प्रयास किया और इस दिशा में उन्हें कामयाबी भी मिली। उन्होंने साक्षर एवं सुखी समाज की स्थापना पर बल दिया। जनसंख्या को नियंत्रित करने हेतु उन्होंने परिवार नियोजन (Family Planning) कार्यक्रम चलाया। श्रीमती गांधी में सदैव नवीन स्फूर्ति बनी रहती थीं। वे कभी भी निराश न होती थीं। उन्हें पराजय का भी सामना करना पड़ा था किन्तु उन्होंने साहस एवं कूटनीति का सहारा लिया और पुनः सत्ता में आयीं।

श्रीमती गांधी मृत होने के पश्चात् भी आज जीवित हैं। उनका संदेश हमारे राष्ट्र को अभिसिंचित करता रहेगा। उनके देश प्रेम की भावना से हम प्रेरणा प्राप्त करते रहेंगे। उनके त्याग और बलिदान की

भावना के बारे में जितना कहा जाय वह कम है क्योंकि उनका व्यक्तित्व और कृतित्व अनूठा है। उन्होंने देश को न केवल आजादी दिलवाया अपितु देश को गौरव भी प्रदान किया। उनके शासनकाल में हमारे देश के शान और वैभव से दुनिया के विकसित राष्ट्र भी भय खाते थे। श्रीमती गांधी के व्यक्तित्व एवं वक्तृत्व शैली के सम्मुख विकसित देश के भी राष्ट्राध्यक्ष बौने लगते थे।

यद्यपि आज वे हमारे बीच नहीं हैं किन्तु उनके विचार हमें नवीन राह आलोकित करते रहेंगे और हम उनके अमर संदेशों का अनुसरण करते हुए राष्ट्र की सेवा करते रहेंगे।

विज्ञान का चमत्कार
अथवा
हमारी वैज्ञानिक प्रगति
अथवा
वैज्ञानिक विकास एवं हमारा राष्ट्र

1. प्रस्ताना
2. विज्ञान का विविध क्षेत्रों में योगदान
3. प्रभाव
4. उपसंहार।

1. प्रस्तावना

वर्तमान युग विज्ञान का युग है। हम वैज्ञानिक चमत्कारों से भली प्रकार अवगत हैं। वैज्ञानिक चमत्कार दुनियां के प्रत्येक कोने में दर्शनीय है। मानव, प्रकृति के रहस्यों की खोज में निरन्तर व्यस्त है। विज्ञान एक आश्चर्य है (Science is a wonder)। हम दैनिक जीवन में चारों ओर विज्ञान के प्रभाव को देख रहे हैं। हमारे राष्ट्र का प्रभुत्व वैज्ञानिक विकास पर टिका हुआ है। वैज्ञानिक आविष्कारों से हमारे राष्ट्र की अभूतपूर्व उन्नति हो रही है। किन्तु विज्ञान के विकास में विनाश का भी बीज समाया हुआ है। विज्ञान वह ज्ञान है जिसका प्रभाव सर्वत्र परिलक्षित हो रहा है। विज्ञान अद्‌भुत रहस्यों से युक्त है। विज्ञान एक ओर तो हमारे राष्ट्र को उन्नति के पथ पर अग्रसर कर रहा है दूसरी ओर हमें यह भय सा बना हुआ है कि कहीं यह वैज्ञानिक विकास विश्व में विनाश का वातावरण न सृजित कर दे। हम विज्ञान के प्रत्येक प्रभाव को भली प्रकार देख रहे हैं। हजारों मील की दूरी हम विज्ञान की सहायता से घण्टों में तय कर रहे हैं। विश्व के आकाश में हम पक्षियों की भांति उड़ रहे हैं। अथाह सागर की गहराई को हम क्षणों में माप ले रहे हैं यह विज्ञान की ही देन है।

जिधर देखिये उधर विज्ञान का चमत्कार नजर आता है। यह हमारे लिए मनोविनोद का साधन भी है। वैज्ञानिक आविष्कार हमें अद्‌भुत रहस्यों से अवगत करा रहे हैं। प्रत्येक क्षेत्र में हम विज्ञान के विकास को देख रहे हैं, यथा:

कृषि

उद्योग

वाणिज्य

युद्ध

दैनिक व्यवहार

चिकित्सा

मनोरंजन एवं

शिक्षा।

यह विज्ञान का युग मानव को भौतिक शक्तियों पर विजय प्राप्त करने के लिए प्रेरित करता है। इन्हीं शक्तियों के बल पर हम अनेक महत्वपूर्ण कार्य सम्पादित करते हैं, आज हम जो विकास की ऊंचाई माप रहे हैं उसमें विज्ञान का योगदान सर्वोपरि है।

हमने चांद की यात्रा की। यह एक महत्वपूर्ण वैज्ञानिक उपलब्धि है। हमने वाष्प एवं विद्युत शक्ति का उपयोग करना आरम्भ करके आज तकनीकी क्षेत्र में अद्वितीय उपलब्धि प्राप्त किया है। रेडियो, टेलीवीजन, वी० सी० आर०, टेपरिकार्डर, सिनेमा आदि विज्ञान के ही आविष्कार हैं जो हमारे लिए नवीन ज्ञान विज्ञान की जानकारी के भी स्रोत हैं।

विज्ञान का विविध क्षेत्रों में योगदान—

विज्ञान के योगदान को शब्दों के सहारे नहीं व्यक्त किया जा सकता क्योंकि विज्ञान का प्रभाव अत्यंत व्यापक है। विज्ञान के अविर्भाव से मानव जीवन सरल हुआ है। प्राचीन काल के वैज्ञानिक इतिहास का अध्ययन करने पर यह प्रतीत होता है कि पूर्व का जीवन अत्यंत कठिन था क्योंकि हम कोसों दूर पैदल यात्रा करते थे और कठिन जीवन-यापन करते थे। हमें अपने गन्तव्य स्थान पर पहुंचने में बहुत अधिक समय लगता था। जो यात्रा महीनों में हम करते थे वह हम घंटों में तय कर रहे हैं। यह हमारे वैज्ञानिक चरमोत्कर्ष की ही देन है। विज्ञान के विकास का हर क्षेत्र में सराहनीय योगदान है।

विज्ञान का सर्वाधिक महत्वपूर्ण योगदान कृषि के क्षेत्र में है क्योंकि इतनी विशाल जनसंख्या के भरण-पोषण के लिए अनाज के उत्पादन में विज्ञान का अद्वितीय योगदान है। कृषि के उपज को बढ़ाने

में विविध प्रकार के रासायनिक उर्वरकों का हम प्रयोग करते हैं। ये रासायनिक उर्वरक हमारी उपज को बढ़ाते हैं। ये उर्वरक हैं—

डाई अमोनियम फास्फेट

पोटैशियम फास्फेट

यूरिया आदि।

आज हम विश्व को खाद्यान्न आपूर्ति करते हैं। इतने बड़े जनसंख्या का भरण-पोषण करने के साथ-साथ खाद्यान्न का निर्यात करना हमारे लिए अत्यंत गर्व की बात है।

कृषि के अलावा हम अन्य क्षेत्रों में भी विकास कर रहे हैं। उदाहरण के लिए शिक्षा के क्षेत्र में भी विज्ञान के चमत्कार को देखा जा सकता है। विकसित देशों में टेलीवीजन पर शिक्षा दी जा रही है। शिक्षा के क्षेत्र में कम्प्यूटर का महत्वपूर्ण योगदान है। कम्प्यूटर प्रणाली का हमारे शैक्षिक वातावरण में अत्यंत महत्वपूर्ण योगदान है। हमें विविध भाषाओं का ज्ञान कम्प्यूटर प्रणाली द्वारा होता है। विभिन्न प्रकार की भाषाओं, रहन-सहन एवं वहां की संस्कृति आदि का बोध हमें विज्ञान के द्वारा ही होती है। शिक्षा का शायद ही कोई ऐसा विभाग होगा जहां विज्ञान की सहायता न ली जा रही हो।

हमारे भौतिक जीवन में वैज्ञानिक प्रगति का अत्यंत महत्वपूर्ण योगदान है क्योंकि दैनिक जीवन से सम्बन्धित वस्तुएं आदि सभी विज्ञान के द्वारा ही हमें उपलब्ध हो रही हैं। टेलीवीजन, रेडियो आदि का हम प्रतिदिन प्रयोग करते हैं और इनसे ज्ञान-विज्ञान की नवीन बातों की जानकारी हासिल करते हैं। हम विविध ज्ञानों को विज्ञान के माध्यम से अभिप्राप्त करते हैं।

यह मनोरंजन का भी सर्वोत्तम माध्यम बन गया है क्योंकि मनोविज्ञान के साधन को सुविकसित करने में विज्ञान का अत्यंत महत्वपूर्ण योगदान है। हम कम्प्यूटर पर मनोरंजन से सम्बन्धित विविध प्रोग्रामों का दर्शन करते हैं।

हमारे सभी प्रकार के कार्यों में विज्ञान का महत्वपूर्ण योगदान है। आज हम न केवल धरती के विषय में ज्ञान प्राप्त किए हैं अपितु हमें ज्ञान-विज्ञान के विविध क्षेत्रों जैसे आंतरिक्ष आदि के बारे में भी सम्यक् जानकारी प्राप्त हुई है। यह हमारा सौभाग्य है कि हम ज्ञान विज्ञान के प्रत्येक क्षेत्र में आगे बढ़ते जा रहे हैं और दिन-प्रतिदिन एक

नवीन वातावरण का सृजन कर रहे हैं।

स्वास्थ्य के क्षेत्र में भी विज्ञान का सराहनीय योगदान है क्योंकि विविध प्रकार के क्षेत्रों की जानकारी हमें विज्ञान के माध्यम से हो रही है इसके अलावा इन रोगों के समुचित निदान के बारे में भी हमें ज्ञान प्राप्त हो रहा है। रोगों के सन्दर्भ में सामान्य बुखार से लेकर बड़े से बड़े रोगों की औषधियां हमारे चिकित्सा शास्त्रियों ने बनाया और विविध प्रकार के टीकों का निर्माण करके हमें प्रतिरक्षित किया है। विभिन्न प्रकार के वैक्सीन और टीकाएं बना कर धरती पर जन समुदाय की रक्षा करने में हमारे वैज्ञानिकों ने अत्यंत महत्वपूर्ण योगदान प्रदान किया है।

आवागमन के क्षेत्र में साधनों का जो विकास वर्तमान समय में दृष्टिगोचर हो रहा है वह हमारे वैज्ञानिक विकास की ही देन है। आज हम वायुयानों से हजारों मील की दूरी कम समय में तय कर रहे हैं। सड़कों पर विभिन्न प्रकार की अत्याधुनिक कारें खिलौने की तरह दौड़ रही हैं यह हमारे वैज्ञानिक प्रगति का प्रमाण है। पहले लोग जिस दूरी को पद-यात्रा करके महीनों में तय करते थे उसे हम घंटों में तय कर रहे हैं। परिवहन की जो सुविधाएं बढ़ रहीं हैं उससे हम भली प्रकार अवगत हैं।

हमने समय पर भी विजय सा प्राप्त कर लिया है। समय को मापने हेतु सामान्य घड़ियों के प्रयोग एवं उपयोग को लेकर सौर की स्थिति को मापने वाली घड़ियों को भी निर्मित किया है।

आज हम परखनली शिशु के जन्म से भली प्रकार अवगत हैं क्योंकि इन्दिरा नामक शिशु का जन्म परखनली शिशु की ही देन है। आज हमारा विज्ञान क्लोनिंग तकनीक (Cloning technology) भी विकसित कर रहा है। यह तकनीक अत्यंत खतरनाक साबित हो सकता है। अतः दुनियां के सभी राष्ट्रों ने इसके प्रति असहमति व्यक्त की है। क्लोनिंग पद्धति में शरीर से कोशिकाएं (Body cells) लेकर उसी आकार प्रकार के कई प्राणियों को विकसित किया जा सकता है।

ब्रह्माण्ड के क्षेत्र में ग्रह-नक्षत्रों आदि के विषय में समुचित जानकारी हमें प्राप्त हो रही है। यह हमारे वैज्ञानिक प्रगति का द्योतक है।

युद्ध के क्षेत्र में भी हम देख रहे हैं कि सामान्य अस्त्र-शस्त्र से लेकर उच्च मारक, मारक की क्षमता की मिशाइलें एवं तोपें निर्मित की गई हैं। थल, जल और नभ तीनों क्षेत्रों में अद्वितीय मारक क्षमता की मिशाइलें, टैंक और तोपों का निर्माण विज्ञान की ही देन है। पहले धनुष-वाणों और तलवारों से लड़ाईयां लड़ी जाती थीं ।आज के युद्ध का वातावरण बिल्कुल वैज्ञानिक हो गया है। स्टार वार (Star war) से सभी अवगत हैं यह युद्ध की अत्यंत कौशलता भरी लड़ाई है जो प्रकृति में अत्यंत खतरनाक है। हाइड्रोजन एवं परमाणु बमों का आविष्कार तो सम्पूर्ण दुनियां के लिए खतरे का विषय बन चुका है। प्रथम विश्व युद्ध में जापान के दो नगर क्रमशः हिरोशिमा और नागासाकी परमाणु बम द्वारा नष्ट कर दिए गये थे।

4. उपसंहार

विज्ञान की प्रगति के विषय में जितना कहा जाय वह कम है। आज हम विज्ञान के चकाचौंध से भली प्रकार अवगत हैं किन्तु हमें इसके उन पहलुओं पर भी विचार करना चाहिए जो हानिकारक साबित हो सकते हैं और हुए भी हैं। प्रथम विश्व युद्ध में तोपों और बमों के धमाके से सभी अवगत हैं। आज भी यदि युद्ध का वातावरण छिड़ता है तो धन और जन की अपार रूप में हानि की सम्भावना त्वरित रूप में बन जाती है। अतः हमें विज्ञान को वरदान के रूप में प्रयोग करना चाहिए न कि अभिशाप के रूप में। विज्ञान तभी वरदान होगा जबकि हम इसका रचनात्मक उपयोग करें और यह तभी अभिशाप साबित होगा जब हम विनाशकारी कृत्य की ओर अग्रसर होंगे। कहा गया है—

सावधान मनुष्य,
यदि विज्ञान है तलवार।
काट लेना अंग, तीखी है
बड़ी यह धार॥

विश्व की राजनीति में भारत की तटस्थता नीति

अथवा

तटस्थता की नीति एवं भारत

अथवा

भारत की तटस्थ नीति

1. प्रस्तावना
2. तटस्थता
3. तटस्थता का प्रभाव
4. उपसंहार।

1. प्रस्तावना

विश्व की राजनीति में भारत का अत्यन्त महत्वपूर्ण स्थान है। अपनी तटस्थता की नीति के लिए भारत का अद्वितीय स्थान है। हम शांति को प्रश्रय देते हैं। हमारी कामना है कि सम्पूर्ण विश्व में शांति का वातावरण बना रहे। भारत ने हर क्षेत्र में शांतिपूर्ण वार्ता को अपनाया है। हमारा राष्ट्र अनेक महापुरुषों को जन्म देकर उनसे शांति और भाई चारे की भावना को प्रचारित एवं प्रसारित कराया है।

हमने सम्पूर्ण विश्व की मंगल कामना की है। हमारे ऋषियों एवं महर्षियों ने सबको सुखी होने की कामना की है—

सर्वे भवन्तु सुखिनः,

सर्वेसन्तु निरामया।

सर्वे भद्राणि पश्यन्तु,

मां कश्चिद् दुःख भाग्भवेत्

हमारे राष्ट्र का विचार सदैव मानवतावादी दृष्टिकोण से ओत-प्रोत रहा है। हमने निम्नलिखित को अपना आदर्श अपनाया है—

सत्य

अहिंसा

अस्तेय

परोपकार

लोक कल्याण।

हमारे राष्ट्र का विश्व की राजनीति में अत्यंत महत्वपूर्ण स्थान है। हमारी तटस्थता की नीति शांतिपूर्ण विचारों से ओत प्रोत है। आज दुनिया में एक से बढ़कर एक शक्तिशाली राष्ट्र अपने प्रभुत्व के संघर्ष में आपस में टकरा रहे हैं किन्तु उनके मध्य शांति का सन्देश हमारा राष्ट्र देता है। पं० जवाहर लाल नेहरू ने चीन से पंचशील सिद्धान्त पर हस्ताक्षर कराकर यह साबित कर दिया कि भारत विश्व में शांति का प्रतीक है।

2. तटस्थता

तटस्थता का तात्पर्य सामान्यत: दृढ़ता से है। अर्थात् कठिन से कठिन परिस्थितियों में धैर्य एवं संयम से काम लेना। विश्व की राजनीति में भारत किसी को उकसाने और भड़काने अथवा किसी की बुरे कार्य के लिए मदद करने के पक्ष में कभी शरीक नहीं हुआ है। यही तटस्थता की नीति उसे दुनियां में अद्वितीय स्थान प्रदान किया है।

वर्तमान समय में हम यह देख रहे हैं कि विकसित राष्ट्र अपने प्रभुत्व के संघर्ष की राजनीति में ज्यादा रुचि रखते हैं अपेक्षाकृत रचनात्मक कार्यों के। शक्तिशाली राष्ट्रों की मनोवृत्ति सदैव अशांत वातावरण को सृजित करने की है। वे दूसरे देशों के आंतरिक मामलों में हस्तक्षेप करना चाहते हैं।

यह विश्व एक कर्म रंग स्थल है। यहां जितना शौर्य है वह उसका उसी रूप में प्रदर्शन करेगा। बल के अनुसार यहां कृत्यों का सम्पादन होता है। प्रसाद जी के अनुसार—

वह नीर मनोहर कृतियों का,
यह विश्व कर्म रंग स्थल है।
है परम्परा लग रही यहां,
ठहरा जिसमें जितना बल है॥

बड़े राष्ट्र छोटे राष्ट्रों की उन्नति से द्वेष रखते हैं। वे यह नहीं चाहते कि विकासशील राष्ट्र विकसित राष्ट्रों की कोटि में आयें। उनकी सदैव से यह नीति रही है कि विकासशील राष्ट्र उनके द्वारा येन-केन प्रकारेण शोषित किए जायें।

आजादी प्राप्त करने के पश्चात् भारत का प्रवेश विश्व की राजनीति में पं० जवाहर लाल नेहरू के नेतृत्व में हुआ। भारत ने यह देखा कि अमेरिका एवं इसके मध्य बड़ी प्रतिस्पर्धा थी। दोनों में कोई वैचारिक सामंजस्य न था अर्थात् दोनों विरोधी शक्तियां थीं। ऐसी स्थिति में अमेरिका ने चाहा कि भारत उसकी ओर झुके जबकि सोवियत रूस ने यह चाहा कि भारत का झुकाव उसकी ओर बना रहे। किन्तु इस सन्दर्भ में भारत ने सूझ-बूझ का जो परिचय दिया वह अत्यंत सराहनीय है। भारत ने तटस्थता की नीति को अपनाया और शांतिपूर्ण मैत्री सम्बन्धों पर बल दिया।

भारत सदैव यह चाहता है कि सम्पूर्ण विश्व में शांति का वातावरण बना रहे। भारत सदैव से शांति का पुजारी है। हमारी संस्कृति यह कहती है कि जब धर्म की हानि एवं अधर्म की बढ़ोत्तरी होती है तब-तब कोई न कोई महापुरुष पैदा होगा और धर्म एवं शांति की स्थापना करेगा। गीता के श्लोक के अनुसार—

यदा यदा हि धर्मस्य
ग्लानिर्भवति भारत।
अभ्युत्थानमधर्मस्य,
तदात्मानम् सृजाभ्यहम्॥

हमने तटस्थता की नीति अपनी संस्कृति से सीखा है। हम एक राष्ट्र को दूसरे राष्ट्र के विरुद्ध कभी नहीं भड़काया। शांतिपूर्ण वातावरण के सृजन में हमारे राष्ट्र का अत्यंत महत्वपूर्ण योगदान है। हमने सत्य एवं अहिंसा को बल दिया है। कहा गया है—

धर्म न दूसर सत्य समाना।

गोस्वामी तुलसी दास जी ने कहा है—

नहि असत्य सम पातक पुंजा।

जब-जब अन्तर्राष्ट्रीय स्तर पर राष्ट्रों का सम्मेलन अथवा बैठक आदि आयोजित होते हैं तो ऐसी परिस्थिति में हमारे राष्ट्र की ओर से शांति (PEACE) की पहल की जाती है।

3. प्रभाव

हमारे तटस्थता की नीति के चलते शांति का वातावरण सम्पूर्ण विश्व में गूंजता है। क्योंकि हम एक राष्ट्र के विरुद्ध दूसरे राष्ट्र को न तो भड़काते हैं और न ही विनाशकारी कृत्य के लिए उसकी मदद करते

हैं। कुवैत और इराक के संघर्ष में जब इराक ने कुबैत को अपना तेइसवां प्रांत मानते हुए उस पर आक्रमण करके उसका विलयन करना चाहा और सद्दाम हुसैन ने आक्रामक कार्यवाहियां आरम्भ किया तो अमेरिका ने हस्तक्षेप किया और आयुधों तथा मिसाइलों का प्रयोग किया गया। इराक की भीषण हानि की स्थिति उत्पन्न हुई ऐसी परिस्थिति में भारत ने शांतिपूर्ण विचारों को अपनाया और तनाव को कम करने हेतु तत्कालीन प्रधानमंत्री स्वर्गीव राजीव गांधी ने इराक यात्रा की। अमेरिका ने अपनी कार्यवाही के निष्पादन में भारत से ईंधन की मांग किया। राजीव गांधी की सरकार ने इस तौर पर कहा कि उसे हमारे यहां से किसी विनाशकारी कृत्य के लिए ईंधन नहीं मिलेगा। उस समय अमेरिका इराक पर हमला करके उस पर बमबारी कर रहा था।

हमारी तटस्थता की नीति अति प्रशंसनीय रही है। अपने शांतिपूर्ण कृत्यों के लिए भारत दुनिया में सराहा जाता है।

4. उपसंहार

निष्कर्ष रूप में यह कहा जा सकता है कि भारत अपनी तटस्थता नीति के बदले शांति के वातावरण को आकर्षित करता है। सभी विकास कार्य शांतिपूर्ण वातावरण में ही सम्पन्न होते हैं। वर्तमान समय में हमारा राष्ट्र तटस्थता की नीति के मामले में विश्व के सभी राष्ट्रों का मुखिया है। निर्गुट सम्मेलनों में भारत अपने शांति प्रिय विचारों का प्रसार करता है। पंचशील का सिद्धान्त सम्पूर्ण विश्व के लिए प्रेरणा का स्रोत है—

विश्व के राष्ट्रों में जब-जब आपसी संघर्ष होता है तब-तब भारत उसकी निन्दा करता है। भारत यह नहीं चाहता है कि शांतिपूर्ण सामंजस्य में कोई परिवर्तन आये। भारत का यह नारा है—

धर्म की जय हो

अधर्म का नाश हो

प्राणियों में सद्भावना हो एवं

विश्व का कल्याण हो।

जो राष्ट्र समूचे विश्व का कल्याण चाहता है वह धन्य है। हम सम्पूर्ण विश्व को सुखी देखना चाहते हैं अतः हमारी तटस्थता की नीति सम्पूर्ण विश्व के लिए प्रेरणा का स्रोत है।

पर्यावरण प्रदूषण

अथवा

हमारा पर्यावरण एवं प्रदूषण

अथवा

प्रदूषण की समस्या

1. प्रस्तावना
2. प्रदूषण की समस्या
3. समस्या का समाधान
4. उपसंहार।

1. प्रस्तावना

हम प्रकृति की गोद में जन्म लेकर पलते और बढ़ते हैं और प्रकृति की ही छत्रछाया में रहकर अपना विकास भी करते हैं। प्रकृति ने हमें हर प्रकार से मदद किया है क्योंकि प्रकृति से ही हमारी सुरक्षा होती है। हम भोजन, वायु एवं जल प्रकृति से ही प्राप्त करते हैं। हम प्रकृति का ही दोहन करके अपना विकास करते हैं। प्रकृति ने हमको सब कुछ प्रदान किया है किन्तु हम प्रकृति को प्रदूषित करने से बाज नहीं आ रहे हैं।

दिन और रात प्रकृति की ही देन है। धूप, वर्षा, गर्मी एवं सर्दी प्रकृति के ही रूप हैं। हमारे ऋषियों एवं महर्षियों ने प्रकृति की उपासना पर ही बल दिया है। ऋग्वेद में कहा गया है—

"ग्रीष्मस्ते भूमें वर्षाणि,
शरद्धेमन्तः शिशिरो वसन्तः।
ऋतवस्ते विहिता छयनी राहो,
रात्रे पृथ्वी नो दुहताम्॥"

हम जिस पर्यावरण में जीवन-यापन कर रहें उसे हम अपार क्षति पहुंचा रहे हैं। पर्यावरण की बिगड़ती हुई समस्या हमारे लिए घातक सिद्ध हो सकता है। हमारा दिमाग केवल वैज्ञानिक प्रगति की ओर आकृष्ट है फलतः हम प्रकृति का दोहन करते जा रहे हैं। किन्तु हमें प्रकृति के सन्तुलन पर भी विचार करना चाहिए। प्रकृति का सन्तुलन

हमारे जीवन का सन्तुलन है। यदि प्रकृति असन्तुलित हो जाएगी तो धरती पर जीवन भी दुर्लभ हो जाएगा।

वर्तमान युग तीव्र वैज्ञानिक प्रतिस्पर्धा का युग है। जीवन के हर क्षेत्र में कृत्रिमता की झलक मिलती है। प्रदूषण की समस्या दिन प्रतिदिन बढ़ती जा रही है।

2. प्रदूषण की समस्या

प्रदूषण की समस्या में मानव का सबसे बड़ा हाथ है। मनुष्य निरन्तर प्रकृति का शोषण करता चला आ रहा है। वह अपनी आवश्यकताओं की तृप्ति हेतु निरन्तर प्रकृति को हानि पहुंचाता आ रहा है। प्रकृति को हम जितना शुद्ध रखेंगे हमारा जीवन भी उसी प्रकार समुन्नत रहेगा। भौतिक सुखों की प्राप्ति में हम इस प्रकार संलग्न हैं कि हमें केवल अपनी सुविधाएं नजर आ रहीं हैं क्योंकि अपनी सुविधाओं की तलाश में हम प्रकृति को क्षति पहुंचाए जा रहे हैं।

प्रदूषण की समस्या हमें निम्ना तीनों क्षेत्रों में देखने को मिलती है—

वायु
जल एवं
थल।

पर्यावरण को प्रदूषित करने का परिणाम हमारे स्वास्थ्य एवं फसल व पौधों आदि पर पड़ता है। पर्यावरण का सबसे हानिकारक पहलू वायु प्रदूषण है। वायु प्रदूषण में विभिन्न प्रकार की गैसें होती हैं जैसे—

नाइट्रोजन
मिथेन
इथेन
कार्बन डाई आक्साइड
नाइट्रोजन आक्साइड
नाइट्रस आक्साइड
अमोनिया आदि।

ये हानिकारक गैसे कहां से आती हैं? इसका सबसे सरल उत्तर डीजल, पेट्रोल के धुएं एवं चिमनियों के धुएं में पाया जा सकता है। स्वचालित वाहनों से प्रदूषित होने वाले धुएं वातावरण में मिलते हैं और वातावरण की शुद्ध वायु को प्रदूषित करते हैं।

हमारा ध्यान केवल औद्योगिक प्रगति की ओर है। इग्लैंड, अमेरिका, जापान, रसिया आदि देशों ने भारी उद्योगों की स्थापना करके वायुमण्डल को खूब प्रदूषित किया है। वायुमंडल को प्रदूषित करने में विकसित राष्ट्र का महत्वपूर्ण योगदान है। ये हानिकारक गैसें वायुमण्डल के ऊपरी परत में जाकर ओजोन मंडल पर अत्यन्त बुरा प्रभाव छोड़ रही हैं। ओजोन की परतें झरती जा रही है। इनमें सुराख होता जा रहा है। इसके लिए केवल धरती का मानव जिम्मेदार है। ओजोन की परतें धरती पर जन-जीवन की रक्षा करने में अपना महत्वपूर्ण योगदान प्रदान करती हैं।

ओजोन की परतों का सर्वाधिक महत्वपूर्ण कार्य यह है कि ये परतें सूर्य से उत्सर्जित होने वाली पराबैगनी किरणों को अवशोषित करती हैं। ये पराबैगनी किरणों (Ultra Voilet rays) अत्यंत हानिकारक होती हैं। जन-जीवन पर इनका अत्यंत बुरा असर होता है।

प्राणि जगत को सबसे ज्यादा हानि प्रदूषण से है। प्रतिदिन के वैज्ञानिक आविष्कारों ने प्रदूषण की समस्या को जन्म दिया है। तकनीकीकरण और औद्योगिकीकरण (Industrialisation) का दुष्परिणाम प्रदूषण की समस्या है। इस समस्या का समाधान भी हम अच्छी प्रकार जानते हैं किन्तु उसे विकसित राष्ट्र मानने के लिए तैयार नहीं है।

वातावरण में बड़ी-बड़ी चिमनियों के धुएं प्रतिक्षण मिल रहे हैं। इनसे न केवल पास-पड़ोस का ही वातावरण विषैला हो रहा है अपितु इसका असर सम्पूर्ण वायुमंडल में व्याप्त हो जाता है। वायु प्रदूषण का तो मुख्य कारण है—तीव्र गति से बढ़ता हुआ औद्योगिकीकरण।

महानगरों में वायु प्रदूषण की समस्या सर्वाधिक है। यह समस्या तीव्र औद्योगिकीकरण की ही देन है। औद्योगिकीकरण के फलस्वरूप उससे निकलने वाले कचरे और गन्दे जल आदि से नदियां भी प्रदूषित हो रही हैं। यह प्रदूषित जल मानव स्वास्थ्य (Human health) पर अत्यन्त बुरा असर छोड़ता है। उद्योगों का कचरा अत्यन्त हानिकारक होता है यह जब जल में प्रवाहित किया जाता है तो जल से इसकी रासायनिक क्रिया होती है जल में सड़न उत्पन्न होता है और विभिन्न प्रकार के रोगों की सम्भावनाएं बनती हैं।

प्रदूषण की समस्या सम्पूर्ण विश्व की समस्या है। वायु मंडल में विषाक्त गैसों की मात्रा बढ़ने के कारण वायुमंडल गर्म होता जा रहा है। पर्यावरण वैज्ञानिकों का यह कहना है कि वायुमंडल के निरन्तर गरम होने के फलस्वरूप गम्भीर प्राकृतिक असन्तुलन की स्थिति पैदा हो सकती है। बहुराष्ट्रीय कम्पनियों द्वारा विभिन्न प्रकार के कूड़ा-कचरों को उत्सर्जित किया जा रहा है। यह अत्यन्त हानिकारक है।

गंगाजल प्रदूषण की समस्या से सभी अवगत हैं। विभिन्न महानगरों जैसे कानपुर, वाराणसी आदि में इस समस्या पर किसी प्रकार काबू पाया गया। राजीव गांधी ने गंगा जल प्रदूषण नियंत्रण हेतु केन्द्रीय गंगा प्राधिकरण की स्थापना करायी। गंगा की सफाई एवं पवित्रता हेतु इंग्लैंड एवं फ्रांस जैसे विकसित राष्ट्रों से सहायता भी लीं गई।

वर्तमान समय में ध्वनि प्रदूषण की समस्या चरमोत्कर्ष पर है। ध्वनि प्रदूषण की समस्या से विभिन्न प्रकार के रोगों की सम्भावनाएं बढ़ती हैं। इससे मनोरोगों को बढ़ावा मिलता है।

ध्वनि प्रदूषण की समस्या के कारण हैं—स्वचालित वाहन, हवाई जहाज, हैवी कारखानें, मशीनें, पटाखें, ध्वनि विस्तारण यंत्र आदि। ध्वनि प्रदूषण से मानव की सुनने की क्षमता तो दुष्प्रभावित होती ही है, यह अन्य समस्याओं का भी कारण बनता है जो विविध मानसिक एवं मस्तिष्कीय रोगों से सम्बन्धित होते हैं।

3. समस्या का समाधान

पर्यावरण संरक्षण में निरन्तर गिरावट आ रही है। वनों की अनवरत गति से कटाई हो रही है। स्वचालित वाहनों की संख्या में तीव्र गति से वृद्धि हो रही है। नदियों में कूड़ा-कचरों को अबाध गति से प्रवाहित किया जा रहा है। वर्तमान में यह समस्या एक विश्व व्यापी समस्या बन गयी है। इस समस्या का निदान अति आवश्यक है अन्यथा यह सम्पूर्ण जीव-जन्तुओं के लिए हानिकारक साबित होगा।

इस समस्या का समाधान तभी सम्भव है जबकि स्वचालित वाहनों की संख्या में कमी की जाय। भारी मिल, फैक्ट्रियों की संख्या में कमी की जाय एवं उनके कूड़े-कचरों को जल में प्रवाहित करने से रोका जाय। इसके अलावा वनों की कटाई रोका जाय और वृक्षों को अधिक से अधिक संख्या में लगाये जाने हेतु अभियान तीव्र किया जाय।

4. उपसंहार

पर्यावरण के सन्तुलित रहने पर पृथ्वी पर जन-जीवन का अस्तित्व संकटमय न रहेगा। अन्यथा यह संकट सम्पूर्ण जन-जीवन पर विषाक्त असर छोड़ेगा। यह समस्या किसी राष्ट्र विशेष की समस्या नहीं है अपितु सम्पूर्ण दुनियां की है। इस समस्या से सम्पूर्ण दुनियां के लोग चिंतित हैं। इसी निमित्त 5 जून को संयुक्त राष्ट्र संघ पर्यावरण दिवस मनाया जाता है।

हमारे देश में भी पर्यावरण को पवित्र करने हेतु विविध प्रकार के आयोजन चलाये जा रहे हैं। हमारे यहां केन्द्रीय जल प्रदूषण रोकथाम एवं नियंत्रण बोर्ड की स्थापना की गई है, उसके अलावा केन्द्रीय गंगा प्राधिकरण की भी स्थापना की गई है। किन्तु इसके साथ मनुष्य का अपना यह पृथक दायित्व है कि वह अपने जीवन काल में कुछ पेड़ लगाये जो प्रकृति को सन्तुलन प्रदान करेगा।

संयुक्त राष्ट्र संघ एवं विश्व शांति

अथवा

विश्व शांति की स्थापना एवं संयुक्त राष्ट्र संघ

1. प्रस्तावना
2. संयुक्त राष्ट्र संघ का गठन
3. संयुक्त राष्ट्र संघ का विश्व शांति में योगदान
4. उपसंहार।

1. प्रस्तावना

हमारी संस्कृति शांति का सन्देश देती है। हम सम्पूर्ण विश्व को कल्याण के पथ पर चलने की कामना करते हैं। हम विश्व के सभी प्राणियों को सुखी देखना चाहते हैं। सर्वे भवन्तु सुखिनः की कामना हमारे संस्कृति की प्रमुख विशेषता है। किन्तु समय-समय पर युद्ध के ज्वाला भड़कते रहते हैं और सम्पूर्ण वातावरण युद्धमय हो जाता है। बीसवीं शताब्दी में हुए दो विध्वंसकारी युद्धों के प्रभाव से तो हम अवगत ही हैं जिसमें जापान के हिरोशिमा और नागासाकी जैसे नगरों में परमाणु बम गिराया गया। लाखों जाने गयीं कई राष्ट्रों की अपार धन और जन की हानि हुई, कितने काल के गाल में गये और कितने राष्ट्रों की अर्थव्यवस्थायें तबाह हो गईं। इग्लैंड ने द्वितीय युद्ध में जर्मनी के विरुद्ध युद्ध किया था उसकी भी धन और जन की भीषण हानि हुई। युद्ध के इन दुखदायी परिणामों के बारे में जितना कहा जाय वह कम है। युद्ध के इस दुष्परिणाम ने दुनियां के तमाम राष्ट्रों को विवश किया कि वे एक ऐसी अन्तर्राष्ट्रीय संस्था की स्थापना करें जिससे उनके पारस्परिक विवादों को शांतिपूर्ण तरीके से निपटाया जा सके तथा विश्व में शांति एवं सुरक्षा की स्थापना किया जा सके। शांति एवं सुरक्षा के वातावरण में ही विकास कार्य सम्भव है। युद्ध विनाश का प्रतीक है जबकि शांति विकास का। दुनियां के सभी राष्टों को आपस में भाई-चारे की भावना विकसित करते हुए एवं सहानुभूतिपूर्ण रवैया अपनाते हुए कार्य करना चाहिए। गरीब देशों की मदद भी करना चाहिए। किन्तु अंह की प्रतिस्पर्धा विकाशशील एवं विकसित राष्ट्रों में है। विकसित राष्ट्र यह नहीं चाहते कि विकासशील राष्ट्र विकसित राष्ट्रों की श्रेणी में आयें। वे येन-केन प्रकारेण यह प्रयास करते हैं कि विकासशील राष्ट्र की अर्थव्यवस्थायें कमजोर होती हैं। अमरीकी

दादागीरी से तो हम अवगत ही हैं। इस राष्ट्र की सदैव से यह नीति रही है कि विकासशील राष्ट्रों के आंतरिक मामलों में हस्तक्षेप करके उन्हें कमजोर करें किन्तु उसकी यह नीति जिसे वह विश्व शांति के बहाने कश्मीर मसले पर प्रभावी करना चाहता है भारत में कामयाब नहीं हो पा रही है। क्योंकि हमारे देश ने यह स्पष्ट तौर पर कहा है कि भारत का यह आंतरिक मामला है और कश्मीर भारत का अपृथक अंग है वह कश्मीर समस्या के सन्दर्भ में किसी राष्ट्र की मध्यस्थता कदापि पसन्द नहीं करेगा। शांति एवं सुरक्षा तो तब स्थापित हो सकेगी जब सुरक्षा परिषद के सभी स्थायी सदस्य राष्ट्र इस दिशा में निष्ठा के साथ काम करें और कमजोर राष्ट्रों के प्रति सद्‌भाव रखें किन्तु खेद की बात है कि शांति एवं सुरक्षा स्थापित करने के बहाने इग्लैंड और अमेरिका कूटनीतिक चाल करते रहते हैं। यदि कूटनीतिक चालें न चली जातीं तो विश्व युद्ध न होते। प्रथम एवं द्वितीय विश्व युद्ध के दुष्परिणाम का प्रभाव आज तक झेलना पड़ा। विनाशकारी बमों के प्रहार से लाखों जाने गयीं। भीषण महंगाइ फैली। विषाक्त धुएं से तरह-तरह की बीमारियां फैलीं। अन्धों, लूलों, लंगड़ों एवं बहरों की संख्या में वृद्धि हुई।

2. संयुक्त राष्ट्र संघ का गठन

विश्व युद्ध के विनाशकारी प्रभाव ने दुनिया के राष्ट्रों को झकझोर दिया और वे एक ऐसी अन्तर्राष्ट्रीय संस्था के निर्माण के तरफ अग्रसर हुए जो शांति एवं सुरक्षा की स्थापना के लिए प्रवृत्त हो। इस दिशा में जो प्रयत्न आरम्भ हुआ वह सबसे पहले महशक्तियों ने आरम्भ किया। उनके अथक प्रयासों के परिणामस्वरूप सन् 1945 में सैन फ्रांसिस्को नगर में एक विशाल सम्मेलन हुआ जिसमें शांति एवं सुरक्षा के स्थापना एवं विश्वशांति स्थापना पर विशेष बल दिया गया। शांति स्थापना हेतु इस सम्मेलन में 25 जनवरी सन् 1945 को 51 राष्ट्रों द्वारा संयुक्त राष्ट्र चार्टर पर हस्ताक्षर किया गया। इसका प्रमुख विषय निम्नवत् था—

(क) अन्तर्राष्ट्रीय शांति एवं सुरक्षा की स्थापना

(ख) विवादों का शांतिपूर्ण निपटारा

(ग) पारस्परिक सामंजस्य पर विशेष बल

(घ) अन्तर्राष्ट्रीय सम्बन्धों में शांतिपूर्ण परिवर्तन लाना

(ड.) झगड़ों का शांति के जरिये हल

(च) शस्त्रीकरण को निम्नतर स्तर प्रदान करना।

किन्तु 25 जनवरी सन् 1945 को जिस चार्टर पर हस्ताक्षर हुआ वह प्रभावहीन हो सका क्योंकि इस संदर्भ में कतिपय औपचारिकताएं अधूरी थीं।

संयुक्त राष्ट्र संघ की स्थापना विश्व शांति की ओर कोई प्रथम प्रयास न था क्योंकि इसकी स्थापना के पूर्व प्रथम युद्ध के पश्चात् 'लीग आफ नेशन्स' (League of Nations) की स्थापना हुई थी। विभिन्न प्रयासों के परिणामस्वरूप 24 अक्टूबर सन् 1945 के संयुक्त राष्ट्र संघ की विधिवत् स्थापना हुई।

3. संयुक्त राष्ट्र संघ का विश्व शांति में योगदान

बीसवीं शताब्दी में हुए दो विध्वंसकारी महायुद्धों के विनाशकारी प्रभाव ने दुनिया के तमाम राष्ट्रों को विवश किया कि वे एक ऐसी अंतर्राष्ट्रीय संस्था की स्थापना करें जिससे उनके पारस्परिक विवादों को शांतिपूर्ण ढंग से निपटाया जा सके तथा विश्व में शांति एवं सुरक्षा की स्थापना की जा सके। सर्व प्रथम विश्व की महाशक्तियों ने इस दिशा में प्रयास आरम्भ किए। उनके अथक प्रयत्नों के परिणामस्वरूप सन् 1945 में सैन फ्रांसिस्को सम्मेलन हुआ। इस सम्मेलन में अन्तर्राष्ट्रीय सम्बन्धों में शांतिपूर्ण परिवर्तन लाना, अंतर्राष्ट्रीय शांति व सुरक्षा बनाए रखना, अंतर्राष्ट्रीय झगड़ों के लिए शांतिपूर्ण हल ढूंढ़ना एवं शस्त्रीकरण को निम्नतर स्तर तक कम करने जैसे महत्वपूर्ण मुद्दों को दृष्टि में रखते हुए 25 जनवरी सन् 1945 को 51 राष्ट्रों ने संयुक्त राष्ट्र चार्टर पर हस्ताक्षर किए। यद्यपि चार्टर के प्रावधान त्वरित रूप में लागू न हुए क्योंकि इस संदर्भ में कुछ औपचारिकताएं बाकी थीं। 24 अक्टूबर, 1945 को विधिवत् संयुक्त राष्ट्र संघ की स्थापना हुई और उसी दिन से संयुक्त राष्ट्र चार्टर का प्रावधान लागू हुआ।

संयुक्त राष्ट्र संघ की स्थापना विश्व शांति की ओर प्रथम प्रयास नहीं था क्योंकि इसकी स्थापना के पूर्व एवं प्रथम युद्ध के पश्चात् 'लीग आफ नेशन्स' नामक अंतर्राष्ट्रीय संस्था भी अस्तित्व में थी। दरअसल प्रथम विश्व युद्ध के पश्चात् जून, 1915 में 'शांति को प्रवर्तित करने के लिए संघ' (दी लीग टू इन्फोर्स पीस) की स्थापना की गयी, जो अंतिम रूप में 10 जनवरी, 1920 को राष्ट्र संघ (लीग आफ नेशन्स) के रूप में प्रकाश में आयी। किन्तु 'लीग आफ नेशन्स' की सबसे बड़ी असफलता यह थी कि यह द्वितीय विश्व युद्ध को रोकने में

असमर्थ रही जिसके परिणामस्वरूप 'संयुक्त राष्ट्र संघ' की स्थापना हुई। लीग आफ नेशन्स के उद्देश्य वर्तमान संयुक्त राष्ट्र संघ की ही भांति अंतर्राष्ट्रीय सहयोग को प्रोत्साहित करने एवं शांति व सुरक्षा बनाए रखने से सम्बन्धित थी। इसमें भी सभा (एसेम्बली), परिषद (काउंसिल) एवं सचिवालय जैसी संस्थाएं थीं फिर भी यह (लीग आफ नेशन्स) एक सार्वभौमिक अंतर्राष्ट्रीय संस्था का रूप न ग्रहण कर सकी। इसका प्रमुख कारण यह था कि इसमें आक्रमण के कृत्य (एक्ट आफ एग्रेसन) को प्रभावी ढंग से निपटाने के लिए कोई प्रावधान नहीं था। दूसरे, अमेरिका लीग का सदस्य नहीं था। यद्यपि लीग की स्थापना में अमरीकी राष्ट्रपति विल्सन ने अत्यन्त महत्वपूर्ण योगदान दिया था किन्तु अमरीकी सीनेट के सदस्यता सम्बन्धी अनुसमर्थन न दिए जाने के कारण, अमेरिका इसका सदस्य नहीं बना। इसके अलावा शक्तिशाली देश, जापान, जर्मनी एवं इटली लीग से अलग हो गये। अंततोगत्वा सभा के एक संकल्प द्वारा इसे विघटित कर दिया गया और इसके द्वारा सुनिश्चित उद्देश्यों को पूरा करने के लिए संयुक्त राष्ट्र संघ स्थापित हुआ।

अपना अस्तित्व प्राप्त करने के पश्चात् संयुक्त राष्ट्र संघ ने यू० एन० चार्टर के माध्यम से अपने महत्वपूर्ण उद्देश्यों को अभिव्यक्त किया। इस महत्वपूर्ण संस्था में, मौलिक स्वतंत्रताओं, मानवीय अधिकारों, मानव गरिमा, छोटे एवं बड़े राष्ट्रों के मध्य समानता, आदि के संदर्भ में अपनी आस्था प्रकट की। चूंकि संयुक्त राष्ट्र का जन्म विनाशकारी युद्ध के परिणामस्वरूप हुआ अतः इसने आने वाली पीढ़ियों को युद्ध के प्रकोप से बचाने एवं ब्रेहतर आर्थिक व सामाजिक दशाओं का सृजन करके स्थायी शांति की स्थापना का वचन दिया। संयुक्त राष्ट्र चार्टर के अनुच्छेद (1) के अनुसार संयुक्त राष्ट्र का प्रमुख उद्देश्य 'अंतर्राष्ट्रीय शांति व सुरक्षा बनाए रखना है। इस उद्देश्य की प्राप्ति के लिए प्रभावशाली सामूहिक कार्यवाही करने की व्यवस्था है। संघ ने विवादास्पद मुद्दों की शांतिपूर्ण ढंग से हल करने की अपील की है क्योंकि 'संयुक्त राष्ट्र का उद्देश्य विश्व शांति है।'

संयुक्त राष्ट्र के प्रमुख अंगों में, महासभा, सुरक्षा परिषद, आर्थिक तथा सामाजिक परिषद, न्यास धारिता परिषद, अंतर्राष्ट्रीय न्यायालय तथा सचिवालय आदि हैं किन्तु विश्व शांति की स्थापना का दायित्व सुरक्षा परिषद को सौंपा गया है, जो यू० एन० ओ० का एक अत्यन्त महत्वपूर्ण अभिकरण है।

सुरक्षा परिषद का प्रमुख दायित्व अंतर्राष्ट्रीय शांति एवं सद्भावना से सम्बन्धित है। संयुक्त राष्ट्र संघ के निर्माताओं ने बड़ी सूझ-बूझ के साथ इस महत्वपूर्ण संस्था की स्थापना की। इसे शांति व सुरक्षा की प्राथमिक्र जिम्मेदारी सौंपी गयी। समय-समय पर विश्व शांति की स्थापना हेतु इस संस्था ने सराहनीय योगदान दिया है। सुरक्षा परिषद ने सर्व प्रथम कोरिया के मामले में सफंल हुई। सन् 1950 में जब संयुक्त राष्ट्र दक्षिण कोरिया पर उत्तरी कोरिया ने आक्रमण किया तो संयुक्त राष्ट्र ने 25 जून, 1950 के अपने एक विकल्प के अनुसार कोरिया सरकार की सेवाओं को सहायता व समर्थन देने के लिए अपने वायु व सामुदायिक बलों को आदेश दिया था और अपने संकल्प के माध्यम से सुरक्षा परिषद को कोरिया गणतंत्र को ऐसी हर सहायता देने के लिए सशक्त किया जो वहां सशस्त्र आक्रमण को टोकने के लिए आवश्यक हो।

इसी प्रकार संयुक्त राष्ट्र संघ ने इण्डोनेशिया के मामले में हस्तक्षेप करके न केवल डच एवं इण्डोनेशिया के बीच सशस्त्र संघर्ष का अंत किया अपितु कुछ रचनात्मक राजनीतिक समझौता भी हुआ। फिलीस्तीन एवं स्वेज संकट का भी हल इसी प्रकार ढूंढ़ा गया। ब्रिटेन व फ्रांस के द्वारा वीटो का प्रयोग करने के कारण सुरक्षा परिषद कोई ठोस निर्णय न ले सकी। कांगों के मामलों में सुरक्षा परिषद ने जुलाई 1960 से 1964 तक कार्य किया तथा अत्यन्त प्रभावशाली ढंग से शांति व व्यवस्था की स्थापना की। इसी प्रकार सन् 1973 में अरब-इजराइल के मामले में सुरक्षा परिषद की भूमिका सराहनीय थी। सन् 1964 में साईप्रस का मामला सुरक्षा परिषद के सम्मुख आया जिसमें परिषद ने बड़े पैमाने पर शांति रोकने में सफलता प्राप्त की।

हाल में ही हुए खाड़ी युद्ध (गल्फ वार) के मामले में सुरक्षा परिषद ने चार्टर के प्रावधान को बहुत ही प्रभावशाली ढंग से लागू किया। चार्टर के निर्माताओं ने सुरक्षा परिषद से जिस भूमिका की आशा की थी वह खाड़ी युद्ध में भली प्रकार प्रकाश में आयी।

खाड़ी संकट में सुरक्षा परिषद द्वारा दिए गए योगदान के संयुक्त राष्ट्र संघ की स्थापना को भली प्रकार सार्थक सिद्ध किया। इसी प्रकार अभी भी बहुत से ऐसे छोटे-बड़े मामले हैं जिनमें संयुक्त राष्ट्र संघ द्वारा हल ढूंढ़ने की आशा है। वर्तमान में सोमालिया एक अफ्रीकी मुल्क है जो वर्षों से गृह युद्ध में फंसा है वहां की समस्या को रचनात्मक हल ढूंढ़ने के लिए संयुक्त राष्ट्र संघ की ओर से प्रयास

हुआ है।

4. उपसंहार

यद्यपि संयुक्त राष्ट्र अपने कृत्यों का सफलतापूर्वक निर्वहन करने में पूर्णत: सक्षम है। चार्टर के द्वारा विश्व में शांति व सुरक्षा की स्थापना के संदर्भ में बल का प्रयेग भी प्रावधानित है किन्तु 'वीटो' के प्रावधान एवं महाशक्तियों के आपसी कलह के कारण संयुक्त राष्ट्र अपना यह कार्य पूर्णतः सम्पादित करने में असफल-सा प्रतीत होता है। संयुक्त राष्ट्र संघ पर सर्वाधिकार अमेरिका का है। सोवियत संघ के विघटन एवं रूस की आर्थिक समस्याओं के कारण ऐसा प्रतीत होता है कि 'संयुक्त राष्ट्र संघ' अमेरिका के हाथ की कठपुतली सी हो गयी है। वीटो के प्रयोग के कारण सुरक्षा परिषद महत्वपूर्ण मामलों पर निर्णय लेने में असमर्थ हो जाती है। व्यावहारिक दृष्टि से राष्ट्र संघ की भूमिका नगण्य-सी प्रतीत होती है और मुख्य भूमिका अमेरिका की ही रहती है।

वर्तमान परिप्रेक्ष्य में संयुक्त राष्ट्र को सशक्त बनाने के लिये यह परम आवश्यक है कि सुरक्षा परिषद को साम्यपूर्ण प्रतिनिधित्व प्रदान किया जाये। परिवर्तित परिस्थितियों के अनुसार परिषद की स्थायी सदस्यता में वृद्धि करके भारत, जर्मनी एवं जापान को स्थायी सदस्य बनाया जाय। इसके अलावा उसे बेहतर आर्थिक आधार व राजनैतिक वैधता प्रदान किया जाय।

भारतीय न्याय प्रशासन और हमारे अधिकार

1. प्रस्तावना
2. अधिकारों का वर्णन
3. अधिकारों के हनन की स्थिति में उपचार
4. उपसंहार।

1. प्रस्तावना—

हमारे संविधान में हमारे अधिकारों का विस्तृत उल्लेख किया गया है और भारतीय न्याय प्रशासन के संचालन का भी यथोचित उल्लेख किया गया है। संविधान में मूलाधिकारों का विस्तृत वर्णन किया गया है। संविधान में न केवल इन अधिकारों की घोषणा की गई है अपितु इन अधिकारों को संरक्षित करने हेतु व्यवस्थाएं भी गयी हैं। प्रत्येक अधिकार आचार पर निर्भर है। उपचारों के अभाव में किसी भी प्रकार के अधिकार की घोषणा निरर्थक है। यदि हमारे पास कोई अधिकार है तो उस अधिकार का अनुरक्षण भी होना चाहिए। यदि हम अपने अधिकारों के उपयोग में व्यावधानित कर दिये जाते हैं तो हमें अपने अधिकारों के प्रवर्तन हेतु उपचार भी मिलना चाहिए क्योंकि उपचार के अभाव में अधिकार की कल्पना व्यर्थ है।

हमने उपरोक्त उद्देश्य की पूर्ति के लिए निष्पक्ष एवं स्वतंत्र न्यायपालिका की स्थापना की है। हमारे संविधान में उच्चतम न्यायालय हमारे अधिकारों को संरक्षण प्रदान करता है। साथ ही यह संविधान के रक्षक के रूप में भी कार्य करते हैं। उच्चतम न्यायालय हमारे अधिकारों को संरक्षित करता है। यह संविधान का रक्षक है।

उच्चतम न्यायालय को नागरिकों और अल्प संरक्षकों के अधिकारों की रक्षा का भार सौंपकर सामाजिक क्रांति के संरक्षक (Guardian of Social Revolution) के रूप में प्रतिष्ठित किया है।

विधायिका, कार्यपालिका और न्यायपालिका तीनों में सर्वाधिक महत्वपूर्ण स्थान न्यायपालिका का है क्योंकि यह विधायिका द्वारा निर्मित कानूनों की व्याख्या करता है। हमारे संविधान में न्यायपालिका की सर्वोच्चता को भली प्रकार अंगीकार किया गया है। देश के प्रत्येक नागरिक को तीन प्रकार के न्याय प्रदान किए गये हैं—

सामाजिक न्याय

आर्थिक न्याय एवं

राजनैतिक न्याय।

हमारे संविधान में स्वतंत्रता, समानता एवं भाईचारे की भावना पर विशेष बल दिया गया है। इन मूल्यवान शब्दों की व्याख्या हेतु सार्थक एवं यथोचित प्रयास किए गये हैं।

हमारे संविधान की प्रस्तावना में सामाजिक, आर्थिक एवं राजनैतिक न्याय की प्रक्कल्पना के साथ-साथ विश्वास, धर्म एवं वैचारिक अभिव्यक्ति की स्वतंत्रता की बात की है। संविधान के भाग तीन द्वारा मौलिक अधिकारों की विधिवत् घोषणा की गई है। इन मूलाधिकारों का अत्यन्त महत्वपूर्ण स्थान है। इन्हें किसी भी प्रकार से कम नहीं किया जा सकता हमने दुनियां के विविध राष्ट्रों की अच्छी बातों को ग्रहण किया है। हमने फ्रांसीसी क्रांति के निम्न आदर्श को स्वीकार किया है—

स्वतंत्रता

समानता एवं

भाईचारे की भावना।

2. अधिकारों का वर्णन

हमारे संविधान में मूलाधिकारों का विशद वर्णन देखने को मिलता है। संविधान में न केवल अधिकारों की घोषणा है बल्कि इन अधिकारों के संरक्षण हेतु व्यापक उपबन्ध भी किए गये हैं। प्रत्येक अधिकार उपचार की मांग करता है क्योंकि उपचारों के अभाव में अधिकारों की कल्पना ही नहीं की जा सकती। इसका तात्पर्य यह हुआ कि अधिकारों के उपयोग में यदि हम किसी भी प्रकार से व्यावधानित होते हैं तो हमें न्यायालय द्वारा उपचार मिलेगा। उपचारों के अभाव में किसी भी प्रकार के अधिकार की घोषणा निष्फल है।

विधायिका, कार्यपालिका और न्यायपालिका तीनों में सर्वाधिक महत्वपूर्ण न्यायपालिका है क्योंकि यह विधायिका द्वारा निर्मित कानूनों की व्याख्या करता है। हमारे संविधान में न्यायपालिका की सर्वोच्चता को स्वीकार किया गया है। देश के हर नागरिक को सामाजिक, आर्थिक और राजनीतिक न्याय (Social, Political and Economic Justice) की बात की गयी है। हमने अपने संविधान में न्यायपालिका की सर्वोच्चता को स्वीकार किया है।

हमारे संविधान में देश के प्रत्येक नागरिक को निम्नलिखित छः अधिकार प्रदान किय गये हैं—

समता का अधिकार

स्वतंत्रता का अधिकार

शोषण के विरुद्ध रक्षा का अधिकार

शैक्षिक स्वतंत्रता का अधिकार

वाक् एवं अभिव्यक्ति का अधिकार एवं

संवैधानिक उपचारों का अधिकार।

सम्पत्ति का अधिकार पहले मूलाधिकारों की श्रेणी में था किन्तु बाद में इसे पृथक कर दिया गया।

संविधान में जिन मौलिक स्वतंत्रताओं की घोषणा की गई है वे अत्यंत महत्वपूर्ण हैं और वे निम्नवत् हैं—

वाक् और अभिव्यक्ति की स्वतंत्रता

सभा करने की स्वतंत्रता

संघ बनाने की स्वतंत्रता

आवास की स्वतंत्रता

वेश और व्यवसाय की स्वतंत्रता एवं

वाणिज्य की स्वतंत्रता।

प्राण एवं जीवन का अधिकार सर्वाधिक महत्वपूर्ण अधिकार है। इस अधिकार को किसी भी रूप में न तो छीना जा सकता है और न ही कम किया जा सकता है। यह अत्यंत पवित्र अधिकार हमारे संविधान का यह उद्‌गार है कि —

"प्रत्येक व्यक्ति के प्राण और जीवन का अधिकार अत्यंत पवित्र अधिकार है।"

किसी भी व्यक्ति को उसके प्राण अथवा जीवन के अधिकार से तभी वंचित किया जा सकता है जबकि इस सन्दर्भ में कानून द्वारा स्थापित कोई प्रक्रिया हो।

अर्थात् देश के प्रत्येक नागरिक को सम्मान के साथ जीवन यापन का अधिकार है।

3. अधिकारों के हनन की स्थिति में उपचार

अधिकारों की घोषणा मात्र महत्वपूर्ण बात नहीं है। अधिकारों का प्रतिरक्षण ज्यादा महत्वपूर्ण बात है। हमारे संविधान में मूल अधिकारों का विस्तृत वर्णन है। ये अधिकार अत्यंत पवित्र माने गये। मानव गरिमा के साथ जीवन का अधिकार श्रेष्ठतम अधिकार है और इस अधिकार को किसी भी रूप में न तो कम किया जा सकता है और न ही छीना जा सकता है।

यदि हमारे अधिकारों में किसी प्रकार का हस्तक्षेप उत्पन्न किया जाता है तो हम न्यायालय की शरण ले सकते हैं। न्यायालय हमारे अधिकारों की रक्षा करता है। उच्चतम न्यायालय हमारे मूलाधिकारों का सजग प्रहरी है। यदि कार्यपालिका द्वारा हमारे अधिकारों के उपभोग में कोई हस्तक्षेप किया जाता है तो हम सीधे उच्चतम न्यायालय से उपचार प्राप्त कर सकते हैं। माननीय न्यायमूर्ति पी० एन० भगवती साहब जब मुख्य न्यायाधिपति थे तब उन्होंने यह घोषणा की थी, "मूलाधिकारों के हनन की दशा में एक पोस्टकार्ड पर उच्चतम न्यायालय जनता को न्याय प्रदान करेगा।"

4. उपसंहार

उपरोक्त वर्णन से स्पष्ट है कि हमारे विशद् अधिकारों का वर्णन हमारे संविधान में किया गया है। हमारा संविधान मानव दुर्व्यवहार और बेगार तथा बलात् श्रम प्रतिषिद्ध करता है।

हमारे संविधान की प्रस्तावना निम्न की स्वतंत्रता देता है—

विश्वास

धर्म

विचार एवं

अभिव्यक्ति।

प्रत्येक व्यक्ति को अन्तःकरण की अबाध स्वतंत्रता प्रदान की गई है। कोई भी व्यक्ति अपनी धार्मिक भावनाओं के अनुसार जीने के लिए स्वतंत्र है। भारत विश्व का सबसे बड़ा लोकतांत्रिक राष्ट्र है और लोकतांत्रिक मूल्यों की रक्षा करना हमारा परम कर्त्तव्य है। हमारा राष्ट्र धर्म निरपेक्ष (Secular) राष्ट्र है। हर धर्मानुयाइयों को समान आदर प्राप्त है।

जिस समय हमारे अधिकारों का विशद् वर्णन हमारे संविधान में समाविष्ट किया जा रहा था हमारे संविधान निर्मातागण बड़ी सूझ-बूझ से कार्य किये और अधिकारों की रक्षा सम्बन्धी बातों का भी समावेश किए।

इस प्रकार हम यह देखते हैं कि हमारे संविधान में न केवल मूलाधिकारों की घोषणा की गयी है अपितु इन अधिकारों को प्रवर्तित कराने हेतु एक प्रभावशाली निकाय भी है। यह निकाय एक स्वतंत्र एवं निष्पक्ष रूप में कार्य करती है तथा हमारे अधिकारों का प्रतिरक्षण करती है। हमारी यह निकाय हमारी न्यायिक प्रणाली है जो हमारे अधिकारों को संरक्षित करती है।

आरक्षण : एक अभिशाप

1. प्रस्तावना
2. प्रतिभा का हनन क्यों?
3. आरक्षण से पिछड़ों का विकास सम्भव नहीं
4. उपसंहार।

1. प्रस्तावना

आरक्षण से हमारे समाज पर क्या प्रभाव पड़ेगा, बिना इस पर विचार किए राजनैतिक स्वार्थ की रोटियां सेंकने वाले नेताओं ने समाज को सवर्ण, पिछड़ी एवं अनुसूचित जाति, अनुसूचित जन जातियों में बांट रखा है। सरकारी सेवाओं में आज जो आरक्षण पिछड़ी जातियों और अनुसूचित जाति और जन जातियों को प्रदान किया जा रहा है इससे उनका विकास सम्भव नहीं है अपितु उन्हें आरक्षण की बैसाखी देकर उनकी प्रगति को अवरुद्ध किया जा रहा है।

आरक्षण न केवल सरकारी सेवाओं में है अपितु यह स्कूलों, कालेजों एवं अन्य शिक्षण संस्थाओं में प्रवेश के सन्दर्भ में भी है। जहां सवर्ण युवा 75% अंक प्राप्त करके असफल होता है वहां आरक्षण कोटे से आने वाले अभ्यर्थी 33% अंक प्राप्त करके सम्मान साहित चयनित होते हैं यह कहां का न्याय है।

आरक्षण का हमारे समाज में कोई औचित्य नहीं है। आरक्षण की व्यवस्था करके हमारी सरकार प्रतिभावान छात्रों के भविष्य के साथ खिलवाड़ कर रही है। हमारे प्रतिभाशाली होनहार नवयुवक जब मन माफिक नौकरी नहीं पाएंगे तो वे विदेशी आकर्षण के शिकार होंगे। इस प्रकार हमारे यहां प्रतिभा पलायन (Brain drain) की समस्या सृजित हो जाएगी।

प्रतिभा पलायन की समस्या से हमारे राष्ट्र की अपार क्षति हो सकती है क्योंकि जो प्रतिभा हमारे यहां पलकर विदेशों में जाकर अपने बुद्धि कौशल का प्रयोग करेगी उससे विदेशी अर्थव्यवस्था को बल मिलेगा हमारा तो केवल नुकसान होगा। सरकार आरक्षण की अवधि बढ़ाती जा रही है तथा इस मात्रा को 50% से भी ज्यादा बढ़ा चुकी है। माननीय उच्चतम न्यायालय ने यद्यपि अपने निर्णय में कहा कि सरकारी सेवाओं में आरक्षण की सीमा 50% होनी चाहिए किन्तु हम देखते हैं अग्रनयन नियम (Carry forward rule) के अन्तर्गत यह

सीमा भी उल्लंघित हुआ है क्योंकि 50% तो आरक्षण का लाभ उन्हें मिलता है। उन्हें सामान्य में यदि 10% स्थान प्राप्त हुए तो आरक्षण की सीमा 60% हो जाती है। अतः आरक्षण की व्यवस्था स्वयं में जटिल समस्या है।

2. प्रतिभा का हनन क्यों?

वर्तमान आरक्षण व्यवस्था चाहे वह सरकारी नौकरियों के लिए हो अथवा शैक्षिक संस्थाओं में प्रवेश के लिए इसका प्रभाव प्रत्यक्ष परोक्ष रूप से देश की प्रतिभाओं के ऊपर पड़ेगा। आरक्षण का मुद्दा केवल सत्ता में बने रहने के लिए उठाया जा रहा है न कि पिछड़ी जातियों एवं दलितों के उत्थान के लिए। क्या आरक्षण के द्वारा सम्पूर्ण पिछड़ी जाति अथवा दलित जाति के लोगों का जीवन स्तर सुधारा जा सकता है? कदापि नहीं, हां इससे यह संभव है कि सत्ता में बने रहने के लिए लाभ कमाया जा सकता है।

वर्तमान प्रदेश सरकार सत्ता में बने रहने के लिए अथवा अपने व्यक्तिगत हितों की पूर्ति करने के लिए प्रदेश के प्रतिभाशाली छात्रों के भविष्य के साथ खिलवाड़ कर रही है। यदि सरकार अपने दृष्टिकोण में परिवर्तन नहीं लाती तो भविष्य में निश्चित रूप से क्रांतिकारी अथवा विप्लवकारी घटनाएं घटित होंगी और प्रतिभाशाली छात्र अपनी प्रतिभा का रचनात्मक उपयोग नहीं कर सकेंगे बल्कि वे मजबूर होकर विनाशकारी कृत्यों के तरफ अग्रसर होंगे। प्रतिभा वह ईश्वर प्रदत्त वृत्ति है, जिससे प्रेरणा ग्रहण करके हमारी चिन्तन पद्धति कार्य करती है और जब यह कुण्ठित हो जाती है तो चिन्तन पद्धति भी दुष्प्रभावी होती है और इन सब का असर राष्ट्र के विकास पर पड़ता है।

भारतीय संविधान का अनुच्छेद 15 धर्म, जाति, वंश, लिंग, जन्म, स्थान आदि के आधार पर विभेद कर प्रतिषेध करती है किन्तु इसी अनुच्छेद ख (4) में सामाजिक एवं शैक्षिक रूप से पिछड़े वर्गों के लोगों के लिए विशेष उपबंध भी किया गया है। किन्तु दुर्भाग्य की बात है कि आज तक पिछड़े वर्ग की कोई सर्वमान्य परिभाषा नहीं प्रस्तुत की गयी है। यह सुनिश्चित करने के लिए पिछड़े वर्ग के लोग कौन हैं और किनको वास्तव में आरक्षण का लाभ मिलना चाहिए। ”हमारे पास कोई तार्किक आधार नहीं है।

हमारे संविधान में चूंकि पिछड़ा वर्ग पारिभाषित नहीं है अतः यह प्रश्न उठना स्वाभाविक ही है कि कौन से लोग पिछड़े वर्ग के हैं? क्या जाति पिछड़ेपन का आधार है अथवा आर्थिक कसौटी इसका आधार है? किन्तु पिछड़े वर्ग की पहिचान जाति के आधार पर होने पर ही अम्बेडकर का स्वप्न पूरा हो सकेगा और स्वार्थी लोगों को पिछड़े लोग के हित की मिथ्या वकालत करके सत्ता में बने रहने का अवसर मिलेगा। किन्तु इस संबंध में एक तकनीकी समस्या यह है कि वास्तव में जो पिछड़े हैं वे तो पिछड़े ही रहेंगे क्योंकि आरक्षण का लाभ तो पिछड़े जाति के उन लोगों को मिलेगा जो सम्पन्न और सुशिक्षित हैं। अतः ऐसी स्थिति में यह आवश्यक है कि आरक्षण का आधार जातिगत न होकर आर्थिक होना चाहिए।

यदि आरक्षण की वर्तमान स्थिति कायम रही तो युवा प्रतिभायें कुंठित होंगी समाज का दो वर्गों में बुरी तरह विभाजन होगा और देश विदेशी ताकतों का शिकार भी हो सकता है, साथ ही आरक्षण विरोधियों एवं समर्थकों के बीच सतत संघर्ष चलता रहेगा। जिसका राष्ट्रीय प्रगति पर बुरा असर पड़ेगा। देश की सम्पूर्ण जनता दो खेमों में बंटकर आपसी कलह और प्रतिद्वन्द्विता का शिकार बन जाएगी और रचनात्मक कार्यों से विमुख हो जाएगी। ऐसी स्थिति में यह आवश्यक है कि प्रदेश सरकार शिक्षण संस्थाओं में आरक्षण संबंधी अपने विचार वापस लेकर अपनी प्रबुद्धता का परिचय दे अन्यथा इसके निम्नलिखित परिणाम हो सकते हैं।

स्कूल, कालेज एवं विश्वविद्यालय में सदैव के लिए दो गुट (आरक्षण समर्थक व आरक्षण विरोधी) स्थापित हो जाएगा जो आपस में टकराते रहेंगे और एक दूसरे को घृणा और नफरत की दृष्टि से देखेंगे। ऐसी स्थिति में शैक्षिक संस्थाओं में अध्ययन और अध्यापन के क्षेत्र में गिरावट आयेगी।

प्रबुद्ध एवं प्रतिभाशाली छात्र शैक्षिक संस्थाओं में प्रवेश से वंचित होने पर रचनात्मक कार्यों में योगदान न कर सकेंगे।

शिक्षा के प्रति लोगों में धीरे-धीरे अरुचि उत्पन्न हो जायेगी।

सवर्ण युवा वर्ग के मन में अपने देश की नीतियों के प्रति घृणा उत्पन्न हो जाएगी और वे विदेशी आकर्षण के शिकार होकर अपने प्रतिभा एवं श्रम का प्रयोग वहां पर करने के लिए बाध्य होंगे।

स्वतंत्रता, समानता एवं भाईचारे की भावना, शत्रुता, नफरत एवं आपसी कलह में बदल जाएगी।

राष्ट्र का विकास दर बुरी तरह प्रभावित होगा क्योंकि राष्ट्र का विकास देश की बौद्धिक प्रतिभाओं द्वारा निर्दिष्ट होता है।

3. आरक्षण से पिछड़ों का विकास संभव नहीं

हमारे देश की धरती पर एक से बढ़कर एक महान विभूतियों का आगमन हुआ। हमारे यहां विचारों एवं मूल्यों की कभी कमी नहीं रही। ऋषियों, मनीषियों एवं महर्षियों का समय-समय पर देश की पवित्र धरती पर आगमन एवं उनके मूल्यवान विचार समय-समय पर जनमानस को लाभान्वित करता रहा। किन्तु जन कल्याण की भावना संबंधी शसक्त विचार जितना हमारे महान नेता राजर्षि विश्वनाथ प्रताप सिंह का है उतना भूत के ऋषि, महर्षि अथवा अन्य का नहीं रहा।

राजा साहब को काशी की जनता ने सन् 1989 में राजर्षि की उपाधि प्रदान की थी। इस गौरवमयी उपाधि को प्राप्त करने के पश्चात राजा साहब ने वहां की जनता के समक्ष वादा किया कि अब वे ऋषियों एवं महर्षियों जैसा जीवन व्यतीत करेंगे और भारतीय राजनीति से अलग होकर जनमानस की भलाई की बात सोचेंगे। किन्तु जब वे इलाहाबाद संसदीय क्षेत्र से चुनाव जीत कर राजनीतिक तिकड़म से प्रधानमंत्री बने तो उनका अपने राजर्षि जैसे महान गौरव के पद से मोह भंग हो गया क्योंकि उन्हें तो भारत की धरती पर जातिवाद के जहर का बीजारोपड़ करना था। मैं काशी के बेगुनाह जनता से एवं महत्वपूर्ण व्यक्तियों से यह पूछना चाहता हूं कि क्या वे इस समय राजर्षि की महत्ता एवं काशी के गौरव को भी विस्मृत कर चुके थे। क्या इस गरिमामय पद के लिए उन्हें कोई उपयुक्त व्यक्ति नहीं मिला जिसे यह उपाधि दी जाती। यदि वे स्थिर बुद्धि से सोचते और समझते तो इस पद की उपयुक्ता के लिए वहीं पर कर्मठ एवं महान विभूति मिल जाती। इस कर्मठ एवं महान विभूति को श्री विभूति नारायण सिंह (काशी नरेश) के नाम से जाना जाता है जिन्होंने आजादी के पूर्व से लेकर आज तक काशी की जनता की सेवा के लिए संकल्पित एवं समर्पित मन से समय-समय पर सहायता प्रदान की है एवं जिन्होंने मृत्युपर्यन्त काशी की जनता के विकास की कामना किया। किन्तु अब तो काफी जनता भी अपने कार्य राजर्षि श्री विश्वनाथ प्रताह सिंह पर पश्चाताप कर रही होंगी क्योंकि इस महान नेता के कृत्यों ने देश को

ऐसे अनिश्चित चौराहे पर लाकर खड़ा कर दिया है जहां भविष्य दुर्घटना के सिवा और कुछ नजर नहीं आता। विश्वनाथ प्रताप सिंह ने पंडित मदन मोहन मालवीय, श्री लाल बहादुर शास्त्री, डा० राजेन्द्र प्रसाद एवं महात्मा गांधी जैसे कर्मठ देश भक्तों के आदर्श को ताक पर रखकर एक अलग प्रकार की राजनीतिक तकनीक को जन्म दिया और जाति के आधार पर सम्पूर्ण राष्ट्र का विभाजन कर दिया। भारतीय संविधान का अनुच्छेद 15 धर्म, जाति, लिंग, जन्म स्थान आदि के आधार पर विभेद का निषेध करती है किन्तु जाति को आरक्षण का आधार बनाया गया है।

यह कैसा न्याय है? क्या आरक्षण के द्वारा सम्पूर्ण पिछड़ी जाति की भलाई की जा सकती है? जाति के आधार पर राजनीति करने वाले नेताओं को यह नहीं मालूम है कि भारत जैसे अल्पविकसित देश में जहां रोजगार के कम अवसर सुलभ हैं वहां देश की पिछड़ी एवं विशाल जनसंख्या तथा वर्तमान में उपलब्ध रोजगारों में कोई संतुलन स्थापित किया जा सकता है।

कदापि नहीं क्यों कि आरक्षण से किसी वर्ग विशेष अथवा पिछड़ी जाति का विकास नहीं हो सकता क्योंकि अपने विकास के लिए व्यक्ति स्वत: उत्तरदायी होता है। शत प्रतिशत आरक्षण होने पर भी पिछड़ी जातियों का विकास नहीं हो सकता जब तक उन्हें स्वत: कुछ करने की क्षमता नहीं होगी।

वर्तमान में देश गंभीर चुनौतियों का सामना कर रहा है ऐसी विषम परिस्थितियों में यह आवश्यक है कि देश का हर नागरिक जन कल्याण की भावना से प्रेरित होकर आगे आए और धर्म, जाति और साम्प्रदायिक्ता की भावना से मुक्त होकर अपने कार्यों का सम्पादन करे।

आपसी कलह, शत्रुता और नफरत की भावना का उन्मूलन करे तभी देश की बहुसंख्यक जनता का विकास हो सकेगा। बहुसंख्यक पिछड़े लोगों से निवेदन है कि आरक्षण के लाभ हेतु अपने को 'पिछड़ी जाति' का कह कर अपमानित न करें क्योंकि इससे तो उनकी अपनी मानसिकता एवं राष्ट्रीय गरिमा को चोट पहुंचेगा। अत: ये इस मिथ्या अवधारणा का त्याग करें तथा उन अल्पसंख्यक लोगों को जिन्हें सवर्णो का नाम लेते हैं उनके प्रति अपने गंदी मानसिकता का परिचय न दें बल्कि कंधे से कन्धा मिलाकर शांति, एकता और भाईचारे की भावना

का विकास करें अन्यथा आरक्षण व्यवस्था की मिथ्या लालच से देश का बहुत बड़ा नुकसान हो सकता है।

मैं उन सवर्ण नेताओं से भी यह निवेदन करता हूं कि जो केवल निजी स्वार्थ की पूर्ति हेतु हमारे बहुसंख्यक भाइयों को पिछड़ा कहकर जाति के आधार पर अपमानित न करें। ऐसे सवर्ण नेता जो पिछड़े लोगों के विकास के लिए जाति के आधार पर मिथ्या रूप से उनकी वकालत करते हैं उनका उद्देश्य केवल उनकी अधिक संख्या में होने के कारण अपने को राजनीतिक क्षेत्र में लाभांवित करना चाहते हैं तथा भविष्य में दलितों का मसीहा कहलाने की लालसा को साकार करना चाहते हैं।

4. उपसंहार

निष्कर्ष रूप में यह कहा जा सकता है कि आरक्षण की व्यवस्था से जितना लाभ नहीं है उससे ज्यादा हानियों की आशंका है। पढ़े-लिखे सवर्ण युवा जन जब अपनी योग्यतानुसार नौकरी नहीं पाएंगे तो उनके मन में कुंठा की भावना जागृत होगी और वे हीन भावना से ग्रसित होकर समाज विरोधी कृत्यों में शामिल होंगे।

पिछड़ी जातियों एवं अनुसूचित जाति/जन जातियों को आरक्षण की जो बैशाखी प्रदान की जा रही है इससे उनका भी कल्याण होने वाला नहीं है क्योंकि वे आलस्य और प्रमोद के शिकार होंगे। अतः निष्कर्ष रूप में यह कहा जा सकता है कि आरक्षण की व्यवस्था को समाप्त कर देना न्याय संगत होगा।